U0909221

《国家交通重大工程档案》

长安街西延道路工程

档　案

《国家交通重大工程档案》编辑部　编著

人民交通出版社股份有限公司
北　京

图书在版编目 (CIP) 数据

长安街西延道路工程档案：国家交通重大工程档案 /《国家交通重大工程档案》编辑部编著 . —北京：人民交通出版社股份有限公司，2020.6
ISBN 978-7-114-16626-6

Ⅰ . ①长⋯ Ⅱ . ①国⋯ Ⅲ . ①城市道路—道路工程—工程档案—北京 Ⅳ . ① U415 ② G275.3

中国版本图书馆 CIP 数据核字 (2020) 第 097810 号

Changanjie Xiyan Daolu Gongcheng Dangan
书　　名：长安街西延道路工程档案
著 作 者：《国家交通重大工程档案》编辑部
责任编辑：韩亚楠　赵瑞琴
责任校对：孙国靖　宋佳时
责任印制：刘高彤
出版发行：人民交通出版社股份有限公司
地　　址：(100011)北京市朝阳区安定门外外馆斜街3号
网　　址：http://www.ccpress.com.cn
销售电话：(010)59757973
总 经 销：人民交通出版社股份有限公司发行部
经　　销：各地新华书店
印　　刷：北京地大彩印有限公司
开　　本：787 × 1092　1/16
印　　张：20.75
字　　数：355千
版　　次：2020年6月　第1版
印　　次：2020年6月　第1次印刷
书　　号：ISBN 978-7-114-16626-6
定　　价：368.00元
(有印刷、装订质量问题的图书由本公司负责调换)

序言

从“十里”到“百里”的时代跨越

一座辉煌的宫殿是建筑、一处邻水的房屋是建筑、一条通达的道路亦是建筑。建筑的美来源于和谐的自然、源于悠久的历史、源于“工匠”的创造和建设，并在人民的生活中融为风景，在时间的长河中得以永恒。毫无疑问，长安街西延道路工程正是如此美丽的特别建筑。

作为贯穿京城东西的轴线，长安街几十年来不断延伸。最早从东单到西单，只有3.8km。后来从建国门到复兴门，长6.7km。到了1999年，长安街向东延长至通州，向西到首钢，全长约45km。而此次西延6.458km之后，使原来的长安街向西延伸了5.2km，完成长安街最终规划，成为名副其实的“百里长街”。

从“十里”到“百里”的飞跃，不单是贯穿全城的空间延伸，也不单是跨越600年历史的时间纵横，更是适应北京城市规划发展的重要工程，是满足人民美好生活愿景的通衢大道，也是新时代“工匠精神”的典范作品。

习近平总书记多次对北京市基础设施建设做出重要指示，要求规划、建设、管理都要坚持高起点、高标准、高水平，落实世界眼光、国际标准、中国特色和高点定位。不但要搞好总体规划，还要加强主要功能区块、主要景观、主要建筑物的设计，体现城市精神、展现城市特色、提升城市魅力。

根据《北京城市总体规划（2016年—2035年）》要求，在充分考虑延续古都历史格局以及着眼打造以首都为核心的世界级城市群的基础上，要在北京市域范围内形成“一核一主一副、两轴多点一区”的城市空间结构，着力改变单中心集聚的发展模式，构建北京新的城市发展格局。长安街及其延长线以天安门广场为中心东西向延伸，向西延伸至首钢地区、永定河水系、西山山脉，向东延伸至北京城市副中心和北运河、潮白河水系。

长安街的历史可以追溯到明永乐时期，有着600多年的历史。长安街见证了明清两朝的更迭，也见证了延续两千多年的封建统治的终结；见证了人民革命的胜利，也见证了新中国的飞腾巨变。经过新中国成立70年间的多次大修整治，长安街及其两侧焕然一新，展示着我国社会主义现代化建设和改革开放的辉煌成就。长安街及其延长线以国家行政、军事管理、文化、国际交往功能为主，体现庄严、沉稳、厚重、大气的形象气质。历史长河画卷舒展，在长安街的不断延展中，一派盛世图景展现在每一个人面前。2019年10月1日庆祝新中国成立70周年的盛大阅兵仪式，在西延道路工程竣工的长安街上举行，这里也成为举国欢乐和世界瞩目的舞台。

随着经济的飞速发展和城市化进程的加快，以及人民生活水平的不断提高，人民群众对精神世界和文化生活的需求越来越大，品味也越来越高。这就要求每一条道路的建设，不仅要满足基本的行驶功能，而且要全方位考虑到人民群众追求美好生活愿景的要求。在城市规划建设中，政府一直提倡全面提升市政基础设施质量，构建区域一体、功能匹配、安全可靠、绿色低碳的市政基础设施体系，深入推进城市管理信息化、网格化、精细化，打造高端、智慧、宜居的首都高品质城区。

长安街西延道路工程建设不但考虑到出行的安全便捷，而且对生态景观也进行了充分的规划设计。一边是通衢大道，一边是草木葱茏。听的是啾啾鸟鸣，望的是蓝蓝天空，长安街绿色景观带，让人们感悟到现代城市的生态之美和文明之美。生活在这样的美丽图景中，人民的幸福感自然也会随之增长。

长安街西延道路工程建设是新时代“工匠精神”的典范作品。长安街西延道路工程凝结了该项目所有规划设计者及建设者的智慧和心血。从科学合理的车道设计，到新首钢大桥的通车，从一丝不苟的严谨态度，到孜孜不倦的创新精神，一切都体现了一种新时代的“工匠精神”。在这里，施工者按照科学、绿色、美观的标准和要求，竭尽全力，将世界最先进的技术，应用到每一个建设细节中。

而新首钢大桥，则是其中最具代表性的作品。它采用了世界首创的“五跨双塔双索面斜拉刚构组合桥”结构。两座门形钢塔，呈三维空间扭曲构造形态，分别高达124.5m和77m，通过斜拉索拉起全桥近3万t重的钢箱梁。两座门塔和主梁、拉索组成像是两个面对面坐在地上的人，脚抵着脚，手拉着钢索，各自向后用力拉伸呈现出“和力之门”的拟人化形态，充分体现了城市建筑与自然的和谐之美，诠释了山和城的文化联系。

新首钢大桥不仅结构体系新颖、曲面造型独特，同时堪称国内外规划设计理念先进、技术水平高超、设计建造难度大的桥梁，多项指标在国内乃至国际上处于领先水平。

《长安街西延道路工程档案》共分为13篇，分别是：概览篇、影响篇、规划篇、勘察设计篇、管理篇、建设篇、新首钢大桥BIM技术应用篇、新首钢大桥主桥科技攻关篇、环保篇、成果篇、行业交流篇、人物篇、党建文化篇。

万流归一汇，西延炳千秋。这是一个北京的窗口，看到了“时代风景”；这是一张国家的名片，诠释了“中国技术”；这是一幅美丽的画卷，留下了“多彩记忆”；这是一条康庄的大道，奔向了“复兴之路”。长安街西延道路工程的建设者们，用自己的智慧、心血和汗水，为北京的新时代，也为中国的建筑史，筑起了一座新的丰碑。

北京会感谢他们，历史会记住他们！

《国家交通重大工程档案》编辑部

2020年1月

目录

第一篇 概览篇

概 述

会当凌绝顶，一览众山小。通览此篇，全书脉络徐徐展现。

盛世大国图卷中，长安街是一张特殊的“国家名片”，承载的不单是600多年的恢宏历史，更是新中国翻天覆地变化的实际见证。长安街的每一丝细微变化，都聚焦着十几亿中国人民的目光，甚至引来全世界的瞩目。长安街西延道路工程，就在这样的盛世图卷中延伸……

长安街西延道路工程建设，是为落实新版北京市总体规划，完善北京“两轴－两带－多中心”城市空间结构，以及促进首钢主厂区改造和新城发展而设计的国家重点工程。长安街西延道路工程的顺利通车，必将加快京西发展，对疏解市中心人口，践行绿色生态发展理念，服务冬奥会，提高北京市政基础设施建设水平意义重大，同时更加科学、时尚而完美地展现出崛起大国的首都形象。

一、项目简介

长安街西延（三石路—古城大街）道路工程，投资金额：初步设计批复工程总投资22.14亿元；建设周期：2015年11月—2019年9月29日；项目起终点：门头沟区三石路到石景山古城大街，全长6.5km；建设标准：按城市主干路标准设计，规划道路红线宽60~80m，设计速度为60km/h。

（一）完善北京“两轴－两带－多中心”城市空间结构

长安街为北京“两轴－两带－多中心”城市空间结构中的一轴，向东连接通州新城，向西通向门头沟新城，是集政治交通为一体的重要的东西向城市主干路。此次长安街西延道路工程的修建，将长安街向西延伸至三石路，与石龙西路相接，从而彻底实现了横贯北京东西的中心轴线。作为东西向的一条快速通道，将进一步加强“多中心”东西向之间的联系，完善北京“两轴－两带－多中心”的城市空间结构。

（二）促进首钢主厂区改造和门城新城发展

长安街西延道路工程位于重点发展地区的首钢主厂区。首钢工业区处于西部发展带和东西轴——长安街延长线的节点位置。近期被纳入中关村国家自主创新示范园区，是2009年11月发布的《促进城市南部地区加快发展行动计划》“一轴一带多园区”格局的重要组成部分，成为永定河水岸经济带的一个重要节点。

图1-1 建设中的新首钢大桥1

根据《首钢工业区改造规划》，应在加快首钢产业转型和地区发展建设的同时，发挥对北京西部地区整体发展的带动和辐射作用。将首钢改造区发展成为城市西部综合服务中心及后工业文化创意产业区，大力发展以金融、信息、咨询、休闲娱乐、高端商业为主的现代服务业。

长安街西延道路工程东西向穿越门头沟滨水商务区中部。门头沟滨水商务区属于以首钢为核心协作发展的6个重点地区之一，占地面积约3.6km^2。规划目标是打造长安街西延长线景观亮点，与首钢地区共同构成北京市西部的综合服务中心。整体功能以商业服务、文化娱乐为主，结合六环路下穿区段，打造沿河绿色生态走廊。以长安街西延长线跨河大桥为核心地标，塑造丰富的城市天际线，展示门头沟新城特色风貌。

长安街西延道路工程项目作为北京东西轴线的延伸，将使中心城与京西地区间的联系更加紧密，对带动门头沟南部新城区和石景山区发展、支撑首钢地区改造及疏解中心城部分功能创造有利条件，具有显著的社会效益。

二、建设背景及意义

（一）社会经济发展现状及规划

1. 北京市

北京是中华人民共和国首都，国家中心城市、超大城市，全国政治中心、经济中心、文化中心、国际交往中心、科技创新中心，也是世界著名古都和现代化国际大都市。

“十三五”期间，北京将牢固树立创新、协调、绿色、开放、共享的发展理念，牢牢把握首都城市战略定位，深入实施京津冀协同发展战略，以有序疏解非首都功能、治理“大城市病”为重点任务，以提升发展的质量和效益为中心，加快形成引领经济发展新常态、实现城市可持续发展的体制机制和发展方式，统筹推进经济建设、政治建设、文化建设、社会建设、生态文明建设，率先全面建成小康社会，在建设国际一流的和谐宜居之都上取得重大进展，奋力谱写中华民族伟大复兴中国梦的北京篇章。

“十二五”时期是北京发展具有重大历史意义的五年。通过积极适应经济发展新常态，加快转变发展方式，大力推动科技创新，保持了经济平稳健康发展。地区生产总值年均增长7.5%，第三产业比重达到79%以上，发展的质量和效益不断提高。五年中，重点领域和关键环节改革取得重大进展，对外开放更加深入，文化软实力不断增强，民主法治建设扎实推进。“十二五”规划目标顺利完成，北京综合经济实力、科技创新能力、国际影响力等，都迈上了新台阶。

2. 门头沟区

“十三五”时期，是门头沟区加快转变经济发展方式，实现经济社会跨越式发展的重要战略机遇期，是促进城市功能转型，建设门头沟新城的关键时期，也是门头沟区发展进程中承前启后的重要阶段。

图 1-2 建设中的新首钢大桥 2

转型升级迈上新台阶。综合经济实力实现稳步提升，地区生产总值年均增长 7%，一般公共预算收入年均增长 6.5%。“高精尖”绿色产业体系基本形成，服务业增加值占地区生产总值比重达到 55%，旅游综合收入年均增长 7%。创新驱动发展能力显著增强，高技术产业和战略性新兴产业发展水平不断提升，“京西文化”品牌影响力明显增强。

城乡空间布局不断优化，土地开发有序、功能布局合理、人口规模适度。到 2020 年，门头沟区全区人口规模控制在 34 万人以内。新城棚户区改造工作基本完成，重点小城镇和美丽乡村建设取得明显成效。城乡路网体系逐步完善，对外通达能力显著增强，基础设施承载能力和运行效率大幅提升。“智慧门头沟”建设全面推进，社会管理创新实现重大突破，城市精细化管理水平显著提升。

城乡居民收入进一步提高，城乡居民可支配收入实现与经济同步增长。公共文化设施、“一刻钟社区服务圈”基本实现全覆盖。社会保障水平显著提升，城镇登记失业率控制在 4.5% 以内，确保低收入村和低收入户收入增速高于全区平均水平，“住有所居”水平进一步提高。教育、医疗、养老等公共服务的优质化、均等化程度显著提高，城乡居民健康水平和文明素质不断提升，人民幸福感和满意度持续增强。

此外，门头沟区将协助推进长安街西延线、S1 线等重点工程建设，推动门头沟

图 1-3 建设中的新首钢大桥 3

区市政基础设施与北京大市政互联互通，同时，推进 109 高速公路等重大交通基础设施建设。

3. 石景山区

“十三五”时期，是石景山区实施“全面深度转型、高端绿色发展”战略，以一流标准构建“八个高端体系”，加快建设国家级绿色转型发展示范区的攻坚阶段。

为促进经济持续健康发展，石景山区坚持走高端、绿色、集约、内涵发展之路，加快构建“高精尖”经济结构，推进重点产业功能区建设，推动区域经济转型升级。地区生产总值比 2010 年翻一番，年均增长 7% 左右，一般公共预算收入年均增长 10%。同时，打造 2~3 个在全国具有较大影响力的高端产业及产业集群。目标是到 2020 年，第三产业比重达到 72%，实现经济总量和质量“双提升”。

为提高城市综合品质，石景山区高端规划、建设和管理城市，打造京西商务中心、北京保险产业园等一批达到“五个典范”标准的城市精品力作。全面提升市政基础设施质量，构建区域一体、功能匹配、安全可靠、绿色低碳的市政基础设施体系。深入推进城市管理信息化、网格化、精细化，打造高端、智慧、宜居的首都高品质城区。

“十三五”期间，石景山区将加快完善城市主干路网，继续建设长安街西延道路工程、永引渠南路、北辛安路北段，全力推进古城南街、西北热电中心规划一路、北辛安路南段、杨庄大街二期锅炉厂路西商标准城市主干路和特钢中街等城市主干路建设，预计新增道路长度约 6km，新增道路面积约 41 万 m^2。

（二）交通运输发展现状及规划

北京市交通运输网布局以北京城区为中心，由铁路、公路、民航以及铁路枢纽、公路枢纽和首都国际机场构成远程骨架，联系全国各省、自治区、直辖市；由市区轨道交通、市郊铁路和换乘枢纽沟通城区及各郊区。

新中国成立70年来，北京公路建设取得了重大成就。截至2018年底，全市道路总里程达2.94万km，路网密度每平方km达到179.3km。其中，城市道路6202km、高速公路1114km、公路总里程达到2.2万km。全市形成了以高速公路、城市快速路和轨道交通为骨架，干线道路为支撑，县乡公路和次干路为支脉，纵横交错、四通八达的立体交通网络。

“十三五”期间，北京市积极推动京津冀协同发展，着眼于京津冀城市群整体空间布局，为适应疏解北京非首都功能和产业升级转移需要，按照网络化布局、智能化管理和一体化服务的要求，构建以轨道交通为骨干的多节点、网格状、全覆盖的交通网络。在提升交通运输组织和服务现代化水平的同时，建立统一开放的区域运输市场格局，形成便捷通畅的公路交通网。

（三）长安街西延道路工程建设的意义

该工程位于西长安街及其延长线，项目实施将使长安街完成规划长度，变成真正的百里长街。项目上跨永定河的新首钢大桥，集交通功能、城市景观、现代造桥技术、数字科技等于一身，将成为京西令人瞩目的标志性建筑。

1. 落实新版北京市总体规划

长安街及其延长线以天安门广场为中心东西向延伸，向西延伸至首钢地区、永定河水系、西山山脉，向东延伸至北京城市副中心和北运河、潮白河水系。长安街西延道路工程起点为三石路，终点至古城大街，全长约6.5km，将使长安街完成最终规划，变成名副其实的“百里长街”。

2. 加快京西发展，疏解市中心人口

实现石景山区、门头沟区共同发展的“东引、中聚、西拓”的空间发展思路，加强门头沟南部新城与中心城之间的交通联系，促进首钢地区改造和门头沟滨河商务区开发。长安街向西延伸，打造集总部经济、商务办公、文化娱乐等功能为一体的综合发展片区，成为北京西部发展的“财富大道”。

3. 践行绿色生态发展理念，服务冬奥会

结合《永定河绿色生态发展带综合规划》、新首钢发展规划、2022年冬奥会等功能需求，新首钢大桥及相关配套基础设施建设一体化实现城市主干路、桥梁、建设红线内的交通、绿化、照明、环境整治提升，与首钢厂区、冬奥会大跳台、永定河河道内景观体系形成完整、连续、多元的活动空间，优化服务冬奥会及新首钢地区的使用者和游客。

4. 提升北京市基础设施建设水平，展现大国首都形象

践行习近平总书记对北京市基础设施建设的重要指示：规划、建设、管理都要坚持高起点、高标准、高水平，落实世界眼光、国际标准、中国特色、高点定位的要求。不但要搞好总体规划，还要加强主要功能区块、主要景观、主要建筑物的设计，体现城市精神、展现城市特色、提升城市魅力。

三、建设方案

（一）建设条件

1. 自然地理

北京市中心位于北纬39度，东经116度，属于华北大平原北端。全市土地面积16410km^2，其中平原面积6338km^2，占38.6%；山区面积10072km^2，占61.4%。城区面积87.1km^2。

北京的西、北和东北，群山环绕，东南是缓缓向渤海倾斜的大平原。北京平原的海拔高度在20~60m，山地一般海拔1000~1500m。与河北交界的东灵山海拔2303m，为北京市最高峰。北京的地势是西北高、东南低。西部是太行山余脉的西山，北部是燕山山脉的军都山。两山在南口关沟相交，形成一个向东南展开的半圆形大山弯，称之为“北京弯”。它所围绕的小平原，即为北京小平原。

北京市长安街西延市政工程，属永定河故道及其冲洪积扇的中上部，道路地形起伏较大，整体地势西高东低，自然地面高程一般为74.13~91.79m。

2. 工程地质条件

图 1-4 桥梁施工作业

北京市区位于华北大平原的西北缘，西、北及东北面三面环山，东、南及东南面为广阔的平原区，称之为“北京平原”。项目场区位于该平原内的南部。第四纪以来由于受新构造运动的影响，山区不断抬升，平原强烈下降，并接受了巨厚的第四纪古河流沉积物。在北京平原区的不同区域，由于受断裂活动的影响和古地理环境的限制，第四纪沉积物的厚度有明显的差异。在北京市区，第四纪沉积地层的厚度由西向东逐渐增大，岩相分布由山地向平原具有明显过渡的特征，即市区西部的第四纪古河流形成的冲洪积扇顶部、中上部的地层以厚层砂土、卵砾石层为主；向东过渡为冲洪积扇的中部和中下部，第四纪地层为黏性土、粉土与砂土、卵砾石交互沉积层。建设项目场区主要位于永定河冲洪积扇的中上部，建设场地地层主要以厚层砂土、卵砾石层为主。

建设场地自然地面以下 30m 深度范围内的地层，按沉积年代及工程性质，可初步划分为人工填筑土层、新近沉积层及第四纪沉积层三大类。简述如下：

表层为人工填筑土层（Qme），包括低液限黏土填土（CL）①层、低液限粉土填土（ML）$①_1$ 层、碎石填土（O）$①_2$ 层及房渣土（A）$①_3$ 层，一般厚度在 0.50~4.30m，CK1+550 处原为采石坑，填土厚度较大，约 27m；建设线路与西六环相交处也分布有已掩埋的采石坑，深度约 20m。人工填筑土层（Qme）以下局部分布有新近沉积（Q4al+pl）的低液限黏土（CL）②层、低液限粉土（ML）$②_1$ 层及高液限黏土（CH）$②_2$ 层；新近沉积层及局部人工填筑土层之下为第四纪沉积（Qal+pl）之含细粒土砂（SF）③层、粉土质砂（SM）$③_4$ 层及级配不良砂（SP）$③_2$ 层；级配不良砾（GP）④层，卵石质土（SlCb）$④_1$ 层及卵石夹土（CbSl）$④_2$ 层；卵石质土（SlCb）⑤层、级配不良砾（GP）$⑤_1$ 层及卵石夹土（CbSl）$⑤_2$ 层。

天然沉积土层的地基承载力基本容许值〔fa_0〕可参见地基承载力基本容许值表 1-1 选取，表中〔fa_0〕值适用于均质、厚层地基条件（即未考虑地层组合影响），设计时应针对实际的地层组合条件具体分析后综合考虑设计取值。对于人工填筑土层，未经处理一般不宜作为路基持力层。可结合具体部位的路面设计高程及填筑土厚度等情况，施工时考虑对人工填筑土层进行有效压实或必要的挖除、换填处理。

地基承载力基本容许值表 表 1-1

成因年代	层号	岩　性	地基承载力基本容许值〔fa_0〕(kPa)
新近沉积层（Q4al+pl）	②	低液限黏土（CL）	100~140
	$②_1$	低液限粉土（ML）	100~140
	$②_2$	高液限黏土（CH）	80~120

3. 地震

北京地区的地质构造格局是新生代地壳构造运动形成，其特点是以断裂及其控制的断块活动为主要特征。新生代活动的断裂主要有北北东—北东向和北西—东西向两组，大部分为正断裂性质，并在不同程度上控制着新生代不同时期发育的断陷盆地。断裂分布多集中成带。

北京地区北东—北北东向的第四纪活动断裂主要有延庆盆地北缘断裂、南口山前断裂、沿河城—紫荆关断裂、八宝山断裂、黄庄—高丽营断裂、顺义—前门—良乡隐伏断裂、南苑—通州断裂、礼贤—牛堡屯断裂、夏垫—马坊断裂、大华山断裂、河防口—北石城断裂、青石岭断裂。各条断裂第四纪以来活动性差异较大，且具有分段活动的特点。

建设工程场区附近分布的区域性断裂主要是永定河断裂，北起军庄，向南经永成庄至立垡村，全长 26.2km，其总体走向北西 320° ，倾向 SW，倾角 85° ，活动性质为正断层，最晚活动时代为早、中更新世。

根据《中国地震动参数区划图》（GB 18306—2001）的附录 A（“中国地震动峰值加速度区划图”），工程场区所在北京市区的地震动峰值加速度为 0.20g，该地震动峰值加速度所对应的地震基本烈度为Ⅷ度，相应设防水准为 50 年超越概率 10%。

4. 气象

建设项目所在区域（北京地区）属于暖温带半湿润半干旱大陆性季风气候区。春季干旱多风，夏季炎热多雨，秋季天高气爽，冬季寒冷干燥，四季分明，日照充足。全年无霜期 186 天左右。全年光照时数为 2700 小时。该区年平均气温为 11~12℃，年极端最高气温一般在 35~40℃之间；年极端最低气温一般在 -14~-20℃之间。7 月最热，月平均气温为 26℃左右。1 月最冷，月平均气温为 -4~-5℃。

该区域多年平均降水量一般在 550~650mm 之间，降水季节性变化很大，年降水量 80% 以上集中在汛期（6~9 月），7、8 两月尤为集中。降水量年变化悬殊，北京地区历史上年最大降水量高达 1406mm（1959 年），最小降水量为 168.5mm（1891 年），相差 8 倍多。由于年降水量高度集中，即使旱年，局部地势低洼地区也可能积水成涝。多年平均水面蒸发量为 1843.8mm。冬季地面下有 60~80cm 的冻土层。

5. 水文地质条件

（1）河流水文

北京境内共有大小河流 200 余条，分属于海河流域的永定河、潮白河、温榆河—北运河、大清河和蓟运河五大水系。该线路地表水系属于西部永定河水系。该线路沿线主要水体为永定河，位于里程 CK3+170~CK3+630m 处，河床宽约 420m，水深约 0.50m，为人工蓄水。

（2）地下水

根据地勘资料，在现场勘察期间（2011 年 8 月下旬 ~9 月上旬）钻至高程 57.26m（深 30.00m）未量测到地下水。据工程场区附近的普查、详查资料，建设场地 1958 年地下水位可达自然地面以下 9.00m 左右。

6. 不良地质作用

（1）地震液化

根据该次勘察情况及沿线桥梁工程勘察结果，根据《公路工程抗震设计规范》（JTJ 004-89）初步判别，当地震烈度为 8 度且地下水位达到历年最高水位时，建设场区内 20m 深度范围内各天然沉积的地基土均不发生地震液化。但须充分考虑局部已回填采石坑部位厚层人工堆积层在强震（振）条件下发生沉陷（不均匀）的危害。

图 1-5 远眺施工中的新首钢大桥

（2）特殊性岩土

建设线路场地地表普遍分布有人工填土层，一般厚度 0.50~4.30m。CK1+550 处原为采石坑，填土厚度约 27m；建设线路与西六环相交处也分布有已掩埋的采石坑，深度约 20m。

该区域内的人工堆积层成分杂乱、结构疏松、工程性质差，在饱水、震（振）动的条件下具有发生不均匀沉陷危害的可能性，因此作为道路路基均会带来较大不利影响。

（二）交通分析及预测

1. 预测结果

根据现有交通调查数据、未来年路网情况及周边用地规划等资料进行四阶段分析，交通预测结果详见表 1–2。

长安街西延道路工程各路段高峰小时交通量表　　表 1–2

序号	起　点	终　点	2032 年交通量（pcu/h）	2032 年负荷度
1	古城大街	古城西街	2287	0.79
	古城西街	古城大街	2398	0.83
2	古城西街	北辛安路	2670	0.93
	北辛安路	古城西街	2606	0.90
3	北辛安路	规划一路	2092	0.73
	规划一路	北辛安路	2032	0.70
4	规划一路	六环路西侧路	2005	0.56
	六环路西侧路	规划一路	3322	0.92
5	六环路西侧路	砂石坑东侧路	1139	0.59
	砂石坑东侧路	六环路西侧路	2162	1.13
6	砂石坑东侧路	砂石坑西侧路	1007	0.52
	砂石坑西侧路	砂石坑东侧路	1211	0.63
7	砂石坑西侧路	滨河路南延	1014	0.53
	滨河路南延	砂石坑西侧路	1220	0.64
8	滨河路南延	华园路	525	0.27
	华园路	滨河路南延	895	0.47
9	华园路	三石路	386	0.20
	三石路	华园路	724	0.38

2. 交通分析

①从交通预测结果可以看出，长安街西延的道路交通量情况可以划分为三个部分：规划一路以东，规划一路—砂石坑东侧路，砂石坑东侧路以西。体现出这样一种趋势：

规划一路以东，往五环路、中心城方向，总体上看，交通量比较大，但是相对均衡，负荷度区间主要为 0.7~0.93。这段路北侧主要是首钢家属区，以居住用地为主，南部是首钢开发区启动区，以商业金融为主。首钢开发区的就业和首钢家属区的居住，不构成职住平衡，都有对外交通的需求。交通需求与土地开发的强度都比较大，与感性认识相符合。

规划一路—砂石坑东侧路，这一路段是长安街西延压力最大的区域，负荷度在 0.56~1.13 之间。这一路段联系门头沟新城和石景山区。首先，从居住分析，随着石景山区的发展，尤其是首钢工业区的开发，增加了大量的就业岗位，相当一部分人可能会选择在门头沟新城居住，所以通勤交通会在这一段占有较大的比例；另外，永定河上的过河通道屈指可数，这应该是规划一路—砂石坑东侧路交通量大的最重要的原因。

砂石坑东侧路以西，总体趋势是交通量降低，负荷度在 0.20~0.64 之间，交通顺畅。这一路段穿过门头沟新城商业密集地带、居住区，到达新城的西侧，需求逐渐降低，与土地开发相一致，也是与感性认识相符合的。

②从高峰小时的路段预测结果看，规划一路—砂石坑东侧路交通压力较大。既有道路横断面规划，古城大街—六环西侧路是四上四下八条机动车道（含外侧两条公交专用车道），六环路西侧路—三石路路段是三上三下六条机动车道（含外侧两条公交专用车道），建议双八断面向西延伸。

（三）技术标准

长安街西延为城市主干路，规划红线宽度为 60~80m，其中三石路至古城六环路西侧路规划红线宽度 60m，六环路西侧路至北辛安路规划红线宽度为 78m，北辛安路至古城大街规划红线宽度为 80m，设计速度为 60km/h，道路标准断面采用三幅路形式，主路宽度 30m，布置 4 上 4 下 8 条车道，最外侧为公交专用道，主辅隔离带宽 3~3.5m，外侧辅路宽 7m，人行步道宽 5m（含树池）。

根据规划及交通量预测数据，确定该工程技术标准见表 1-3。

主要技术指标表 表 1-3

<table>
<tr><th rowspan="3">序号</th><th rowspan="3" colspan="2">项　目</th><th rowspan="3">单位</th><th colspan="4">指　标</th></tr>
<tr><th rowspan="2">规范值</th><th colspan="3">设计采用值</th></tr>
<tr></tr>
<tr><td>1</td><td colspan="2">道路等级</td><td></td><td></td><td colspan="2">城市主干路</td><td>城市支路</td></tr>
<tr><td>2</td><td colspan="2">设计速度</td><td>km/h</td><td>60/40</td><td colspan="2">60</td><td>40</td></tr>
<tr><td>3</td><td colspan="2">车道数（单向）</td><td>个</td><td></td><td colspan="2">4</td><td>1</td></tr>
<tr><td>4</td><td colspan="2">路面设计标准轴载</td><td></td><td>BZZ-100</td><td colspan="3">BZZ-100</td></tr>
<tr><td>5</td><td colspan="2">路面结构设计年限</td><td>年</td><td>15/10</td><td>15</td><td colspan="2">10</td></tr>
<tr><td>6</td><td colspan="2">最小净高</td><td>m</td><td>5/4.5</td><td colspan="3">5/4.5</td></tr>
<tr><td>7</td><td colspan="2">同向曲线间直线最小长度</td><td>m</td><td>360</td><td colspan="3" rowspan="5">该工程最大平曲线半径为 40000m，最小平曲线半径为 3000m</td></tr>
<tr><td>8</td><td colspan="2">反向曲线间直线最小长度</td><td>m</td><td>120</td></tr>
<tr><td>9</td><td colspan="2">不设超高的圆曲线最小半径</td><td>m</td><td>600</td></tr>
<tr><td>10</td><td colspan="2">设超高圆曲线推荐半径</td><td>m</td><td>300</td></tr>
<tr><td>11</td><td colspan="2">设超高圆曲线最小半径</td><td>m</td><td>150</td></tr>
<tr><td>12</td><td colspan="2">最大纵坡（机动车道）</td><td>m</td><td>3.5</td><td colspan="3">2.4</td></tr>
<tr><td rowspan="2">13</td><td rowspan="2">凸形竖曲线</td><td>极限最小半径</td><td rowspan="2">m</td><td>1200</td><td colspan="3" rowspan="2">10000</td></tr>
<tr><td>一般最小半径</td><td>1800</td></tr>
<tr><td rowspan="2">14</td><td rowspan="2">凹形竖曲线</td><td>极限最小半径</td><td rowspan="2">m</td><td>1000</td><td colspan="3" rowspan="2">5000</td></tr>
<tr><td>一般最小半径</td><td>1500</td></tr>
<tr><td>15</td><td colspan="2">竖曲线最小长度</td><td>m</td><td>50</td><td colspan="3">80</td></tr>
</table>

第二篇 影响篇

概 述

长安街西延道路工程建成通车后，将对该地区社会经济的发展产生重大影响。

从社会效益而言，对于首钢厂区改造、门城新城开发、促进石景山区和门头沟区产业结构调整等，都具有重要的意义。

从环境效益而言，不但分流车辆减轻了交通压力，而且增加了新的地标性建筑——新首钢大桥，整体提升了景观的可观赏性。

从经济效益而言，东西两岸的过河通道减少了绕行距离，降低了车辆能耗，人们出行更加便利，幸福指数不断提升。

更重要的一点是，长安街以国家行政、军事管理、文化、国际交往功能为主，体现庄严、沉稳、厚重、大气的形象气质，西延道路工程必将是长安街上浓墨重彩的一笔。

一、长安街定位

按照北京新城市总体规划，东西方向的长安街及其延长线是北京的两轴之一，也是体现大国首都政治自信、文化自信的代表地区。长安街及其延长线以天安门广场为中心东西向延伸，向西延伸至首钢地区、永定河水系、西山山脉，向东延伸至北京城市副中心和北运河、潮白河水系。长安街及其延长线以国家行政、军事管理、文化、国际交往功能为主，体现庄严、沉稳、厚重、大气的形象气质。

图 2-1　新首钢大桥

长安街西延上跨永定河的桥梁方案既要贯彻崭新的发展理念，代表时代科技，还要满足人民对未来美好生活的渴望。这就要求这座全新的大桥，必然要成为彰显和谐宜居之都的国际一流精品特色工程。经过多年论证研究，最终建设的新首钢大桥全长1.36km。其中的主桥桥型采用椭圆形倾斜不对称变截面扭曲钢塔、分离式变截面钢主梁的新型斜拉刚构组合体系，大桥桥型与自然环境巧妙融合、结构体系新颖、曲面造型独特。该桥设计实施难度巨大，多项指标在国内乃至国际均处于领先水平。

二、经济评价

该项目建成后，将使中心城与京西地区间的联系更加紧密，对带动门头沟新城、南部新城区和石景山区发展、支撑首钢地区改造及疏解中心城部分功能创造了有利条件，具有显著的社会效益和经济效益。

图 2-2 新首钢大桥配件吊装

（一）社会效益分析

该项目的建成，对于首钢厂区改造和门城门头沟新城开发具有巨大的推动作用；对于提升地区形象，促进石景山和门头沟产业结构调整具有重要意义。该工程的实施，将增加永定河东西岸的过河通道，方便周边地区的交通出行，同时将带动相关市政设施的进一步完善，为人民生活提供便利，具有显著的社会效益。

（二）环境效益分析

该项目建成后，将有效分担相邻道路的交通压力并改善既有的交通状况，减少了车辆行驶中加速、减速和停车次数，减少车辆绕行距离，从而使单车排污量大大减少。

随着该项目的实施，道路沿线的景观将得到较大改善，加上地标性建筑——新首钢大桥的建成，配合永定河生态治理“四湖一线”工程，这里将作为人们休闲观光的景点，丰富人们的业余生活，环境效益明显。

（三）经济效益分析

既有过河主要通过莲石路和阜石路，其绕行距离分别达到 6.6km 和 2.6km。该项目建成后，作为永定河东西两岸的过河通道，方便两岸人们出行，减少绕行距离。同时，该工程的实施将分流大量交通量，减少其余道路的交通压力，特别是过河通道的交通压力，使得行车速度提高，全程行驶时间缩短，降低了车辆运营成本，节约了旅客在途时间；还相应节约了能耗，降低了污染，从而产生较好的经济效益。

三、节能评价

（一）能耗分析

该工程建设过程中能耗主要包括生活及生产用水电，施工机械的燃油消耗，石料、水泥、沥青等相关的建材消耗。在运营过程中，相关信号灯及照明需要电能供应，同时路面及绿化的日常养护，也将消耗一定的燃油、水电。因此工程的建设及运营过程均需要一定的能源消耗来维持。

（二）对当地能源供应的影响

该工程的建设、运营期间虽然会产生水、电、燃油、建材等能源消耗，但规模较小，对北京市能源供应的影响相对较小。

图 2-3 新首钢大桥局部

（三）主要节能措施

北京作为国际化大都市，其能源的供需协调矛盾是个长期未解的“老大难”问题。而工程的修建及运营都是一个能源消耗的过程，因此，通过新材料、新工艺及新能源的应用，来减少传统能源消耗，具有重要的意义。

在沥青混合料的生产过程中采用温拌技术，降低混合料的拌和温度及摊铺温度，从而减少燃油消耗。绿化的日常养护，可采用滴灌及喷灌，减少用水量；部分耗电量较小的信号灯，考虑采用太阳能信号灯；在造价允许的情况下，可考虑采用LED灯，减少照明的用电消耗。

第三篇 规划篇

概　述

工程未动，规划先行。规划在任何工程项目建设中，都起着战略引领和刚性控制的重要作用。做好规划，是任何一个项目的首要任务。

习近平总书记在考察北京规划展览馆时，就曾指出：考察一个城市首先看规划，规划科学是最大的效益，规划失误是最大的浪费，规划折腾是最大的忌讳。

对于建设项目来说也是如此。长安街西延道路工程建设的规划本着绿色、科学、创新的理念，充分考虑了举办北京冬奥会的节点需要，研究了北京市城市发展需要，结合了长安街政治文化中心的意义、永定河绿色发展、首钢厂区改造，以及门头沟滨水商务区发展等因素，进行了细致具体的规划。尤其新首钢大桥的规划建设，更是凸显了重视规划、规划先行的理念。

一、规划背景

（一）北京市城市总体规划

按照中央领导的要求，北京市的规划、建设、管理，都要坚持高起点、高标准、高水平，落实世界眼光、国际标准、中国特色、高点定位。不但要搞好总体规划，还要加强主要功能区块、主要景观、主要建筑物的设计，体现城市精神、展现城市特色、提升城市魅力。

根据《北京城市总体规划（2016 年—2035 年）》要求，为落实城市战略定位、疏解非首都功能、促进京津冀协同发展，在充分考虑延续古都历史格局以及着眼打造以首都为核心的世界级城市群的基础上，未来将在北京市域范围内形成"一核一主一副、两轴多点一区"的城市空间结构，着力改变单中心集聚的发展模式，构建北京新的城市发展格局。

其中的两轴即指中轴线及其延长线、长安街及其延长线。中轴线及其延长线为传统中轴线及其南北向延伸，传统中轴线南起永定门，北至钟鼓楼，长约 7.8km，向北延伸至燕山山脉，向南延伸至北京新机场、永定河水系。

长安街及其延长线以天安门广场为中心东西向延伸，其中复兴门到建国门之间长约 7km，向西延伸至首钢地区、永定河水系、西山山脉，向东延伸至北京城市副中心和北运河、潮白河水系。

图 3-1　在建的新首钢大桥

（二）长安街

长安街有着 600 多年的恢宏历史，是北京城的东西轴线。从 1949 年新中国成立至今，长安街在我国的政治、文化生活中起着极其重要的作用，体现着国家和首

图 3-2　飞虹入云端

都的形象，人们将其誉为“神州第一街”。天安门、新华门、古观象台等能够使人们体会到北京首都的宏伟壮丽及古代建筑艺术水平的高超。每逢国庆庆典和重大节日，长安街都会成为首都人民欢乐的舞台。它是首都北京的精华所在，是首都北京的窗口。

长安街东起通州运河广场，西至首钢东门，全长约 45km，因此又被称为“百里长街”。经过新中国成立 50 周年、60 周年的大修整治，长安街及其两侧焕然一新，展示着我国社会主义现代化建设和改革开放 30 年的成就。

长安街及其延长线以天安门广场为中心东西向延伸，向西延伸至首钢地区、永定河水系、西山山脉，向东延伸至北京城市副中心和北运河、潮白河水系。长安街及其延长线以国家行政、军事管理、文化、国际交往功能为主，体现庄严、沉稳、厚重、大气的形象气质。

（三）永定河绿色发展带综合规划

永定河是北京的母亲河，史学界一直有“先有永定河，后有北京城”的说法。它曾经叫无定河，咆哮的河水带来了泥沙和水患，也带来了平原生长的水源，带来了文明的一次次演进。北京 3000 年的建城史和 800 余年的建都史都离不开永定河的润育。

根据《永定河绿色生态发展带综合规划》，永定河是北京西部发展带的重要组成部分，是西南部地区的绿色生态走廊、文化休闲发展带和低碳产业基地。生态走廊带的发展将以绿色生态走廊建设为基础，加强生态环境修复与建设，保护和利用历史与现代文化资源；实施低碳经济发展战略，促进企业技术改造与产业转型升级；积极改善交通条件和市政设施配套，完善公共服务体系；加强城乡统筹，推进城乡经济社会一体化发展，将永定河绿色生态发展带建设成为生态文明、山清水秀、设施完善、经济繁荣、社会稳定的宜居、宜业、宜游之区。

为逐步落实《永定河绿色生态发展带综合规划》，2010 年已启动“四湖一线”工程。包括门城湖、莲石湖、晓月湖、宛平湖等，河道总长 14.3km，总面积 540hm^2，水域面积 275hm^2，绿化面积 216hm^2。该工程位于莲石湖范围，桥位处水面宽度约 240m，水面偏向东侧。

（四）首钢厂区改造规划

首都钢铁集团公司始建于 1919 年。百年首钢积淀了丰厚的历史文化底蕴，是我国冶金工业的缩影、改革开放的一面旗帜，已发展成为跨行业、跨地区、跨所有制、跨国经营的综合性企业集团。全资、控股、参股企业 600 余家，总资产 5000 多亿元，职工近 9 万人。2011 年以来，七次跻身美国《财富》杂志公布的世界 500 强企业之列。

首钢工业区处于北京西部发展带和东西轴——长安街延长线的结点地位。近期被纳入中关村国家自主创新示范园区。2009 年 11 月发布的《促进城市南部地区加快发展行动计划》中，首钢工业区是“一轴一带多园区”格局的重要组成部分，也成为永定河水岸经济带的一个重要节点。

根据《首钢工业区改造规划》，在加快首钢产业转型和地区发展建设的同时，发挥对北京西部地区整体发展的带动和辐射作用。将首钢改造区发展成为城市西部综合服务中心及后工业文化创意产业区，大力发展以金融、信息、咨询、休闲娱乐、高端商业为主的现代服务业。长安街西延位于重点发展地区的首钢主厂区。

首钢北京园区正成为世界的亮点和热点，首钢抓住北京筹办冬奥会的历史性机遇，加快 8.63km^2 北京老工业区崛起，遵循北京城市“新总规”，依托“长安金轴”，集区位优势、空间资源、创新要素于一身，大力推进文化复兴、生态复兴、产业复兴和活力复兴，努力打造新时代首都城市复兴新地标。冬奥会组委会、冬奥比赛场馆滑雪大跳台、世界侨商创新中心、中国第 1 个及全球第 19 个 C40 正气候项目、国家体育产业示范区等相继落户首钢北京园区。国际奥委会主席巴赫称赞，北京首钢园区工厂改建是奇迹，更是一个“让人惊艳”的城市规划和更新的范例。

（五）门头沟滨水商务区

长安街西延东西向穿越门头沟滨水商务区中部。门头沟滨水商务区属于以首钢为核心协作发展的 6 个重点地区之一。用地面积约 3.6km^2，规划目标是打造长安街西延长线景观亮点，与首钢工业区共同构成北京市西部的综合服务中心。整体功能以商业服务、文化娱乐为主，结合六环路下穿区段，打造沿河绿色生态走廊；以长安街西延长线跨河大桥为核心地标，塑造丰富的城市天际线，展示门头沟新城特色风貌。

（六）门城公园

规划门城公园位于现砂石坑位置，通过绿色廊道将永定河与城市绿化连成一体，加快砂石坑改造，打造生态修复样板，使永定河河道内湖泊溪流与门城公园内的水系、水源、水景相互连通，形成区域生态景观，带动周边高端发展。

（七）2022 年北京冬奥会

2022 年初，第 24 届冬季奥林匹克运动会，又称“2022 年北京冬奥会”将于 2022 年 2 月 4 日至 2022 年 2 月 20 日，在中华人民共和国北京市和河北省张家口市联合举行。这是中国历史上第一次举办冬季奥运会。

钢铁业搬迁调整后，首钢老厂区的工业遗存成为优质资产，为转型发展注入新的活力。其中，具备较好改造利用条件的西十筒仓区域，被北京冬奥会组委选为办公区。核心办公区占地约 5.2hm^2，主要利用原有厂房改造而成。厂房改造尊重原有工业架构肌理，遵循绿色生态理念，也考虑了奥运后再利用问题。筒仓改造保留了外立面风貌，在筒仓壁开洞采光，同时加建钢结构楼板，在两筒之间新建景观电梯。冬奥组委会选择老工业园区作为办公区，既体现了节俭办冬奥的要求，也符合奥林匹克文化追求。

图 3-3　长安街西延道路工程施工现场

首钢滑雪大跳台选址首钢老工业园区北区，大跳台周边老厂房和工业构筑物，经过修缮改造，具备赛事配套服务功能。北京冬奥会后，首钢滑雪大跳台将成为世界首例永久性保留和使用的滑雪大跳台场馆，可承办国内外大跳台项目体育比赛，成为专业运动员和运动队训练场地、青少年后备人才选拔基地、赛事管理人员训练基地等，直接服务中国冰雪运动发展。同时，首钢滑雪大跳台将成为向公众开放的北京冬奥会标志性景观地点和休闲健身活动场地，变身服务大众的体育主题公园。

（八）北京的桥

北京一直有着精彩灿烂的桥梁技术和文化。卢沟桥是北京现存最早的石拱桥，在金元时期就是燕京八景之一。詹天佑主持修建的京门铁路桥（建成于 1907 年）是中国人修建的最早的铁路桥之一。三家店公路大桥（俗称“老洋灰桥”）是北京最早的现代公路桥，由法国工程师设计，1923 年 12 月竣工通车。永定河上游珠窝水库处的风沙线永定河七号桥，主跨为一孔 150m 中承装配式钢筋混凝土拱，号称当时的亚洲第一拱桥。这些北京桥梁，在国内甚至在世界范围内都享有盛名。

北京的桥梁历史悠久，卢沟桥早在 13 世纪就闻名世界。马可波罗说它“是世界上独一无二的”的桥，并且非常欣赏桥栏柱上的狮子，说它们“共同构成美丽的奇观”，是古代建筑、艺术、技术的杰出代表。

卢沟桥、十七孔桥、玉带桥等，是古代工匠留给我们的宝贵财富和遗产。近年来北京的立交桥成为功能突出、展现城市的发展建设变化的载体和见证。新建的永定河大桥，除了满足必需的功能、安全要求外，更要体现当代工程师的艺术修养、现代最新的桥梁设计和建造技术。

二、项目规划要求

（一）长安街西延

北京市规划和国土资源管理委员会（以下简称“规委”）对长安街及其延长线的道路规划方案最早形成于 20 世纪 70 年代末，后来结合北京市总体规划多次修编并修订完善。

（二）新首钢大桥

2010年初项目再次启动，规委组织项目相关各部门、单位对永定河的历史及永定河对北京城市发展的影响、桥位周边区域地块的规划开发利用方案及历史人文线索、北京的桥梁文化、长安街的演变等都进行了详尽调查和专题研究。进一步明确了长安街西延项目的规划定位，对项目上跨永定河的大桥提出了要求。

大桥设计要考虑首都人文景观、文化历史背景等，注重城市景观组织，合理处理与周边景观的衔接，同时考虑与沿线建筑物、地形及环境保持协调。大桥形式应美观、新颖、实用、经济，鼓励采用先进科技工艺，把大桥建设成为西长安街沿线一个景观性标志建筑，展现石景山、门头沟新形象，体现现代城市的发展活力。

三、新首钢大桥方案形成过程

（一）北京市基础设施行业首次桥型国际方案征集

为选取适宜的桥型实施方案，在北京市政基础设施行业第一次采用了国际方案征集的形式。北京市公联公路联络线有限责任公司作为方案征集主办方，动用各方力量，广泛寻找资源，邀请到了北京、上海、天津、中国香港、英国、美国、日本等国家和地区的11家业内知名桥梁设计公司参加，大家从不同的角度理解、构思、创作、深化完成各自方案，最终征集到31个桥型方案。主办方又邀请国内最权威的建筑师、工程技术专家组成专家组背靠背对所有方案进行认真审查、打分、评价，形成最终的专家排名顺序和推荐意见。

（二）优化后的“和力之门”方案与常规桥型方案比较

北京市交通委高度重视，组织水务局、区县政府等积极参与，对推荐的多个桥型方案从功能、防洪、实施难度和风险、投资等各方面进行深化和反复比选论证，促成了最终的科学决策。

北京市规划和国土资源管理委员会、发展和改革委员会的批准实施，也是慎之又慎。调研了当时国内有代表性的城市桥梁建设状况，多方面征求专家意见，专门邀请第三方机构对项目技术方案进行技术咨询评估，主管领导亲自带领主管部门和建设单位业务管理人员到有类似难度项目建设管理经验的港珠澳大桥管理局、南京公共工程建设中心登门拜访，请经验丰富的建设管理团队、技术团队为新首钢大桥项目设计、加工、建设各个环节审查把脉，认真听取他们的经验和建议，为后来项目顺利实施指明了方向。

图 3-4 新首钢大桥冬季施工

另外，还对大桥设计、施工方案、工期计划等进行了反复研究、严格审查。既要保证资金到位，满足复杂的工程建设各方面需要，又要落实每项花费的必要性、依据和标准，确保投资合理、可控。

正是有了市委、市政府各部门的科学规划、大胆创新、勇于担当、精细管理、密切协作，才有这座在北京地区具有划时代意义大桥的诞生。

四、“和力之门”方案的设计理念

贯彻崭新的发展理念，包容人们对未来生活的渴望，代表时代科技，成为彰显国际一流、和谐宜居之都的精品特色工程，这些要求都呼唤一座全新大桥的诞生。

（一）“和力之门”桥型方案的提出

特殊的山、水、城环境关系，特别是长安街特殊的历史、政治背景，使大家对大桥充满期待。北京市政研究总院之前配合道路规划实施完成了几十个桥型方案研究，形成了具有标志性，并且独具特色的“和力之门”方案。

门的造型呼应环境，高低错落形成变化，画框借景。外倾具有动感和张力，体现城市活力。手拉手的拟态也是当时“和力之门”名称的由来。

（二）桥型方案研究过程

项目从最初的方案征集，经历了常规项目的方案研究、工程可行性研究、初步设计、施工图设计阶段，更根据特点、难点在初步设计之后增加了技术设计阶段。每个阶段都根据工程条件对方案进行不断的深化、修改、比较、完善。方案总体稳定应该在 2015 年 6 月，历时近 5 年，桥梁跨径、塔高、具体墩位等都不断优化调整，体现出设计院、建设单位、政府部门做的大量扎实深入细致的技术准备工作。

从方案征集开始到全部设计工作完成，花费了近 8 年时间。后期施工配合，设计工作持续了将近 9 年，这样的时间延续、人员投入、工作强度持续，在北京市政设计总院历史上是没有过的，在国内包括港珠澳大桥那样的项目上应该也不多见。

第四篇　勘察设计篇

概　述

勘察设计是工程建设的龙头，也是提高工程项目投资效益、社会效益和环境效益的最重要因素。

城市建设勘察设计，又是为所属地域经济、社会发展提供支撑的具有地缘特征的开放性动态系统，融入城市建设活动和社会之中，依托建设活动和社会的发展而发展。

勘察工作，主要集中在对建设地点的自然条件、地质条件和水文条件等的科学勘测，为整个方案的设计出台以及建设奠定了基础。设计过程则充分考虑到周边的建筑和自然景观特点。桥梁设计考虑到桥梁所处地区的人文景观和文化历史背景，注重与周边的景观规划衔接。环境设计则主要考虑永定河的东西和南北方向的需求。

河道是城市天然的界限和生态走廊，通过地形的改造会出现一些沿水流方向的小岛，既能与这里的山水景观进行呼应，也能为桥的基础和人行楼梯提供一些位置选择，使桥和景观更好地融合，提升了人们出行的愉悦感和满足感。

一、自然条件及地质条件

（一）自然条件

北京市长安街西延市政工程沿线，属永定河故道及其冲洪积扇的中上部，建设道路地形起伏较大，整体地势西高东低，自然地面高程一般为74.13~91.79m。

项目所在区域（北京地区）属于暖温带半湿润半干旱大陆性季风气候区。春季干旱多风，夏季炎热多雨，秋季天高气爽，冬季寒冷干燥，四季分明，日照充足。全年无霜期186天左右。全年光照时数为2700小时。年平均气温为11~12 ℃，年极端最高气温一般在35~40 ℃之间，年极端最低气温一般在-14~-20 ℃之间。7月最热，月平均气温为26℃左右。1月最冷，月平均气温为-4~-5℃。

该区域多年平均降水量一般在550~650mm之间，降水季节性变化很大，年降水量80%以上集中在汛期（6~9月），7、8两月尤为集中。降水量年变化悬殊，北京地区历史上年最大降水量高达1406mm（1959年），最小降水量为168.5mm（1891年），相差8倍多。由于年降水量高度集中，即使旱年，局部地势低洼地区也可能积水成涝。多年平均水面蒸发量为1843.8mm。冬季地面下有60~80cm的冻土层。

（二）工程地质

1. 工程地质

北京市区位于华北大平原的西北缘，西、北及东北面三面环山，东、南及东南面为广阔的平原区，称之为“北京平原”。建设项目场区位于该平原内的南部。在北京平原区的不同区域，由于受断裂活动的影响和古地理环境的限制，第四纪沉积物的厚度有明显的差异。

图4-1 架设施工

图 4-2 局部成形

在北京市区，第四纪沉积地层的厚度由西向东逐渐增大，岩相分布由山地向平原具有明显过渡的特征。即市区西部的第四纪古河流形成的冲洪积扇顶部、中上部的地层以厚层砂土、卵砾石层为主；向东过渡为冲洪积扇的中部和中下部，第四纪地层为黏性土、粉土与砂土、卵砾石交互沉积层。建设项目场区主要位于永定河冲洪积扇的中上部，建设场地地层主要以厚层砂土、卵砾石层为主。

建设场地自然地面以下 30m 深度范围内的地层按沉积年代及工程性质可初步划分为人工填筑土层、新近沉积层及第四纪沉积层三大类。简述如下：

表层为人工填筑土层（Qme），包括低液限黏土填土（CL）①层、低液限粉土填土（ML）$①_1$层、碎石填土（O）$①_2$层及房渣土（A）$①_3$层，一般厚度在 0.50~4.30m 左右，CK1+550 处原为采石坑，填土厚度较大，约 27.00m；建设线路与西六环相交处也分布有已掩埋的采石坑，深度约 20m。人工填筑土层（Qme）以下局部分布有新近沉积（Q4al+pl）的低液限黏土（CL）②层、低液限粉土（ML）$②_1$层及高液限黏土（CH）$②_2$层；新近沉积层及局部人工填筑土层之下为第四纪沉积（Qal+pl）之含细粒土砂（SF）③层、粉土质砂（SM）$③_4$层及级配不良砂（SP）$③_2$层；级配不良砾（GP）④层，卵石质土（SlCb）$④_1$层及卵石夹土（CbSl）$④_2$层；卵石质土（SlCb）⑤层、级配不良土砾（GP）$⑤_1$层及卵石夹土（CbSl）$⑤_2$层。

根据现场钻探、原位测试和室内土工试验成果，按成因年代将勘探深度（21.00m）范围内土层划分为人工堆积层及第四纪沉积层两大类，并按其岩性、物理力学性质及工程特性进一步划分为 5 个大层及亚层，具体为：表层为人工堆积一般厚度为 0.50~4.30m 的杂填土层，建设场地从起点到规划冯村沟西侧部分为原砂石坑回填，填土厚度变化极大。人工堆积层以下为第四纪沉积之粉土层，粉质黏土层及黏土层；卵石层及细砂、粉砂层；卵石层；卵石层。

对于人工填筑土层，该层土空间分布不均，厚度变化较大，且成分杂乱、工程性质较差，对地基方案有较大影响，需要在设计、施工阶段加以重视。

2. 地震

建设工程场区附近分布的区域性断裂主要是永定河断裂，北起军庄，向南经永成庄至立垡村，全长 26.2km，其总体走向北西 320°，倾向 SW，倾角 85°，活动性质为正断层，最晚活动时代为早、中更新世。具体参见“拟建项目场区附近主要地质断裂示意图”。

根据《中国地震动参数区划图》（GB 18306—2001）之附录 A（“中国地震动峰值加速度区划图”），工程场区所在北京市区的地震动峰值加速度为 0.20g，该地震动峰值加速度所对应的地震基本烈度为Ⅷ度，相应设防水准为 50 年超越概率 10%。

（三）水文条件

1. 河流水文

该线路地表水系属于西部永定河水系。沿线主要水体为永定河，位于里程 CK3+170~CK3+630m 处，河床宽约 420m，既有水深约 0.50m，为人工蓄水。

另该工程沿线有冯村沟泄洪沟，主要为排除雨季西部山上下来的山洪水。

2. 地下水

该工程借用钻孔勘探期间（2013 年 12 月下旬、2014 年 3 月上旬）于钻孔深度（最深 21.00m）内未揭露到地下水。据工程场区附近的普、详查资料，建设场地 1958 年地下水位可达自然地面以下 9.00m 左右。

二、道路工程方案

（一）平面设计

1. 设计原则及控制因素

（1）设计原则

平衡道路使用主体需求，满足交通功能；

考虑近远期结合，近期满足使用需求，考虑远期需求，为远期预留条件，减少废弃；

满足沿线相关单位的进出要求。

（2）平面设计主要控制因素

长安街古城大街以东段现况道路远期改造道路方案；

道路规划红线及两侧用地情况；

相交现况及规划道路条件；

新首钢大桥及冯村沟大桥景观及结构需求。

2. 平面布置

该工程起点为三石路，设计与现况三石路接顺，向东穿过现况砂石坑（规划门城公园），上跨六环路和永定河及丰沙铁路后，沿首钢厂区内部道路继续向东，经首钢东门，终点至古城大街路口，与现况长安街接顺，建设总里程 6.458km。

该工程主路三石路—砂石坑东侧布置为双向 6 车道，砂石坑东侧路—古城大街主路布置双向 8 车道，最外侧两条车道为公交专用道，主路两侧设置辅路，辅路布置一条机动车道，外侧为非机动车道，最外侧为人行步道。考虑公交停靠的需要，沿线设置港湾式停靠站或结合路口渠化设置。

长安街西延全线共设置桥梁两座，其中特大桥 1 座——跨越永定河的新首钢大桥（其西引桥跨越现况六环路），桥梁总长 1356.7m，桥梁总面积 64906m^2。大桥 1 座——跨越规划冯村沟（现况为砂石坑），桥梁全长 256m，桥梁面积 15360m^2。新首钢大桥（含引桥）上跨规划二路，东滨河路，西堤路和六环路。其他相交道路均采用平交方式。

新首钢大桥及引桥段，主路外侧不再设置辅路，仅设置非机动车道，最外侧为人行步道。东引桥段南北两侧设置辅路，解决规划二路及东滨河路与长安街西延的交通转换。

砂石坑东西侧路路口之间为冯村沟大桥，考虑路口渠化加宽，其正常断面范围已经较少，同时考虑桥梁结构需求，避免桥梁断面变化，将路口渠化加宽段贯通。

砂石坑以西段主路为双向 6 车道，但该区段规划相交路间距较密，平均间距仅 215m（最大 254m，最小 180m）考虑路口加宽渠化后，路口渠化加宽段间所剩正常断面段较短，考虑景观需求及减少路口间车道数频繁变化而造成车辆交织影响，将路口渠化加宽段贯通。

对于沿线单位出入口及支路，原则上接辅路，个别主要路口打开主辅隔离带，采用右进右出方式，主要有龙园路路口、西苑路路口、北京首钢国际工程技术有限公司和 K6+060 处首钢十万平方米居民区主要出入口。

（二）纵断面设计

1. 设计原则及控制因素

（1）设计原则

满足相关道路及区域排水需求；

满足相关道路出行条件需求；

满足新首钢大桥对景观需求的要求。

（2）控制因素

①主线。

三石路至砂石坑段，由于北侧为规划冯村沟，该段高程主要受规划冯村沟水位控制，纵断面设计时，主要受相交道路跨越冯村沟设置桥梁需要控制，控制高程以梁底高于 50 年水位 50cm 以上，同时考虑结构厚度和横坡及接顺要求。

砂石坑以东段主要控制点为永定河东西巡河路、六环路及首钢厂区规划二路。根据永定河规划条件，线位处西堤堤顶高程为 85.6m，东堤堤顶高程为 85.86m。永定河 100 年一遇洪水位为 83.56m，最大可能洪水位为 84.6m。永定河大桥梁底高程须高于规划 100 年一遇洪水位 1m 以上，高于最大可能洪水位 0.7m 以上，高于两岸堤顶高程

图 4-3 新首钢大桥

4.5m以上。由于六环路在长安街西延段为路堑，低于两侧现况地面9m以上，因此对纵断面设计不控制，方案设计以东西巡河路满足4.5m净空为控制条件，考虑非机动车的通行要求，永定河两侧纵坡按2.4%控制。现根据首钢厂区路网规划条件，规划二路距离永定东河堤仅300m，且由于受两侧首钢规划保留建筑制约，线位无法东移，因此不具备与长安街西延平交的条件。考虑到规划二路作为首钢厂区中部唯一一条北部可与阜石路辅路连接的道路，其交通功能比较重要，因此纵断面设计时按长安街西延上跨规划二路考虑。按规划二路满足4.5m净空为控制条件。同时，应桥梁景观需求，要求将纵断最高点位于K3+456附近。

另外，纵断面设计时，还应考虑沿线单位出入口及相交道路现况高程，便于接顺，方便出行。

②辅路。

辅路东接规划一路路口，西接规划东滨河路，中间与规划支路1、规划支路2和规划二路相交，辅路纵断面设计时，主要控制因素为主设计高程，相交道路的高程及规划东滨河路的高程。

东端与规划一路路口相接处按主路设计高程推算；在规划支路1处，利用主路引桥桥孔设置人行通道，考虑到已接近路桥分界处，主路高程较低，辅路纵断应保证通道底部高程按辅路设计高程设置后的人行净空需求；同时考虑控制主线设计高程的规划二路的设计高程，保证辅路与其接顺。辅路西端与规划东滨河路相交，东滨河路根据规划条件与东堤分离，在现况河堤以东堤底通过。该处有首钢现况环厂路，辅路与环厂路相接。该处环厂路由于受与其相交的原首钢厂内生产铁路线下穿丰沙铁路的限制，高程较周围堤外现况地面低较多，随着首钢的搬迁，生产铁路线的废弃，远期规划东滨河路通过该位置处高程基本按周边场地高程进行控制，因此辅路纵断面设计时，西端头高程按该位置周边场地高程控制，并对环厂路进行局部改造，与南北侧环厂路接顺。

图4-4 新首钢大桥护栏施工

2. 纵断面布置

纵断面设计时，充分考虑上述控制条件及需求，该工程上跨六环路、西堤路、东滨河路、规划二路，其他均采用平交形式。

（三）横断面设计

1. 设计原则及控制因素

（1）设计原则

符合交通特点、满足交通功能和沿线交通需求，尽量在规划红线范围内布设；

适当调整桥梁段断面形式，压缩桥梁规模，减少工程投资；

满足道路桥梁景观要求；

满足相关设施及管线埋设要求。

（2）控制因素

影响该工程横断面布设的主要控制因素是古城大街—首钢东门花坛段现况树木和新首钢大桥桥梁结构方案。

2. 横断面布置

该工程横断面采用三幅路形式，其中三石路至砂石坑东侧路主路宽度 24m，布置 3 上 3 下共 6 条车道，最外侧为公交专用道，主辅隔离带宽 6m，外侧辅路宽 7m，人行步道宽 5m（含树池）；砂石坑东侧路至古城大街主路宽度 30m，布置 4 上 4 下共 8 条车道，最外侧为公交专用道，主辅隔离带宽 3~3.5m，外侧辅路宽 7m，人行步道宽 5m（含树池）。

（四）路拱设计

主路采用直线接抛物线形路拱，辅路及非机动车道采用直线形路拱，路拱横坡均向外，坡度 1.5%。人行横道坡度向内，坡度 2%（永定河大桥段 1%）。隔离带采用平坡。

（五）无障碍设计

距步道外侧 50cm 设置盲道，路段上盲道宽 50cm，永定河大桥段盲道宽 30cm。行人过街处设置无障碍坡道，并设置相应的提示及导向盲道。路口及人行过街横道处采用具有声音提示功能的行人过街信号灯。

（六）交叉口设计

1. 设计原则

除高速公路（六环路）和巡河路（东滨河路和河堤路）的特殊要求，采用立体交叉外，其余道路原则上采用平面交叉，但规划二路由于受上跨东滨河路高程限制，无法实现平交，亦采用立体交叉，其余道路均采用平面交叉。平面交叉口中，主干路与长安街西延相交路口均采用灯控方式，次干路根据实际情况采用灯控路口或右进右出方式，支路及沿线单位进出口根据具体位置及间距采用接辅路（主辅隔离带不打开）或采用右进右出方式（主辅隔离带打开）。

2. 平面交叉

（1）交叉情况一览

根据已有规划条件，长安街西延沿线相交规划道路共有 29 条，其中，高速公路 1 条、城市主干路 5 条，城市次干路 8 条，城市支路 15 条。相交道路间最小间距 97m，平均间距 231m。其中长安街西延与六环路、西堤路、永定河东滨河路和规划二路设置分离式立体交叉（六环路远期为单喇叭互通式立交），该工程上跨。其余路口均为平交路口。全线共设置立交 4 座，平交灯控路口 10 处，最大间距 1994m，最小间距 373m。

（2）灯控路口渠化处理方式

对于灯控路口，需对路口进行渠化加宽，原则上进口保证直行车道数不变，增加左转专用车道和右转专用车道；出口加宽一条右转专用出口道或利用辅路加主辅路进口的方式解决。

3. 立体交叉

该工程与六环路、西堤路、东滨河路及规划二路采用立体交叉，均为分离式立交，其中东滨河路和规划二路通过桥下两侧辅路与长安街西延相连。六环远期设置互通式立交，立交采用单喇叭形式，设置于长安街西延南侧，立交与六环路西侧路相接，通过六环路西侧路与长安街西延实现交通转换。六环路互通式立交该次工程暂不实施，仅预留工程施工条件。

（七）公交与人行过街设施

1. 公交设施

为倡导公交优先，提高公交的服务水平，引导市民使用公共交通方式，该工程全线设置公交专用道，公交专用道位于主路外侧。

根据行人出行需求、路口、换乘及现况公交车站位置，全线共设置公交车站 9 对（并考虑东桥头丰沙铁路位置桥上预留一对公交车站的条件），车站最小间距 420m，

图 4-5　桥塔施工中

最大间距 650m（永定河大桥东西公交车站间距约 2000m），平均间距约 500m（若包括永定河大桥东西公交站平均间距为 730m）。公交车站采用港湾式或结合路口出口渠化加宽设置。采用港湾式车站时，港湾长度 70m，渐变段长度进口 25m，出口 30m，结合路口出口设置时，路口渠化段加长至 120m。车站设置无障碍盲道及无障碍过街坡道。

2. 人行过街设施

人行过街设施的设置主要考虑过街需求，并结合路口、公交车站设置，人行过街的最大间距控制在 600m 以内，以保证人行过街的最大绕行距离控制在 300m 以内。该工程人行过街全部采用平面过街方式，全线共设置人行过街横道 13 处，其中 10 处结合灯控路口设置，3 处专门设置人行过街横道，并设置人行过街灯。由于该工程路幅较宽，为解决行人二次过街的问题，道路左右半幅人行横道错开布置，中间设置行人驻留岛，驻留岛宽度 2m。

（八）路基设计

1. 设计原则

路基必须做到密实、均匀、稳定。

图 4-6 新首钢大桥配件吊装

路基填筑材料因地制宜，合理采用当地材料或工业废料。

路基设计应经济、耐用，满足设计年限的使用需求。

路基设计要注意保护自然环境、景观，同时注意工程景观效果。

2. 路基处理

（1）一般路基处理

路基填方施工前需先进行清表，清除表层人工杂填土或建筑房基。

（2）特殊地基处理

①桥头处理段。

桥头位置处于刚柔过渡段，容易产生差异沉降，造成桥头跳车现象，为减缓桥头跳车对路面、桥面及伸缩缝的破坏，提高车辆行驶的安全性和舒适性，结合路基填土高度及工程地质情况，对该工程 4 处桥头过渡段分别进行处理。

为消减路桥差异沉降，过渡段 40m 范围内，填方压实度不应小于 96%，填方材料采用天然砂砾。

②远期六环路立交桥下匝道处理段。

根据前期研究成果，将来该工程与六环设置互通式立交一座，虽为远期实施，但考虑到六环路跨线桥近期实施后，受到跨线桥净空影响，远期实施匝道时很难进行地基处理，因此该工程将桥下匝道地基处理纳入工程范围。由于处理区域距离六环路较近，亦采用挤密碎石桩复合地基。处理范围位于该工程 K2+865~K2+885。

③沿线沟渠段。

现况冯村沟在 K4+400 处与该工程相交，规划冯村沟结合该工程同步实施，规划冯村沟沿该工程道路北侧向西至现况砂石坑，现况冯村沟废弃。道路路基在现况冯村沟位置进行浅层换填处理。

（九）路面设计

1. 设计原则

满足道路等级交通功能及使用要求，合理选材、方便施工、便于养护；对路基路面进行综合设计，达到技术经济合理、安全适用，降噪环保。

2. 设计参数

该工程起点约 350m 及北辛安路至古城大街段有现况道路，由于道路沿线现况管线未按规划实施，随着该工程的建设，各市政管线将一并实施，会对现况路面进行开挖，因此不再考虑现况路面的利用，全部按新建考虑。

该工程道路等级为城市主干路，设计年限 15 年，设计路面以双轮组单轴轴载 100kN 为标准轴载（BZZ-100）。土基回弹模量 E_0=40MPa，根据设计年限交通量测算，路面设计弯沉值：主路及立交匝道 21.4（1/100mm）；辅路 24.5（1/100mm）。

（十）桥梁工程

1. 主要标准

（1）设计荷载

城 -A 级；人群荷载 3.5kN/m^2。

（2）道路等级

城市主干路；设计行车速度：60km/h。

（3）桥梁横断面布置

①新首钢大桥。

双向共 8 条机动车道，两侧各 3.5m 非机动车道及 3.0m 人行道，机动车道和非机动车道间设隔离带，桥梁标准段宽度 47m。

②冯村沟大桥。

双向共 8 条机动车道 30m 宽，两侧各 7m 非机动车道及 5.0m 人行道，机动车道和非机动车道间设隔离带宽 3m，桥梁标准段宽度 60m。

（4）设计洪水频率

新首钢大桥为 300 年一遇，规划要求梁底高于百年一遇设计洪水位 1.0m，高于规划最大可能洪水位 0.7m，高于两岸堤顶高程 4.5m 以上，冯村沟大桥按照 100 年一遇设防标准。

（5）设计基本网速

设计基本风速：V=28.6m/s。

（6）抗震设防

桥梁抗震设防类别为 A 类，抗震设防烈度为 8 度，设计基本地震动加速度 0.2g，抗震设防措施等级9级（冯村沟跨河桥桥梁抗震设防类别为B类，其余同上）。

（7）设计基准期

设计基准期：100年。

（8）桥下净空

规划要求丰沙铁路入地（现况丰沙铁路处设计梁底距离铁路轨顶高度为4.3m）；城市相交道路≥4.5m；六环路≥5.0m。

（9）桥下通航标准

桥下通航标准：无通航要求。

（10）大桥人行梯道

新首钢大桥人行梯道坡度1∶4，净宽4m。

（11）设计安全等级

结构设计安全等级：一级。

2. 方案创意

（1）设计构思

①设计构思一：城市和山区的门。

长安街作为北京城重要的中轴线，东连通州，西接门头沟，而永定河则是城市的天然边界，这种具有极高象征意义的跨越把桥变成了一扇门：北京城的西大门，北京西山的门。

②设计构思二：纽带。

东边是现代化的城市，西边是起伏的山峦，永定河将两者天然分割，而这座桥则是一条连接的纽带，放眼未来它还是连接石景山首钢新产业园区和门头沟新区的纽带。

③设计构思三：活力和动感。

长安街和桥的重要性在于它是城市的重要象征，长安街上所有历史性的建筑也是如此，桥的重要性在于：用一个独一无二的工程，以一种纯粹利落的方式展现跨越河流的这个动势，而不是通过一系列连续的承重的构件去表现。这座桥不应该是平庸而有序的表现，需要一种张力和动感，和山、水、城市的主题紧密结合。

常规的大跨桥梁结构通常采用平衡和稳定的一种体系，而长安街的桥要能展现北京的活力，迈向未来的向往和站上国际舞台的能力，所以结构设计的选择需要更有活力，利用天然地势通过将桥梁基础和河岸平齐来展现活力，同时赋予桥梁的三维视角，总体外观既简洁又富于现代感。

这种与地形及桥梁寓意紧密结合的动态的造型设计，使得拱脚的偏心从某些角度看形成了一个“行走的人”的形状，北京这样一个正迈向未来的巨人的形象跃然眼前。

④设计构思四：纪念首钢。

桥梁东边的原首钢旧址厂区见证并且有力推动了北京的现代化发展，所以桥梁的主要材质采用钢材以纪念这段历史，而桥梁色彩的选用则以浅色为主，体现明快和现代感。

综合这些设计理念，一个富于现代化气息、活力动感、与周边环境和谐共生的桥梁方案呈现在眼前。

图 4-7 大桥局部加固施工

（2）设计特色

方案特色鲜明，桥梁造型引人入胜，富于现代气息，与周边环境巧妙融合。

特色之一：主题明确

路人的视线可以穿越这两座拱形塔，从自然景观看到城市，反之亦然。这种不对称的外观是为了呼应城市和自然的两种不同尺度：高的门面对着山，矮的门向着城市。高低不一的塔与西岸起伏的群山、东岸错落的城市建筑相映成趣，达到桥型和山、水、城市主题的呼应。

特色之二：简洁流畅

桥梁总体外观简洁明了，拱形主梁和倾斜的塔形成的全桥整体线条美；桥梁细部设计也充分体现了流畅的美感，如梁底富有韵律的拱形横梁以及箱底宽的自然收缩，弧线形的门式塔以及塔下部的小门洞，平行的竖琴式拉索等，体现了结构的线条美、曲线美和韵律美，给人一种非常现代的立体感。

特色之三：充满活力与动感——展现北京的现代性

通过塔左右两边“脚步”的不同大小巧妙地解决了两岸河岸线不平行的问题，这样的设计赋予桥三维空间的变化，展现了桥梁的活力。

同时由于塔不同的倾角而左右幅跨度的不一致，一个行走的人的形象被勾画出来，通过巧妙的造型构思赋予了桥梁以生命力。

特色之四：体系新颖、受力明确——创新性体系

桥梁的美最直接的是通过结构来实现，该方案整体结构受力明确简洁，整体比例协调，结构构思巧妙，结构纯正、稳定、干净，每一部分都是受力构件，没有多余和累赘，用结构的美展现了长安街上桥梁应有的大气宏伟和现代动感。

桥梁结构结合了横跨河道的拱形主梁和为了减轻主梁应力而设置的拱形塔和拉索组成的斜拉桥体系，不同轴的椭圆拱形塔和主梁的纵横梁连为一体，整体结构体系新颖。一边基础采用刚性连接，一边采用可滑动的支座，桥面板则放置在纵横梁体系上。

桥梁的总体内力在桥梁桥面外荷载和外倾的拱形塔所抵消的内力之间取得平衡，塔的倾斜角分别为 59 度和 76 度，拱塔内填混凝土以增加平衡力和塔的刚度。

3. 桥梁景观设计

（1）总体桥梁景观

大桥的总体景观方案考虑在桥位沿河河道里和两岸设置景观带，沿长安街西延从首钢工业园区通过永定河上的“门”到未来繁华的门头沟滨水商务区，再到远处秀美

图 4-8　新首钢大桥冬季施工

山川，景观视野需要一种发散和逐渐开朗。永定河沿岸则打造一条景观带，一片自然生态的休闲区，让桥真正融入周围的景观里。

桥梁景观工程设计主要包括桥梁主体景观、永定河大桥主桥基础上景观岛、莲石湖段景观水系改造、扶手栏杆、引桥景观、道路绿化带景观等。

（2）桥梁主体景观设计

从上面的设计构思出发，桥梁方案采用双塔斜拉刚构组合体系桥。高塔处采用塔、梁、墩固结，矮塔处为塔、梁固结，在墩底设单向活动支座，塔的倾斜角分别为59度和76度。

桥梁造型整体结构形态上通过高低倾斜的塔和拱形的主梁与周边的石景山首钢工业区和远处的门头沟秀美山川相呼应、协调。

塔的存在联系了城市和远山，体现了中国传统的门的概念，从形态上与长安街沿线周边的一些标志性建筑如天安门等保持协调一致，同时这种设计理念是与中国传统文化一脉相承的。

桥梁的色彩以浅色为主，配主梁和索塔采用的钢材材质体现一种高雅和现代感，与未来两岸规划的门头沟滨水商务区和首钢工业园区的现代化建筑物风格可以很好地衔接。

（3）桥梁附属设施景观设计

桥梁附属设施的处理注重与整体风格的协调统一，做到功能性和美观性兼并。

栏杆造型灵感来源于塔与主梁整体形态，亚光金属材质的立柱、立柱间通透的玻璃钢、弧形的上横梁扶手给人一种现代感和活力。

灯杆采用与主梁和塔外形风格一致的造型，结构轻巧灵动，现代感强，人行道的照明由护栏中的照明设备提供。

（4）园林绿化设计

桥梁景观不是孤立的个体，是与周边环境和谐共生的整体，要考虑到桥梁所处地区的人文景观和文化历史背景，要注重与周边的景观规划衔接，必须要与沿线建筑物、地形和环境保持协调。环境设计考虑到两个方向的设计：

南北沿永定河的方向：河道是城市天然的界限和生态走廊，沿着河流的方向设置滨河开放带状绿廊，并利用河道的自然高差改造成不同宽窄的水面，亲水湿地。通过地形的改造会出现一些沿水流方向的小岛，既能与这里的山水景观进行呼应，也能为桥的基础和人行楼梯提供一些位置选择，使桥和景观更好地融合。

东西方向：由于永定河对两岸的吸引，通过布置一些由城区和首钢工业公园通向永定河的绿色廊道，鼓励行人来到河边，同时也把滨水景观引入周边街区。桥就是东西方向设计的高潮，不但使人来到河边，而且跨河而过。

4. 桥梁结构设计

（1）主桥跨径优化

原方案在450m宽河面内仅设置两个桥墩，大桥一跨跨越主河道，气度宏伟，标志感强烈，与远山近城呼应，但366m的主跨导致桥梁总体造价过高。通过各种跨径的综合比较，结合桥梁景观、工程造价、与铁路关系、施工难度等，对主跨366m、300m、280m、260m、230m等方案进行了综合比选，在保证造型立意不变、比例关系不变、整体景观效果不变前提下，最终选定了主桥主跨径由366m减小为280m的优化方案。

（2）道路平纵设计

大桥道路设计平、纵断控制因素主要有永定河、丰沙铁路、规划二路、河堤路、东滨河路。

（3）全桥总体设计

全桥桥梁总长1230m，桥梁起点桩号CK2+852.61，桥梁终点桩号CK4+209.18，桥梁标准宽度47m，桥梁总面积58229m^2。

（4）主桥设计

主桥桥梁结构形式为双塔斜拉和钢构组合体系桥。高塔处采用塔梁墩固结，矮塔处为塔梁固结在墩底设单向活动支座。

主桥左半桥跨径组合（147+280+99）m，右半桥跨径组合（188+260+79）m，桥梁基础与河道斜交，与水流方向一致。桥梁标准段宽47.0m，主桥全长526m，桥梁面积25122m^2。

①支承体系。

全桥采用斜拉和钢构组合体系，塔梁固结形成受力整体，斜塔可以平衡部分跨中荷载。高塔处采用塔梁墩固结，矮塔处在墩底设置单向活动支座。主梁采用分离式钢箱，拉索锚固在两侧主梁钢箱上，横梁连接两侧分离主梁，桥面板采用正交异性钢桥面板支承在横梁体系上。

②主梁设计。

主梁采用分离式钢箱，箱间采用钢箱横梁连接，主梁梁高从高塔塔根部12m渐

变为跨中 2.5m 再渐变到矮塔塔根部 7.0m，主梁梁底箱宽从塔根部 13.3m 渐变为跨中 4m，横梁高度 2m 间距 4.5m。

为增加辅助边跨的刚度和边跨配重效应，改善主跨的受力，辅助跨主梁采用预应力钢筋混凝土箱梁结构，材料为 C50 混凝土。混凝土主梁与钢主梁之间相接处，设置钢 – 混结合段，长 2.5m。结合段两侧分别设置刚度过渡段，其中混凝土侧刚度过渡通过截面变化实现，钢梁侧通过设置刚度过渡板实现。

图 4-9　索塔施工

桥梁标准段宽 47m，横断面布置 0.5（栏杆）+2.5（人行道）+3.5（非机动车道）+2（隔离带）+30（车行道）+2（隔离带）+3.5（非机动车道）+2.5（人行道）+0.5（栏杆）=47m，在索塔处局部机非隔离带变宽为 5m。

为确保桥梁轮廓纯净将非机动车道和人行道在塔下部的椭圆拱洞内穿过。

③索塔。

索塔采用倾斜空间异形门式塔，左幅高塔和矮塔倾角分别为 60 度、78 度，右幅高塔和矮塔倾角分别为 80 度、63 度。高塔高 120m，索塔截面从塔底 13.8m（顺桥向）×12m（横桥向）渐变到塔顶 3m（顺桥向）×5m（横桥向）；矮塔高 73m，索塔截面从塔底 9m（顺桥向）×12m（横桥向）渐变到塔顶 2.5m（顺桥向）×3m（横桥向）。

索塔采用钢混凝土组合结构，在分离式门洞以上部分采用钢箱结构内填混凝土，以下采用钢筋混凝土结构外包钢板。钢箱塔柱截面采用矩形空心箱，箱室四周各主壁板上均设置竖向加劲肋，箱室内上下相隔 3.5~4.5m 距离设水平横隔板。

针对塔柱空间扭曲，钢结构精度要求高的特点，采用 BIM 系统国际大型通用精细化三维建模软件，对大桥尤其是塔柱进行三维精细化建模，并与有限元计算结合，同时考虑后续加工制作的三维模型传递，保证设计意图无损转化。

以矮塔为例，结合三维图示介绍索塔断面布置情况，断面图中的横隔板表示人孔及横隔板加劲肋。

矮塔塔底尺寸约为 11m×9m（横桥向为 11m），边箱断面约为 2m×9m，断面为近似矩形断面。

矮塔根部尺寸约为 9.5m × 7m（横桥向为 9.5m），断面为近似矩形断面。该部分为过渡段，为单箱多室结构。

矮塔塔柱中部尺寸约为 8.5m × 6m，断面为近似平行四边形的整体式单箱三室断面。

矮塔塔柱顶部锚区尺寸约为 7.7m × 5m，断面为近似平行四边形断面。锚区顶部断面为锚区空间位置布置的控制断面。

矮塔顶部尺寸约为 3.8m × 2.9m，断面为平行四边形的单箱单室断面。平行四边形锐角角度为 66° 。

横隔板局部布置原则：

门洞范围横隔板水平布置，门洞以上断面的横隔板垂直布置，中部最大间距 4.50m，塔顶最大 5.40m。

推荐截面布置方案将门洞顶部设置一段边箱过渡段，将门洞两侧的“窄”边箱过渡为“宽”边箱形式，即简化整体式断面的截面形式，优化了截面空间，在塔中上部还可以解决了检修等空间要求。

该方案其难点在于门洞顶部附近的边箱过渡段的处理，是确保该方案成立的关键点。

图 4-10　暮色中的新首钢大桥

因该桥塔柱处于压弯扭的复杂的复合受力状态，因而整体断面具有一定的受力上的优势，该边箱过渡方案只要对过渡段的构造处理好，其受力及构造综合比较优势明显。

④拉索。

拉索采用竖琴式布置，主梁上拉索间距 9.0m，索塔上拉索间距 8m，全桥拉索合计 66 根。

国内外常用的斜拉索主要有平行钢丝束和平行钢绞线索两种。两种斜拉索在技术上都比较成熟。该方案采用标准强度 R_{yb}=1600MPa 的双螺旋线平行钢丝束。金属调换索式锚具，拉索均径向设置。根据景观需要，可在内层 PE 护套外，包裹一层特制护套。斜拉索允许应力幅 200MPa。

斜拉索锚头外露钢部分及预埋钢管内均采用 80 锌加防腐涂料防护。

⑤下部结构。

下部结构主要承担上部结构传递的竖向力、塔梁墩固结处传递到基础的部分推力以及汛期洪水冲击力等，传力途径直接，结构受力较为明确。

基础采用群桩基础。主墩高塔处塔梁墩承台固结，承台接桩，桩径 2.0m，桩间距 5~5.35m，一个承台下共 20 根；主墩矮塔处塔梁固结，塔底下设球型钢质单向滑动支座（带锁定器）放置在承台上，承台接桩，桩径 2m，桩间距 5m，一个承台下共 16 根；边墩采用四桩承台，桩径 1.2m，桩间距 3.3m。

⑥桥面铺装。

主桥采用分离式钢箱梁结构，桥面板采用正交异性钢桥面板。

车行道桥面铺装采用环氧沥青混凝土。环氧沥青混凝土铺装层厚度 55mm，铺装层由上至下组成：a. 铺装上层（面层）：环氧沥青混凝土（25mm）; b. 黏层 : 环氧沥青，洒布量为 0.3~0.4kg/m^2 ; c. 铺装下层（保护层）：环氧沥青混凝土（30mm）; d. 防水层 : 环氧沥青防水黏结层材料，洒布量为 0.6~0.8kg/m^2 ; e. 环氧富锌漆做防腐层，厚度达到 60~80μm。

人行道及非机动车道采用 6mm 环氧树脂薄层 + 彩色铝矾土陶粒铺装。

⑦ 抗震减震措施。

主桥中墩矮塔塔底支座处设抗震速度锁定器 LUD。地震力传递到桥梁基础时锁定阻尼器可瞬间锁定单向活动支座，使得主桥两个中墩基础可以同时承担地震力，从而起到减震作用。

速度锁定器 LUD 类似于液压阻尼器，内部由活塞、油缸组成，是一个根据活动支座的运动速度来判定其是否工作的自动开关，可安装于桥梁与墩台之间。在正常情况下，速度锁定器几乎不发挥作用，允许梁体转角及温差变形引起的水平位移；在制动力、风载或地震载荷作用下，速度锁定器会自动锁定，使得结构由正常状况下的一个固定墩变成两个或更多的固定墩，将上部结构的载荷有效地分布到多个墩子上去，使得结构的受力更均匀。

边墩采用速度锁定支座，与中墩速度锁定器共同承担地震力，同时设置抗震锚栓和抗震挡块，共同作用起到减震作用。

拉索采用磁流变抗风雨振系统，由磁流变阻尼器、固定支架、控制系统及电源系统等组成，主要作用是抑制拉索由风雨引起的大幅振动，提高拉索的疲劳寿命。

（5）交通及安全设计

机动车双向8车道共30m宽设置在桥梁中央，非机动车道和人行道共6m宽分设桥梁两端，为确保交通安全，非机动道和车行道之间设防撞栏杆，人行道外侧设安全栏杆，在不影响安全的情况下进行适当装饰，充分保障行人、车辆安全。为保证桥梁轮廓的纯净，非机动道和车行道通过孔洞穿过椭圆拱底部。人行道出口设置在桥梁两端通过地形变化形成的景观小土坡自然下行到地面。

（6）桥梁耐久性和易维护性设计

桥梁耐久性的问题越来越受人们的重视，耐久性设计已被列为设计的基本内容，在该方案设计过程中针对桥梁不同部位采取不同耐久性措施。

①主梁和索塔钢箱涂装。

钢结构的材料特性表现在多发生电化学腐蚀，因此涂层保护是钢桥防腐蚀最方便有效的办法。该桥采用如下的防腐蚀体系方案：

钢结构防腐，基于阴极保护电化学理论，采用预涂富锌底漆结合氟碳面漆的涂装方案。钢结构防腐设计年限25年。

富锌底漆的喷涂设备比较简单，附着力强，喷漆的修补工作可以方便随时进行，比热喷铝工艺在能源消耗、工艺装置要求、施工周期、施工难度、施工费用等方面都有明显优势，在国内外许多著名桥梁中均有成功使用经验，防腐效果能够得到可靠保障。

氟碳面漆具有超强的保光性和保色性，附着力强，表面能低，耐刷洗，抗玷污性好，并且具有可清洗、雨水自洁的特点，是该项目涂装方案的最佳选择。

由于该桥为景观桥梁，对钢结构外表面效果要求很高，要求涂装体系能保证桥梁边角部分长效防腐，避免出现长期风雨清洗后钢结构边角部分出现的锈蚀现象。为满足此要求，除对防腐涂装方案提出较高要求外，对所有钢结构外露钢板的直角边缘，进行打磨圆角处理，亦是有效措施。

同时由于钢塔及钢箱均采用节段拼装，钢塔高空操作难度较大，为避免施工期间对钢结构的碰撞损伤造成涂层受损，需要求涂料具有一定抗冲击性。

②混凝土耐久性设计。

根据《公路钢筋混凝土及预应力混凝土桥涵设计规范》耐久性的基本要求，桥位所在区域应属Ⅱ类环境。考虑到特大桥和大桥的等级和重要性，将部分关键构件的耐久性按照Ⅱ类环境考虑。承台以下位置结构环境类别按Ⅰ类控制。承台以上结构（含承台）按使用除冰盐环境控制，结构设计的环境类别为Ⅱ类。

对应桥梁伸缩缝位置的伸缩缝现浇混凝土、盖梁及帽梁混凝土、墩柱混凝土、桥台混凝土应采用钢筋阻锈剂或其他有效措施，防止除冰盐腐蚀钢筋。桥梁接缝对应位置的现浇混凝土、帽梁混凝土、墩柱混凝土均应保证混凝土表面密实，无气泡。并涂以混凝土表面保护液。

对于桥梁承台以上的钢筋混凝土及预应力钢筋混凝土结构，混凝土的抗渗等级不得小于 W6。

③斜拉索防护和更换。

斜拉索的防护，国内外已有成熟的经验和切实可行的措施。如钢绞线斜拉索其钢绞线自身为镀锌钢丝，单根钢绞线外裹热挤高密度聚乙烯护套，护套内填充石蜡或其他防锈脂，整根斜索外再用护套防护。其防腐措施在斜拉索生产过程中已完成，在施工中注意保护护套不被损坏即可。

斜拉索的锚具的防护同样重要，若预埋钢导管内积水、进杂物或锚具发生锈蚀，不仅严重影响斜拉索的使用寿命，而且严重影响斜拉桥中期索力调整及将来的换索工

图 4-11　长安街西延道路工程施工现场

作。该方案设计采用一种先进的防护方式，采用封闭性聚氨酯发泡填充在斜拉索锚具与预埋钢导管的间隙内，防止水分进入钢导管。钢导管内发泡材料采用特制的聚醚与多次甲基苯基、多异氨酸酯的聚合反应后，自我膨胀而形成与索端钢导管内壁和索体表面紧密的聚氨酯发泡塑料。

④主梁检修车设计。

由于全桥较长，为方便主梁钢结构检修，在梁底设检修车。检修车的走道梁采用两根平行的工字钢作为走行轨道，将其固定于钢横梁底部，用以承受固定于检查车上的走行轮传来的作用力。检查车采用不同规格的无缝钢管焊成桁架结构。走行设施采用手动式驱动车轮，使其沿桥纵向走行。由于该桥主梁为变高度梁，所以检修车需设置竖向可调节装置。

⑤索塔检修。

在拱形塔外表面预埋检修轨道，塔内里预留维修通道，使得人员机具能通过检修升降平台到达塔外表面任意部位和塔内拉索锚固处进行养护维修。由于索塔较高且倾斜设置，维修通道内可采用设置自动提升装置，每隔 6m 左右设置一个停留平台，逐级提升检修平台。

⑥桥梁结构健康监测系统初步布设方案。

桥梁结构健康监测系统，是一个以桥梁结构为平台，应用现代传感技术、通信网络技术和计算机技术，优化组合结构监测、环境监测、交通监测、设备监测、综合报警、信息网络分析处理各功能子系统为一体的综合监测系统。它监测桥梁在各种环境、荷载等因素作用下的结构响应，并能有效地提供桥梁养护管理的科学依据，显著提高桥梁的整体管理水平，从而能够最大限度地确保桥梁安全运营、预诊断桥梁病害和延长桥梁使用寿命。桥梁结构健康监测系统旨在探测结构的性态变化，揭示结构损伤与结构性能劣化。理想的健康监测系统应能在结构损伤出现的早期发现损伤，在传感器允许的情况下，结合损伤识别技术确定损伤的位置，评估损伤程度，预测剩余的有效寿命。

桥梁结构健康监测系统传感器监测仪器布设，应根据桥梁结构要求设置，在引桥下设置专门设备、管理用房。

第五篇 管理篇

概 述

该篇章内容详细呈现了整个工程的科学化管理。建设过程将重点放在科技创新、工程质量、安全保障和绿色环保等方面。目标明确的管理，提高了整个工程的效率，确保了整体效益的最大化。监理过程表现出了高标准、精细化的特点。

根据工程建设规模大，施工复杂、难度大、风险及技术含量高，工期要求紧，协调难度大等特点，实行项目总监理工程师负责制，全面负责监理合同的履行，主持开展监理各项工作。

选派具有相应资格、专业齐全、综合业务素质强、监理经验丰富、数量充足的监理人员组成项目监理机构。在总监理工程师的领导下，开展日常监理工作。针对桩基施工、钢结构加工制造、现场吊装作业等均制定了相应的细则，通过细节体现管理的魅力。

新首钢大桥建设中，从112根斜拉索到18个大吨位单向活动抗震型球形钢支座，都有周密的监造标准。从准备阶段到正式制造，以至整节段拼装的全过程都进行了全面认真的监理。每一道工序均经监理验收合格，确保了钢结构加工制造和安装的质量。

一、建设依据

北京市规划委员会
北京市发展和改革委员会

市规函〔2015〕868号

**北京市规划委员会 北京市发展和改革委员会
关于长安街西延（三石路～古城大街）
道路工程初步设计的批复**

市公联公司：

你单位《关于报审长安街西延（三石路～古城大街）道路工程初步设计的请示》（京公联文〔2014〕40号）收悉。经组织审查及第三方评审，同意所报初步设计。现批复如下：

一、同意长安街西延（三石路～古城大街）道路工程的设计范围：该道路西起三石路，向东经龙园路、华园路、上园路、滨河路南延、中低速磁浮交通示范线S1线、新15路、新16路、砂石坑西侧路、规划冯村沟、砂石坑东侧路、新21路、西苑路、新22路、六环路西侧路、新7路、西六环路、河堤路、永定河、永定河东滨河路、丰沙铁路、规划二路、规划支路一、规划支路二、规划一路、规划支路三、规划支路四、北辛安路、古城西街、古城一号路、古城二号路、古城西一路后，至本次工程终点古城大街，道路全长约6.46公里。

— 2 —

二、同意该道路工程按城市主干路标准设计，设计速度为60公里/小时，规划道路红线宽60米～80米。

三、同意该道路工程的平面及横断面设计。

由三石路至砂石坑东侧路段道路为三幅路形式，标准横断面布置为：中间主路宽24米，机动车道三上三下（含外侧设置公交专用道）；两侧主辅绿化分隔带各宽6米；两侧辅路各宽7米（机动车道和非机动车道之间设置机非分行护栏，并保证非机动车道宽度不小于3米）；两侧人行道各宽5米（含绿化带）。

由砂石坑东侧路至古城大街段道路为三幅路形式，标准横断面布置为：中间主路宽30米，机动车道四上四下（含外侧设置公交专用道）；两侧主辅分隔带各宽3米～3.5米；两侧辅路各宽7米（机动车道和非机动车道之间设置机非分行护栏，并保证非机动车道宽度不小于3米）；两侧人行道各宽5米；由永定河东滨河路至古城大街段外侧绿化带宽7.35米～12.15米。

四、同意该道路工程与沿线相交道路、铁路的处理形式。

1.该道路与西六环路相交处设置单喇叭互通式立交1座，长安街西延上跨西六环路。本次工程仅实施长安街西延上跨西六环路桥梁，预留远期匝道实施条件。

2.该道路与规划河堤路、丰沙铁路相交处为分离式立交，长安街西延道路上跨规划河堤路、丰沙铁路。

— 3 —

3.该道路与永定河东滨河路、规划二路相交处为主路分离，辅路按灯控平交路口组织交通。

4.该道路与三石路、华园路、滨河路南延、砂石坑西侧路、砂石坑东侧路、六环路西侧路、规划一路、北辛安路、古城西街、古城大街相交处按灯控平交路口组织交通。

5.该道路与龙园路、上园路、新15路、新16路、新21路、西苑路、新22路、新7路、规划支路一、规划支路二、规划支路三、规划支路四、古城一号路、古城二号路、古城西一路相交处按右进右出平交路口组织交通。

五、同意该道路桥梁结构设计。

1.永定河特大桥：永定河特大桥分为西引桥、主桥、东引桥。

西引桥包含西六环路跨线桥，桥梁全长235.25米，全宽47米，跨径布置为（40+54+40）米+（3×33）米。桥梁上部结构为变截面钢混组合连续梁、预应力混凝土等截面现浇连续箱梁，下部结构为镂空墙式墩、变截面多面体棱柱墩、重力式桥台，下接钻孔桩基础。

东引桥桥梁全长484.05米，全宽47米，跨径布置为（4×32）米+（3×32）米+（30.9+36+30.9）米+（5×32）米。桥梁上部结构为预应力混凝土现浇等截面连续箱梁，下部结构为变截面多面体棱柱墩、重力式桥台，下接钻孔桩基础。

主桥为高低拱形钢塔、横梁连接分离钢箱斜拉刚构组合体系桥，桥梁全长639米，全宽47米～54.9米，左半侧桥跨径布置为(50+133+280+120+56)米，右半侧桥跨径布置为(50+158.1+280+94.9+56)米。桥梁上部结构为变截面钢箱梁，索塔高塔高约124米，矮塔高约77米，下部结构为梭形塔基、变截面多面体棱柱墩，下接钻孔桩基础。

— 4 —

结合行人上下大桥需求，在主桥与东西引桥分联处各设置梯道1组，共2组。

2.冯村沟大桥：桥梁全长252.5米，桥宽60米，跨径布置为（4×35）米+（3×35）米。桥梁上部结构为预应力混凝土预制箱梁，下部结构为六方形墩、桩柱式桥台，下接钻孔桩基础。

六、同意该道路工程的纵断面设计，最大纵坡为2.2%。

七、同意该道路工程采用沥青混凝土的路面结构设计，主路路面结构总厚为70厘米，辅路路面结构总厚为60厘米，非机动车道路面结构总厚为46厘米。人行道采用透水步道砖，结构总厚为28厘米。

八、同意该道路的雨水排除方案，具体以我委审定的管线设计综合为准。

沿长安街西延（三石路～冯村沟大桥）北侧分段新建DN500毫米～DN600毫米、DN500毫米～DN700毫米、DN500毫米～DN800毫米雨水管线，南侧分段新建DN1000毫米～DN1200毫米、DN1000毫米～DN1200毫米、DN1200毫米～DN1400毫米雨水管线，并分段排入规划冯村沟。

沿长安街西延（冯村沟大桥～新7路）北侧新建DN1000毫米～□2600×1760毫米雨水管沟，南侧新建DN800毫米～DN1200

图 5-1

毫米雨水管线，下游排入现状砂石坑。

沿长安街西延（永定河东滨河路～北辛安路）北侧新建DN1200毫米～2孔□3600×1940毫米雨水管沟，南侧DN800毫米～DN900毫米雨水管线，下游排入北辛安路规划雨水管线。为保证雨水下游，近期与长安街西延（北辛安路～古城大街）南侧规划雨水管线连通。

沿长安街西延（北辛安路～古城大街）北侧新建DN800毫米～DN1000毫米雨水管线，向北接入古城大街现状雨水方沟；南侧新建DN1400毫米～□1600×1040毫米雨水管线，下游排入古城大街规划雨水管线。为保证近期雨水下游，近期与古城大街现状雨水管线连通。

九、同意本工程的初步设计概算为：221445万元，全部由市政府固定资产安排解决。征地拆迁投资由道路所在区政府自筹解决。市政公用管线由相关业主单位同步投资建设。

十、需进一步完善的问题。

1. 请设计单位依据初步设计第三方评审报告的相关意见修改完善市政道路工程的初步设计，尤其是做好永定河特大桥的初步设计。

2. 请建设单位组织设计单位开展永定河特大桥主桥的技术设计工作，进一步开展新型高低塔斜拉刚构桥梁合理结构体系研究、新型大跨斜拉桥地震响应及减震措施研究、钢结构设计及制造关键技术研究、新型高低塔斜拉刚构桥梁空间索面拉索振动及减振措施研究、大直径群桩基础与土体共同作用数值分析研究、

— 5 —

全寿命健康监测及养护系统研究等6方面专题研究工作，通过专题研究、科学实验、加强勘探调查及分析比较，解决重大、复杂的技术问题，落实技术方案，提出修正的施工方案，并组织相关专家进行技术评审。

3. 请建设单位根据设计单位完成的全寿命健康监测及养护系统研究成果，落实后期运营管理的技术要求，保障永定河特大桥主桥的运营安全。

4. 请建设单位、设计单位按照无障碍设施设置需求，进一步深化无障碍设施设计。

5. 请建设单位、设计单位商市交管局深化道路交通工程设计，尤其做好主路出入口与新22路、新7路等道路开口处的交通组织方案。

6. 请建设单位、设计单位商公交主管部门，优化公交港湾设计。

7. 请建设单位商现状专业管线产权单位进一步落实现状管线处理方案，抓紧组织开展管线设计综合工作。

8. 请道路建设单位与铁路建设单位进一步配合，深化相交节点技术方案和交通组织方案，落实建设单位及设计单位4方会签确认。

9. 为保证道路雨水排除畅通，请门头沟区政府尽快实施规划冯村沟，请石景山区政府尽快实施北辛安路及古城大街规划雨水管线。

10. 请建设单位、设计单位依据防洪评价报告进一步深化相

— 6 —

关设计，并商水务主管部门办理相关行政许可手续。

11. 具体树木代移事宜，请建设单位商市园林绿化局，并办理相关手续。

12. 请建设单位、设计单位根据环评报告批复要求，落实相关环境保护措施。

13. 请建设单位依据社稳评估审查意见要求，落实社会稳定风险防范、化解措施。

14. 下阶段工作中，请建设单位商安全质量监督管理部门开展安全质量相关工作。

15. 请建设单位按基本建设程序完善相关手续。

附件：长安街西延（古城大街～三石路）道路工程初步设计概算审核表

北京市规划委员会　　北京市发展和改革委员会

2015年6月4日

— 7 —

图5-1　北京市规划委员会、北京市发展和改革委员会关于长安街西延（三石路—古城大街）道路工程初步设计的批复文件

北京市环境保护局

京环审〔2011〕580号

北京市环境保护局关于长安街西延（三石路-古城大街）道路工程环境影响报告书的批复

北京市公联公路联络线有限责任公司：

你单位报送的《长安街西延（三石路-古城大街）道路工程环境影响报告书》（项目编号：评审 A2011-0548）及有关文件收悉，经审查，批复如下：

一、拟建项目位于石景山区、门头沟区，工程东起石景山区古城大街，向西至门头沟区三石路，全长约6.4公里。规划道路等级为主干路，道路红线60-80米，计划投资约22.5亿元。该工程主要环境问题是运营期噪声及施工期噪声、扬尘等。在落实报告书和本批复提出的各项污染防治措施后，从环境保护角度分析，同意该项目建设。

二、为减缓交通噪声扰民，建设单位须将庞村临路前两排住宅进行功能置换，对首钢十万平住宅区临路前两排住宅和曦景长安二号路临路住宅安装计权隔声量不小于30分贝的隔声窗，上述敏感路段须使用降噪路面。道路红线外50米范围内不得新建设住宅、医院、学校等敏感建筑。

— 1 —

三、拟建项目路基填筑尽可能利用建筑工程挖方，余方弃掷须全面落实北京市有关规定；工程建设中应合理设置施工临时用地，减少地表植被破坏。

四、拟建项目施工前须制定工地扬尘、噪声污染控制方案。施工中接受市环境监察总队、石景山区和门头沟区环保局监督检查，及时报送环保措施建设进度，执行《北京市建设工程施工现场管理办法》和《建筑施工厂界噪声限值》（GB12523-90）中相关规定，采取有效防尘、降噪措施，不得扰民；施工渣土须覆盖，施工车辆须经洗轮机冲洗后方可驶离施工区域，运输车辆须密闭，出入口须及时清扫；遇有4级以上大风要停止土石方工程。

五、项目竣工后三个月内向市环保局申请办理环保验收手续。

二〇一一年十二月二十八日

主题词：环保　建设项目　报告书　批复

抄送：市规划委、石景山区环保局、门头沟区环保局、中科院生态中心。

北京市环境保护局办公室　　2011年12月31日印发

— 2 —

图5-2　北京市环境保护局关于长安街西延（三石路—古城大街）道路工程环境影响报告书的批复

No.0009182

中华人民共和国

建设项目选址意见书

选字第 110000201500029 号

2015规选市政字0056号

根据《中华人民共和国城乡规划法》第三十六条和国家有关规定，经审核，本建设项目符合城乡规划要求，颁发此书。

核发机关

日　期　2015年8月24日

基本情况		
	建设项目名称	长安街西延（三石路至古城大街）道路工程
	建设单位名称	北京市公联公路联络线有限责任公司
	建设项目依据	《北京市城乡规划条例》第三十二条
	建设项目拟选位置	由石景山区三石路到石景山区古城大街
	拟用地面积	483500平方米平方米
	拟建设规模	总长度6460米

附图及附件名称

本选址意见书附件及附图四份。

遵守事项

一、建设项目基本情况一栏依据建设单位提供的有关材料填写。
二、本书是城乡规划主管部门依法审核建设项目选址的法定凭据。
三、未经核发机关审核同意，本书的各项内容不得随意变更。
四、本书所需附图与附件由核发机关依法确定，与本书具有同等法律效力。

图 5-3　北京市规划委员会关于长安街西延（三石路—古城大街）道路工程的选址意见书

No.0028000

中华人民共和国

建设工程规划许可证

建字第 110000201600020 号

2016规建市政字0013号

根据《中华人民共和国城乡规划法》第四十条规定，经审核，本建设工程符合城乡规划要求，颁发此证。

发证机关

日　期　2016年1月28日

建设单位（个人）	北京市公联公路联络线有限责任公司
建设项目名称	长安街西延（三石路-古城大街）市政道路工程（长安街西延（三石路—古城大街）市政道路工程）
建设位置	由门头沟区三石路到石景山区古城大街
建设规模	6460米，1610.8米

附图及附件名称

本工程建设工程规划许可证附件及设计总平面图一份。

遵守事项

一、本证是经城乡规划主管部门依法审核，建设工程符合城乡规划要求的法律凭证。
二、未取得本证或不按本证规定进行建设的，均属违法建设。
三、未经发证机关许可，本证的各项规定不得随意变更。
四、城乡规划主管部门依法有权查验本证，建设单位（个人）有责任提交查验。
五、本证所需附图与附件由发证机关依法确定，与本证具有同等法律效力。

图 5-4　北京市规划委员会关于长安街西延（三石路—古城大街）道路工程的规划许可证

北京市发展和改革委员会

北京市发展和改革委员会
关于抓紧开展长安街西延(三石路～古城大街)
道路工程前期工作的函

市公联公司：

你公司《关于报审长安街西延（三石路～古城大街）道路工程项目建议书(代可行性研究报告)的请示》(京公联函[2011]243号）收悉。为完善长安街主轴线及首钢地区交通基础设施，根据市领导指示精神，经研究，同意你公司加快开展长安街西延（三石路～古城大街）道路工程项目前期工作，并按照有关规定加快办理相关手续。

专此函达。

二〇一二年二月二十日

（联系人：基础处 王伟强； 联系电话：66415588-0747）

图 5-5 北京市发展和改革委员会关于抓紧开展长安街西延（三石路—古城大街）道路工程前期工作的函

北京市水务局行政许可事项决定书

京水行许字[2016]第84号

行政许可申请单位：北京市公联公路联络线有限责任公司
营业执照号码：110000005200393
地址：北京市丰台区西四环中路108号

你公司在我局申请的长安街西延（三石路-古城大街）道路工程跨永定河大桥施工行政许可事项，申报材料齐全，按照国家和我市有关法律法规的规定，经我局研究，意见如下：

一、原则同意按2012规选市政字0017号规划审批意见批复范围和位置及京水务建管（2015）62号相关意见和要求实施长安街西延（三石路-古城大街）跨永定河大桥工程。

二、原则上桥梁建设不得影响永定河河道规划和正常功能，且应满足防汛抢险道路通畅和防汛车辆通行要求，桥梁承台埋设深度应满足冲刷和安全要求。请你单位按照有关规定和规范，进一步征求北京市永定河管理处意见，结合河道规划、管理要求以及桥梁防洪评价报告相关意见和建议，对桥梁工程设计、施工及

—1—

河道恢复、防护方案及应急预案等进行完善和优化并报北京市永定河管理处审查，通过后方可实施。涉及莲石湖景观恢复的有关事宜请你公司征求石景山区水务局意见。

三、永定河为全国四大重点防洪江河之一，承担保障首都防洪安全重任，且拟建桥梁处有现况四湖一线工程，原则上汛期河道内不允许施工，非汛期施工时应根据需要做好施工导流工作，并制定相关应急排水及抢险预案，严格落实，保障安全；同时应采取有效措施对四湖一线工程管线进行保护和防护，并尽可能减少对河道景观破坏和影响。

四、工程开工前请你单位与北京市永定河管理处就施工安全、临时占地、河道及其附属设施防护和恢复、后期管理等事宜签署有关协议，施工过程中须服从管理处监督管理，并请做好施工范围内的环境卫生和施工宣传等工作，文明施工；工程完工后应及时清理河道管理和保护范围内的建筑垃圾等，并按要求对河道及其附属设施进行恢复。

五、本许可只作为水行政主管部门对河道管理的意见，其他手续请及时到有关部门办理。

六、由北京市永定河管理处和石景山水务局负责职责范围内的监督、检查工作，发现问题及时处理。按照《北京市河湖保护管理条例》和《北京市市属河道管理和保护范围内建设项目管理

—2—

规定》相关要求，工程完工后涉及河道及其附属设施的恢复和防护工程应报我局进行专项工程验收，合格后方可投入使用，建设单位应将工程相关资料报北京市永定河管理处和石景山水务局备案。

七、本许可自印发之日起生效，有效期为1年，请于有效期内进行开工建设，许可过期后应办理延期手续或重新申报。

如对本决定有异议，你（单位）可以在接到本决定书六十日内向北京市人民政府或中华人民共和国水利部申请复议。也可以在三个月内向北京市海淀区人民法院提起诉讼。

北京市水务局
2016年3月30日

—3—

抄送：北京市永定河管理处、石景山水务局

北京市水务局办公室　　2016年4月8日印发

申请单位联系人：张越东　　联系电话：13501396888

—4—

图5-6　北京市水务局关于长安街西延（三石路—古城大街）道路工程跨永定河大桥施工行政许可

北京市水务局行政许可事项决定书

京水行许字[2014]第326号

行政许可申请单位：北京市公联公路联络线有限责任公司

法人代表：戴景珠

组织机构代码或营业执照代码：110000005200393

地址：北京市丰台区西四环中路108号

你单位在 北京市水务局 申请的 长安街西延（古城大街-三石路）道路工程水土保持方案报告书申请审批行政许可事项，经我局研究认为符合《中华人民共和国水土保持法》第二十五条和《北京市实施（中华人民共和国水土保持法）办法》第十六条的规定，并且申报材料齐全，经组织专家审查，原则同意所报方案，现批复如下：

一、建设单位编报水土保持方案符合水土保持法律法规的有关规定，对于防治工程建设可能造成的水土流失、保护项目区生态环境具有重要意义。

二、该报告书编制依据充分，内容较全面，水土流失防治目标和责任范围明确，水土保持措施总体布局及分区防治措施基本可行，满足有关技术规范、标准的规定，可以作为下阶段水土保持工作的依据。

—1—

三、同意水土流失现状分析。项目位于北京市门头沟区和石景山区，西起门头沟区三石路，东至石景山区古城大街。属温带大陆性季风气候，多年平均降水量585毫米，水土流失以微度水力侵蚀为主，属北京市人民政府公告的水土流失重点监督区。同意水土流失预测方法，预测工程建设造成的水土流失总量2174.41吨。

四、同意水土流失防治责任范围67.67公顷，其中项目建设区49.21公顷，直接影响区18.46公顷。

五、基本同意水土流失防治分区和防治措施。

六、同意水土保持方案实施进度安排，要严格按照批复的水土保持方案所确定的进度组织实施水土保持工程。

七、基本同意水土保持投资估算编制的原则、依据和方法。

八、建设单位在工程建设中要重点做好以下工作：

1、按照批复的方案抓紧落实资金、管理等保障措施，做好下阶段的水土保持工程设计、招投标和施工组织工作，加强对施工单位的管理，切实落实水土保持“三同时”制度。

2、委托有水土保持监测资质的机构承担水土保持监测任务，每年10月底分别向市、区（县）水行政主管部门提交监测报告。

3、加强水土保持工程建设监理工作，确保水土保持工程建设质量。

4、主体工程设计完成后，将水土保持设计报市水行政主管部门。

5、协调水土保持方案编制单位按规定将批复的水土保持方

—2—

案报告书（报批稿）于10日内送达石景山区水务局和门头沟区水务局，并将送达回执于5个工作日内报北京市水土保持工作总站。

6、配合市、区（县）水行政主管部门定期对本项目水土保持方案实施情况进行监督检查。

九、建设单位要按照《开发建设项目水土保持设施验收管理办法》的规定，按时申请并配合水行政主管部门组织水土保持设施的竣工验收。

十、水土保持设施未建成、未经验收或者验收不合格，主体工程不得投入运行。已投入运行的，水行政主管部门责令限期完建有关工程并办理验收手续，逾期未办理的，将处五万元以上五十万元以下的罚款。

如对本决定有异议，你单位可以在接到本决定书六十日内向北京市人民政府或中华人民共和国水利部申请复议。也可以在三个月内向北京市海淀区人民法院提起诉讼。

北京市水务局

2014年9月25日

（联系人：郊区处 孙迪，电话：68556706）

—3—

抄送：石景山区水务局、门头沟区水务局 、市水保总站。

市水务局办公室　　2014年9月25日印发

申请单位联系人：李志勇　　联系电话：13601112826　　共印7份

—4—

图5-7　北京市水务局关于长安街西延（三石路—古城大街）道路工程水土保持方案报告书申请审批

北京市水务局

京水务建管〔2015〕62号

北京市水务局关于长安街西延（古城大街—三石路）道路工程永定河特大桥防洪评价报告的批复

北京市公联公路联络线有限责任公司：

你公司《关于长安街西延（古城大街—三石路）道路工程永定河特大桥防洪评价报告的请示》（京公联文（2015）42号）收悉。经组织专家审查，现就有关事项批复如下：

一、长安街西延道路工程是连接中心城和门头沟区的重要道路，上跨永定河新建特大桥1座。依据《中华人民共和国防洪法》、《中华人民共和国河道管理条例》、《河道管理范围内建设项目管理的有关规定》、《北京市河湖保护管理条例》等相关法律法规，对本项目进行防洪评价是必要的。

—1—

二、《防洪评价报告》基础资料翔实，内容全面，评价范围、边界条件合理，技术路线正确，符合《河道管理范围内建设项目防洪评价报告编制导则（试行）》要求。

三、基本同意《防洪评价报告》提出的主要结论与建议：

1.永定河特大桥所在的卢三段堤防工程已实现规划，左堤按可能最大洪水设防，安全超高为0.7米，右堤按100年一遇洪水设防，安全超高为1.0米。特大桥桥墩均在两堤范围内建设，桥梁建设未缩窄河道上开口宽度。建桥后，由于桥墩壅水和冲刷的作用下，使影响范围内的河道水位局部壅高。沿左堤引起的最大壅水高度为1.36米，堤防超高仅为0.3米，沿右堤引起的最大壅水高度为1.22米，堤防超高仅为0.3米。堤顶超高不满足设计要求，需采取必要的补救措施。

2.永定河特大桥与两岸巡河路采用立交方式交叉。左、右上引桥梁底高程分别为93.48米、91.67米，与左、右堤巡河路净空分别为7.62米、6.07米，满足防汛抢险车辆通行净空4.5米的要求。

3.水流在桥墩周围形成漩涡，淘刷桥墩基础，应对特大桥桥墩及桥墩附近河道采取必要的防护措施。

四、专家建议，项目施工前业主应编制施工组织设计和度汛方案，报水行政主管部门审查认定。

—2—

原则上桥梁建设不得影响永定河河道规划和正常功能，请你公司进一步征求北京市永定河管理处意见，结合洪评报告建议、专家审查意见和有关管理要求，对桥梁工程设计、施工方案进行完善和优化，并委托水利资质相关单位编制因桥梁建设引起的永定河河道水防治与补救措施方案报我局审查，通过后方可实施。

五、永定河为北京重要的行洪排水河道，原则上汛期河道内不允许施工，非汛期施工时应根据需要做好施工导流相关工作并编制应急排水和抢险预案，请你单位进一步优化工程工期，桥梁段工程开工前请到我局办理施工行政许可相关手续。

特此批复。

北京市水务局

2015年4月15日

（联系人：建管处薛拓；联系电话：68556842）

—3—

抄送：永定河管理处。

北京市水务局办公室　　2015年4月16日印发

—4—

图5-8　北京市水务局关于长安街西延（古城大街—三石路）道路工程永定河特大桥防洪评价报告的批复

北京市交通委员会文件

京交安全发〔2013〕73号

北京市交通委员会关于对长安街西延道路工程社会稳定风险评估报告的审查意见

市公联公司：

你单位《关于报审〈长安街西延（三石路—古城大街）道路工程社会稳定风险评估报告〉的请示》（京公联文〔2012〕120号）收悉。经市交通委会同市维稳办、市信访办、市发改委、市规划委、石景山区政府、门头沟区政府等有关部门和相关领域专家专题研究，现将审查意见批复如下：

一、项目概况

长安街西延（三石路—古城大街）西起门头沟三石路，向东经门城公园和门头沟滨水商务区，上跨西六环、永定河和丰沙铁路，穿越首钢主厂区，终点至石景山古城大街，全长约6.4公里。规划等

-1-

级为城市主干路，设计速度60公里/小时。项目建设周期约为36个月。

该项目按照基本建设项目审批程序，已经取得本市规划、国土、环保、水务等相关部门的批复，项目前期报批准备工作基本完成。

二、审查意见

（一）你公司依据市委、市政府关于重大事项社会稳定风险评估工作的有关要求，从长安街西延（三石路—古城大街）工程项目建设的合法性、合理性、可行性、可控性等方面，对项目建设及运营后可能存在的主要社会稳定风险进行分析预测，评估方法科学，评估结论较为准确，风险防范措施合理可行。

（二）基本同意《长安街西延（三石路—古城大街）道路工程社会稳定风险评估报告》（以下简称《评估报告》）中所列出的征地拆迁、噪音扰民等15项社会稳定风险及初始风险为较大、采取防范和化解措施后风险等级为一般的判断。

三、相关建议

（一）在项目实施过程中，要重点做好以下工作：

1. 配合属地政府做好征地拆迁及被拆迁群众的安置工作，严格依法征收，坚决维护被征地群众的合法权益。

2. 加强项目设计、施工等环节的质量管理，做好项目施工过程的安全风险防范。

3. 加强项目建设期间的噪音监测，及时采取措施降低工程沿线敏感点的噪音量，做好周边群众的宣传解释工作。

4. 配合相关部门做好舆论引导工作，积极营造有利于项目实施

-2-

的良好舆论环境。

（二）在项目实施过程中，各相关单位和属地政府要坚持社会稳定风险的全过程管理，严格按照《评估报告》所提出的要求，落实风险防范措施。加强对项目实施过程的跟踪分析，及时排查化解社会稳定风险。遇有突发情况，要在第一时间采取有效措施予以控制、化解，确保项目顺利实施。

特此批复。

北京市交通委员会

2013年2月21日

抄送：市维稳办、市信访办、市发改委、市规划委、石景山区政府、门头沟区政府，路政局、委直属各单位、委机关各有关处室

北京市交通委员会办公室 2013年2月21日印发

-3-

图5-9 北京市交通委员会关于长安街西延道路工程社会稳定风险评估报告的审查意见

北京市国土资源局

京国土规预〔2012〕104号

关于长安街西延（三石路—古城大街）道路工程项目用地预审意见

北京市公联公路联络线有限责任公司：

你单位《关于长安街西延（三石路~古城大街）道路工程建设项目用地预审的申请》（京公联函〔2012〕20号）收悉。根据市规划委《建设项目选址意见书》（2012规选市政字0017号）等文件，经审查，现批复如下：

一、该项目用地属于基础设施用地，位于北京市石景山区、门头沟区，项目用地总面积约70.03公顷，经核实项目符合《石景山区土地利用总体规划（2006—2020年）》、《门头沟区土地利用总体规划（2006—2020年）》，符合国家及本市供地政策，同意通过用地预审。

二、该项目建设应从严控制用地规模，集约利用土地。

三、你单位应按国家和本市有关法律、法规的规定，认真做好相关工作。符合《北京市实施国土资源部〈划拨用地目录细则〉》

1

的用地，初步确定将以划拨方式供应。最终确定的土地供应方式以市政府批准文件为准。

四、请你单位持本批复意见办理有关手续，在正式申请用地时，须附上本意见。

五、本意见有效期为两年，自批准之日起计算。

二〇一二年六月十八日

主题词：城乡建设 用地预审 意见

抄　送：市国土局门头沟分局　市国土局石景山分局

2

图5-10　北京市国土资源局关于长安街西延（三石路—古城大街）道路工程项目用地预审意见

二、建设单位及管理机构

（一）建设单位简介

1. 企业基本情况

北京市公联公路联络线有限责任公司（简称“北京市公联公司”）于1998年10月成立，注册资本21亿元。2016年与首发集团重组，是北京市首都公路发展集团有限公司的全资子公司，主营业务为城市道路及配套设施的建设及运营管理。公联公司自成立以来，伴随着首都城市道路建设发展和投融资体制改革深化而成长。经过20年的发展，规模持续扩大，盈利水平不断提高，已由单一组织实施城市道路建设项目

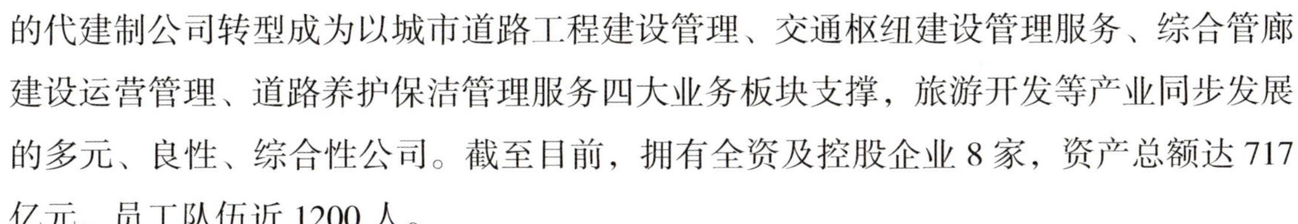

的代建制公司转型成为以城市道路工程建设管理、交通枢纽建设管理服务、综合管廊建设运营管理、道路养护保洁管理服务四大业务板块支撑，旅游开发等产业同步发展的多元、良性、综合性公司。截至目前，拥有全资及控股企业 8 家，资产总额达 717 亿元，员工队伍近 1200 人。

2. 主营业务板块

城市道路建设管理方面，年均城市道路建设投资额 40 亿元。截至 2019 年年底，负责实施的道路工程共计 284 项，总投资 1092.77 亿元。

公司秉承“替政府融资、建精品工程”的原则，坚持“求实、创新、协作、敬业”的企业精神，按照市政府交通基础设施建设计划安排，高效优质地组织实施，基本实现了城市快速路网建设规划目标。

高质量组织建设了奥运中心区及周边、新首钢大桥等亮点工程以及城市副中心等国家重点工程；积极援建灾区，用北京标准重建四川什邡交通路网；在 2010 年被点将参加青海玉树援建，参与援助修建了 22 条道路等 144 项工程。受到了上级的一致好评。

交通枢纽建设管理方面，负责组织了北京市综合交通枢纽网点建设规划，先后建设完成了西苑、宋家庄、四惠、天通苑北交通枢纽工程项目，已投入运营；接管运营了东直门、北京南站、篱笆房交通枢纽。管理综合交通枢纽及驻车换乘场站资产约 56 亿元，管理面积 94 万 m^2，建筑面积 27 万 m^2。目前正在组织建设苹果园、望京西、清河站、东夏园等交通枢纽项目。后续开通的丰台火车站、星火站交通枢纽将承担铁路运输的重要任务。

综合管廊建设运营管理方面，地下综合管廊是未来城市基础设施建设的重要增长极，公司已将综合管廊确定为重点培育的核心业务板块之一。依托保障性住房周边、城市副中心区域建设，本着“新建道路同步建设、存量道路逐步推进”的原则，分类推进地下综合管廊建设。目前，公司前期推进和在施的综合管廊项目共计 4 个，总长约 18.6km，投资规模约 42.1 亿元（广渠路管廊因为共构结构，全长 7.6km，投资 21.7 亿元）。

城市道路养护保洁方面，养护子公司是北京城市基础设施建设管理的一支重要队伍，也是北京市交通道路养护行业的主力军；养护子公司注重科技创新和管理创新，是国家级高新技术企业及中关村高新技术企业。公司所属的安全生产应急救援队是北京市 13 支应急抢险队伍之一，担负着北京市市级安全生产应急救援、交通应急抢险、防汛应急抢险、国防交通应急专业保障等任务。目前共管养城市快速路 16 条、城市主干路 68 条、郊区公路 3 条、临时接养道路 8 条，道路养护总面积达 2123 万 m^2，道路养护总里程 676km，管养各类桥梁隧道 937 座，约占市管桥梁总量的 60%，市管道路面积的 40%。

城市基础设施建设是公联公司的主业，面对城市建设管理发展的新环境、新形势、新要求，按照中央确定的《京津冀协同发展规划纲要》和新批复的《北京城市总体规划（2016 年—2035 年）》，公司作为特殊功能类企业，要全面、优质、高效地完成市委市政府下达的“十三五”时期交通基础设施投资建设和运营管理任务，以构建现代化的首都道路交通体系为使命，加快推进 2022 年冬奥会、城市副中心等重大活动、重要区域的配套交通基础设施项目实施；进一步完善、优化城市道路的干线路网结构，科学配建综合交通枢纽、综合管廊、停车场等配套服务设施，倾力打造智慧交通、生态交通、低碳交通，优化交通组织，全面提高道路交通基础设施的有效供给能力和服务保障能力，强化企业核心竞争力，忠实履行国企职责，为把公联公司打造成政府放心、市民满意的城市基础设施建设运营服务商而努力。

（二）建设指挥部组织机构

按照北京新城市总体规划，东西方向的长安街及其延长线是北京的两轴之一，是体现大国首都政治自信和文化自信的代表地区。长安街西延道路工程位于长安街最西端，是北京市重点工程。永定河特大桥为全钢结构的空间异索面斜拉桥，建成后将成为长安街西延道路上的标志性景观。保证工程的顺利实施，公联公司成立长安街西延工程建设领导小组，下设领导小组办公室，解决工程设计、施工中的重大方案、技术问题，协调参建各方的工作，开展投资控制，落实建设资金等方面工作。

长安街西延永定河特大桥工程建设领导小组：

组长：张长缨

副组长：闫连元、何萌、申利剑

长安街西延永定河特大桥工程建设领导小组办公室：

办公室主任：李永生

成员：洪国栋、郁晓军、吕照京、刘革、李建国、韦立、吕权

三、前期工作情况

（一）招标工作

详见表 5-1。

勘察、设计、施工、监理招标情况汇总表　　表 5-1

项　　目	公　　司
施工	北京城乡建设集团有限责任公司
	北京市公路桥梁建设集团有限公司
	中铁十八局集团第五工程有限公司
	北京城建道桥建设集团有限公司
	北京市市政一建设工程有限责任公司
	北京城建五建设集团有限公司
	中交第一公路工程局有限公司
	北京城建集团有限责任公司
监理	北京正远监理咨询有限公司
	北京华城建设监理有限责任公司
	铁科院（北京）工程咨询有限公司
设计	北京市市政工程设计研究总院有限公司
勘察	北京市勘察设计研究院有限公司
绿化	北京北辰园林工程有限公司
路灯	北京奥成电气工程有限公司、北京京之光电力安装有限公司
交通工程	北京路桥方舟交通科技发展有限公司
夜景照明	北京甲尼国际照明工程有限公司

（二）征地拆迁工作

长安街西延拆改移项目总体分为门头沟、石景山段、首钢段和超高压改移三个部分。门头沟、石景山段拆改移项目主要涉及的产权单位有石景山供电局、门头沟供电局、北京市燃气工程有限公司、北京联通公司、北信基础、石景山水务局、北京市路明路灯工程安装处等 10 余家。公联公司创新采用拆改移总承包模式招标。在稳定拆改移设计方案后，引入拆改移总承包单位，不但加快推进了工程进度还有效地控制了拆改移项目投资。首钢段拆改移工程由首钢总公司负责组织实施。共计新建暗挖电力隧道800m，敷设电力线路6000m，电信管道4000余m，拆改热力、给水、燃气管线1600余m，拆改移总投资约8800万元。长安街西延道路工程共计完成石上线220kV、高钢线110kV、高六线110kV、白热线110kV、高南线110kV和白九、白十线110kV共计6路超高压线改移工作，总计拆除塔基10余基，保障了长安街西延道路工程建设的需求。

长安街西延征地拆迁工作分由门头沟区、石景山区和首钢总公司三个主体牵头完成辖区内的征地拆迁工作，全部征地拆迁资金由属地政府自筹，共计完成拆除建构筑物约3.3万m^2，树木移植约13.8万株。其中门头沟段由北京市门头沟区城市管理委员会牵头负责实施，石景山段由石景山区城市管理委员会负责协调，北京石泰基础设施投资有限公司负责实施。首钢段全部由首钢总公司自行组织实施。

四、项目重难点

（一）项目重点

1. 新首钢大桥主桥

新首钢大桥主桥全长639m，主跨跨径280m。大桥下部结构采用桩基+承台+塔座（墩柱）结构形式，塔座和墩柱均为异形结构，其中塔座各个面不对称，几乎没有相同的面，且体积较大。上部结构采用全钢结构双塔斜拉刚构组合体系，斜钢塔为空间弯扭异形结构，最高达124.93m，桥面最宽处54.9m。结构造型独特，工程量巨大，施工难度大，是整个项目的重中之重。

2. 新首钢大桥东西引桥

新首钢大桥西引桥全长233m，上部结构采用两联六跨现浇预应力混凝土连续箱梁结构形式，第一联为变截面结构，跨径为：40m+54m+40m=134m，第二联为等截面结构，跨径为：33m+33m+33m=99m。新首钢大桥东引桥全长479.55m，上部结构采用三联现浇预应力混凝土连续箱梁结构形式。东西引桥下部结构均采用多面棱体，由上下两部分变截面棱体组合而成，横向非等间距、非同一平面角度布置，其中六环路两侧墩柱为整体式浇筑的镂空墙式墩。

3. 冯村沟大桥

冯村沟大桥全长256m，桥梁布跨为2×（4×32）m，分两联，上部结构采用32m预制预应力小箱梁，下部结构采用双柱盖梁下接四桩承台，墩柱按景观设计采用方柱，并斜切成四棱台形。

（二）项目难点

1. 大体积异形塔座施工

主桥塔座各个面不对称，几乎没有相同的面，为了保证其外观质量，外露面均使用定型钢模板。塔座外露面高约8m，要求外露面不得有裂缝、色疤，即不得采用对拉螺杆加固塔座模板，且需一次浇筑到顶，否则混凝土将有明显的分层，将不满足景观要求。该桥塔座尺寸大，塔座混凝土为大体积混凝土，为保证混凝土的施工质量，必须要做好混凝土内外温差控制，防止裂纹发生。

2. 主桥塔梁墩固结处塔梁结合区锚拉杆安装及高塔承压板超大面积压浆

塔梁墩固结处塔梁结合区锚拉杆安装精度高，大型构件就位难度大，超大承压板薄层后注浆质量要求高。高塔承压板面积为235m^2（14.85m×15.85m），压浆面积为220m^2，厚50mm，为目前国内最大。设计院对实体压浆要求为：抗压强度≥50MPa；接触率≥85%（同类桥梁50%～70%）。注浆面积大，接触率要求高，国内外尚无可借鉴经验。

3. 矮塔处大吨位支座制造及安装

主桥采用了18个大吨位单向活动抗震型球形钢支座，其中矮塔处支座最大承载力为75000kN，超过了国家标准GB/T 17955—2009《桥梁球形支座》适用范围（≤60000kN），矮塔支座与节段通过ϕ100mm螺栓连接，螺栓需分别穿过节段底板、支座上钢垫板、支座顶板，孔径ϕ101mm，安装间隙只有0.5mm。无论是制造还是安装都存在一定挑战，因此设计对支座的质量有着极严格的要求。

4. 主桥钢结构加工制造及运输

主桥采用全焊接钢结构，钢结构总用量达4.5万吨，一举超越国家体育场"鸟巢"4.2万吨的钢结构用量，而且存在大尺寸超厚板、非一致曲率曲板、空间曲线钢塔节

图5-11　长安街西延道路实景

段、大尺寸变截面钢梁节段等构件，对制造工艺和运输条件提出很高要求。

5. 钢结构安装及线形控制

钢结构吊装最重节段达700吨，异形节段空间翻转难以控制，调整精确就位难度大；钢塔为空间弯扭结构，曲板为非一致曲率曲板，线形控制难度大。需要解决空间弯扭钢节段组拼、塔梁结合区多向虚拟预拼装、空间弯扭钢塔节段安装过程中吊装位形、节段就位、支架体系变形与索塔变形的精确调整与控制等难题。需要通过变形监测及施工控制等技术确保大桥主塔和主梁的精确合龙。

6. 异形墩柱施工

冯村沟大桥、新首钢大桥东西引桥均采用异形墩柱，每个墩柱高度不同，相应截面尺寸、角度逐渐变化，为不规则空间三维结构，线形复杂、施工难度大，钢筋的制作和安装难度大，模板各异需采用工厂加工的定制钢模。同时异形墩柱形状结构复杂，表面棱角较普通墩柱多，为了保证异形墩柱的外观质量和结构造型，确保墩柱棱角顺直、表面光洁，施工过程中需采取一定措施。

7. 工程相关方协调

本项目穿越首钢主厂区，上跨永定河和六环路，沿线地上地下构筑物错综复杂，施工过程中需与首钢、永定河管理处、石景山城管委、门头沟城管委、北京市交通委、热力集团等多方协调，协调工作量大、难度高。施工区域场地有限，专业分包众多，管理协调难度大。

五、监理

长安街西延道路工程共划分三个监理标段，监理1#标段对应施工1号~3号标段，监理2#标段对应施工4号~6号标段，监理3#标段对应施工7号~8号标段。其中监理3#标段工作由铁科院（北京）工程咨询有限公司承担，监理范围为新首钢大桥主桥及相关附属工程、交通工程、景观照明工程、环水保工程、景观拆除恢复工程等。

（一）参建单位简介

铁科院（北京）工程咨询有限公司成立于1998年，隶属于中国铁道科学研究院

集团有限公司，是我国第一批具有甲级资质的工程建设监理单位。公司现拥有住房和城乡建设部颁发的工程监理综合资质、交通运输部颁发的公路工程甲级资质和特殊独立大桥工程监理专项资质、国家质检总局和国家发改委颁发的设备监理甲级监理资质、自然资源部颁发的地质灾害防治甲级资质等。公司是中国建设监理协会理事单位，是中国交通运输协会、中国设备监理协会、北京市建设监理协会、中国铁道工程建设协会建设监理专业委员会常务理事单位，中国土木工程学会会员单位。公司主要从事铁路、公路、航空航天工程、建筑工程、地质灾害防治、市政及城市交通（含轨道交通）的技术咨询、工程管理、工程监理、综合检测、科研试验，设计及施工图审核等业务。公司现有员工 1600 多人，其中高级技术职称 160 余人，博士生导师 4 人，硕士生导师 20 人，承担了多项行业标准的制定和科研课题，培养了多名博士、硕士研究生。

（二）组织机构及工作模式

铁科院（北京）工程咨询有限公司成立了长安街西延（古城大街—三石路）道路工程监理 3# 标项目总监办，作为授权派出机构常驻桥址所在地。结合该工程的实际情况，采用直线职能式的项目组织形式，即在总监理工程师的领导下成立总监办，在各土建施工合同段设驻地办，在钢结构制造厂、钢结构总拼场、支座制造厂及斜拉索制造厂设监造组，合理组建一个专业配套齐全、技术业务精湛、监理人员资格和数量均满足合同要求的强有力的监理队伍，以保证监理机构能实现分工明确，统一指挥。

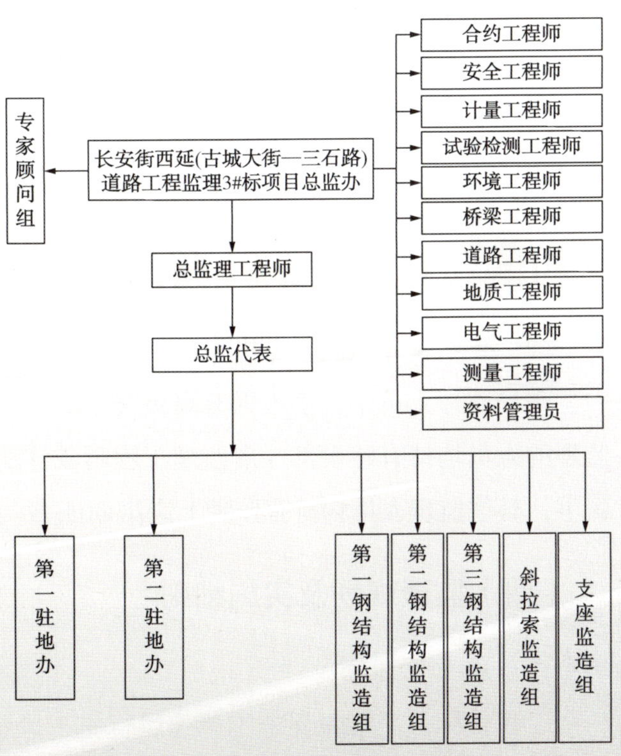

图 5-12 监理 3# 标组织管理机构图

总监办设项目总监 1 名，总监代表 3 名，并配备多名资深的专业监理工程师。总监办下设 2 个驻地办和 5 个监造组（含 3 个钢结构监造组、1 个支座监造组、1 个斜拉索监造组），第一驻地办设在施工 7 号标项目部，主要负责新首钢大桥主桥下部结构、东西侧人行天桥、景观拆除恢复工程等现场监理工作；第二驻地办设在施工 8 号标项目部，主要负责新首钢大桥主桥上部结构、附属结构、交通工程及景观照明等现场监理工作。第一钢结构监造组设在宝桥扬州基地，主要负责主桥钢塔和钢梁板单元的监造工作；第二钢结构监造组设在宝桥项目部，主要负责主桥钢塔和钢梁节段拼装的监造工作，后期因部分钢梁在山东潍坊组拼，又派驻监理人员前往宝桥潍坊基地进行监造工作；第三钢结构监造组设在首钢建设曹妃甸基地，主要负责东西侧人行天桥钢箱梁的监造工作；斜拉索监造组设在巨力索具保定加工厂，主要负责高矮塔斜拉索及锚具的监造工作；支座监造组设在成都新筑支座加工厂，主要负责主桥 18 个大吨位球形钢支座的监造工作。

（三）人员配备及岗位职责

根据该工程建设规模大、施工难度大、风险及技术含量高、工期要求紧、协调难度大等特点，公司实行项目总监理工程师负责制，全面负责监理合同的履行，主持开展监理各项工作。总监理工程师代表经总监理工程师授权，并按照工程建设监理规程要求，行使总监理工程师部分职责和权力。另外，选派具有相应资格、专业齐全、综合业务素质强、监理经验丰富、数量充足的监理人员组成长安街西延（三石路—古城大街）道路工程监理 3# 标段项目监理机构，在总监理工程师的领导下，开展日常监理工作。

该项目人员结构有以下特点：

（1）专业结构、年龄组合合理

总监办由相应的桥梁、钢结构、地质、给排水、测量、试验、造价、安全、合约等各专业人员组成，专业人员配套齐全。所投入的监理人员中，30 岁至 45 岁的中青年监理人员占大多数。

（2）技术职称、执业资格合理

现场监理人员中，多人拥有高级技术职称，其余均为中级技术职称。其中，主要监理的人员均持有建设部注册监理工程师或注册安全工程师或注册造价工程师等执业证书，其他监理人员均持有监理上岗培训证书。

（四）监理规划及实施细则

1. 监理工作目标

工程目标：严格督促施工单位履行施工承包合同，工程质量等级达到合格要求。

工作目标：全面优质地履行监理合同，监理工作达到监理合同的各项要求。

2. 监理实施细则

根据工程项目进展，项目共编制《监理实施细则》十余册，包括桩基施工、塔座大体积混凝土施工、钢塔制造安装、钢梁制造安装、斜拉索制造安装、测量、环保、安全等专项监理实施细则，使监理工程师在现场工作中的每一项工作都有据可查，确保监理工作顺利开展，保证了工程质量和施工安全。

针对桩基施工，编制了《桩基工程监理实施细则》，规定了监理工作流程、监理工作的方法和措施以及监理工作控制重点，从分包单位资质审查、原材进场报验、试验检验、旁站监理、隐蔽工程验收、分部分项工程验收等方面对桩基施工质量进行事前事中控制。

针对钢结构加工制造，编制了《钢结构工程监理实施细则》，从原材进场、钢结构焊接、紧固件连接、零部件加工、钢结构预拼装、钢结构组拼、钢结构涂装等方面分别规定了监理工作的流程、方法、措施和控制重点等。

针对现场吊装作业，施工单位上报了《钢塔吊装安全专项施工方案》及《主梁吊装安全专项施工方案》，总监办相应地编制了《钢塔吊装监理实施细则》和《主梁吊装监理实施细则》，规定了吊装作业的质量控制要点和安全保障措施，为监理工程师开展吊装监理工作提供依据。

（五）监理模式特点及亮点

1. 钢结构制造安装规则和验收标准

新首钢大桥设计结构独特，结构复杂且含有非一致性曲率曲板，而现行国家规范、标准涵盖不全，为了保证新首钢大桥钢结构制造安装质量，做到技术先进、安全可靠、经济合理，总监办组织有关单位编制了《北京新首钢大桥主桥钢结构制造安装规则》和《北京新首钢大桥主桥钢结构验收标准》，分别作为施工和验收的指导性文件。制造安装规则和验收标准在施工过程中起到了很好的作用，为大桥的顺利竣工提供了强有力的保障。

图 5-13　宝桥扬州基地驻厂监造

2. 驻厂监造

（1）钢结构制造及节段拼装监造

新首钢大桥主梁及主塔均为全钢结构，全桥涉及钢结构较多，工程量较大，制造周期长，钢结构加工制造质量的好坏直接决定了大桥的整体工程质量。按照监理合同的要求，总监办下设三个钢结构监造组，分别在中铁宝桥扬州基地、潍坊基地、北京总拼场以及首钢建设曹妃甸基地进行有关钢结构监造工作。从准备阶段到正式制造，以至整节段拼装的全过程进行了全面认真的监理，每一道工序均经监理验收合格，确保了钢结构加工制造的质量。

（2）斜拉索监造

新首钢大桥斜拉索共计 112 根，由巨力索具股份有限公司进行制造。总监办派驻了监理工程师驻厂监造，严格监控主要原材料的检测、斜拉索制造过程的质量控制、斜拉索的出厂验收等。驻厂监理按照有关规范的规定，对钢丝原材进行见证取样送检，对成品索的型式试验进行见证。另外，每根斜拉索生产完成后，驻厂监理都根据有关标准进行验收，合格后才能运送到工地。

（3）支座监造

新首钢大桥主桥采用了 18 个大吨位单向活动抗震型球形钢支座。主要零部件由上支座板、平面耐磨板、密封圈、球冠衬板组件、球面耐磨板、中间钢衬板组件、下支座板组成。

为确保支座的产品质量，驻厂监理对支座的原材料质量、生产制造过程、组装及运输等进行了全过程监督检查，逐项按照验收规则进行检验和验收。每道工序完成后，施工单位自检合格后填报质量验收单，驻厂监理到现场共同检验或抽检，经监理工程师检查合格后方可进入下道工序。经成套支座质量检查与监理验收，该桥大吨位球型支座的制造质量满足设计及规范要求。

图 5-14　驻巨力索具保定加工厂监造

图 5-15　驻成都新筑支座加工厂监造

第六篇 建设篇

概　述

该篇章以建设单位和工程标段为主体，阐述了整个工程中的施工管理，展现了质量和安全背后的付出。

工程建设单位都是资质优良的企业，其中有位列“中国企业500强”的北京市政路桥股份有限公司，有曾受到原国务院总理朱镕基亲笔题词“向铁道部第十八工程局第五工程处‘老虎团’致敬”表彰的国家一级施工企业——现中国铁建十八局集团第五工程有限公司，有获得“全国五一劳动奖状”的北京城建道桥建设集团有限公司，有被住建部授予“全品工程质量管理先进单位”的北京城乡建设集团有限责任公司，有参与过天安门广场改造工程的北京市市政一建设工程有限责任公司，有连续15年获得“重合同、守信誉”企业称号的北京城建五建设集团有限公司，还有北京市建筑业的龙头企业——北京城建集团。

这些享誉国内外建筑业的企业，代表着先进的建筑技术和管理模式，保证着整个工程的质量和安全。

一、土建一标

（一）参建单位简介

北京城乡建设集团有限责任公司是以工程施工、房地产开发、物业管理为主业，兼营建筑装饰、园林绿化、电气安装、酒店管理等产业多元化的大型国有独资企业，拥有房屋建筑工程施工总承包特级资质及包括市政公用工程施工总承包一级资质在内的多项一级资质，为国际质量、职业安全和环境认证单位，连续13年被北京市工商管理局授予“守信企业”称号。

企业注册资本金额75亿元，年综合经营额近100亿元，年开复工面积500万m^2以上。城乡建设集团的建设者严格履行“用我们的智慧和信誉雕塑用户满意的工程”的质量方针，精品工程频出。累计创建长城杯工程434项，鲁班奖、大禹奖、詹天佑奖等国家级奖项29项。主持编撰了国家标准3项，行业和地方标准6项。拥有专利34项，创建和编制国家级工法7项，行业级工法12项。

“十三五”期间，面对新的市场形势，城乡集团坚持立足北京市场，开拓全国市场；拓展建筑领域高端市场，规模突破100亿元，形成融资建造、绿色施工、房地产开发、物业经营四大核心业务板块。集团以“勤勉务实，开拓奋进”为行为准则，以“诚信天下，奉献精品”为庄严承诺，通过实施集约化、精细化、信息化管理等手段，现代化管理水平得到全面提升。

图6-1　完成水稳施工

（二）标段概况

该项目为1号标段，设计起点为三石路，终点为砂石坑西侧路，路线全长1.5km。道路红线宽为60m，按城市主干路标准设计，设计车速60km/h。其中主路布置为双向8车道，最外侧两车道为公交专用道，主路两侧设置辅路，辅路布置一条机动车道，外侧为非机动车道，最外侧为人行步道，沿线结合路口渠化设置公交站牌共 8 个。

（三）标段特点、重难点

1. 标段特点

一是该标段是长安街向西延伸终点段，彻底实现了横贯北京东西的轴线，对加强“多中心”东西向之间的联系，进一步完善北京“两轴 – 两带 – 多中心”城市空间结构，具有重要意义。

二是地下各类管线错综复杂，全线共设置 4 处折点，相交路口多，纵断面布置需考虑沿线单位出入口及已有的现况路段高程，便于接顺，方便交通出行。

2. 标段重难点

（1）土方平衡

该标段红线范围内，地质情况复杂，地面上堆积大量拆迁时留下的建筑房基土堆及倾倒的渣土，堆土面积片数较多，体积较大，最高高度可达 6m，全部消纳会消耗很大的人力、物力、时间及财力。首先，经现场勘察，K0+400 存在一条废弃的现况冯村沟道，可消纳可利用的回填土堆。其次，统计现场可利用的土堆方量，共计 15 万 m^3，利用机械将其与建筑渣土分开存放。最后，将回填土运输至沟道进行分层回填及夯实。

（2）路基处理

根据地勘报告，建设道路路面下方人工堆积土层厚度变化较大且软硬不均，人工堆积土层，该层土空间分布不均，厚度变化较大，且成分杂乱、工程性质较差，对路基有较大影响，需要在设计、施工阶段加以重视，未经处理一般不宜作为路基持力层，必须充分考虑地基差异变形对路面结构的不利影响，因此路基处理既是该标段的难点也是重点。

（四）节点工程

柱锤扩孔桩。

1. 建设环境

根据地勘报告显示，现场钻探、原位测试和室内土工试验成果，按成因年代将勘探深度（21m）范围内土层划分为人工堆积层及第四纪沉积层两大类，并按

其岩性、物理力学性质及工程特性进一步划分为5个大层及亚层。其中道路桩号K0+5600+680、K1+200~1+310、K1+380~1+530填土为杂填土和房渣土，填土深度在6~9m，宽度在40~63m，总面积25000m^2，无法提供足够的地基承载力，需采取柱锤冲扩桩加固方案。

2. 施工工艺要点及技术措施

柱锤冲扩桩在《建筑地基处理技术规范》（JGJ 79—2002）中是这样解释："反复将柱状重锤提到高处使其自由下落冲击成孔，然后分层填料，然后再将碎石填入钻好的孔中进行夯实成孔的一种方法。"

钻孔直径采用500mm，质量为3.5t的柱状锤，通过自行起重机或其他设备将柱锤提升至距离地面一定高度后落下，将填充在孔内的填料分层夯实形成桩体，同时对桩间土进行机密形成复合地基，并在桩顶部设置200~300mm碎石褥垫层，从而改变地基的承载力特性，提高抗变形和稳定能力。

（五）施工管理

1. 质量管理

（1）质量保证体系

项目部成立以项目经理为组长的质量管理领导小组，项目经理为质量管理的第一责任人，项目总工程师为质量管理的主要责任人，以质量管理部门为核心主抓施工质量，相关部门积极协助配合，有针对性地制定出详细的质量保证措施、工程质量检查程序、工序质量控制图。

质量管理组织机构见图6-2。

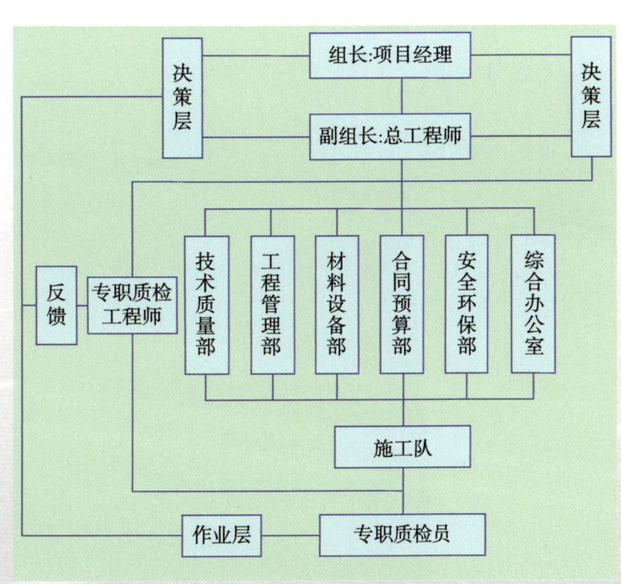

图6-2 质量管理组织机构图

（2）质量保证措施

①道路工程。

做好施工准备工作，组织好混合料的生产与运输，调试好摊铺机，做到均匀连续摊铺，减少起停机次数，保证平整度。

路面施工高程测量采取多次复核，严格按照给定高程施工，保证路面各结构层厚度。

控制碾压速度，保证各层顶面平整度。

运输车辆倒车时设专人指挥，不准碰撞摊铺机，防止摊铺面出现波浪。

每台摊铺机设双基准线进行施工。

压路机不得在未经压实的混合料上倒车，必须沿着同一轮迹返回，先压实接缝和边棱，再由低向高碾压，每一轮迹与前一轮迹重叠 30cm，并在前一轮迹的端头以外 1m 处停机，不允许急驶急停。

沥青混凝土路面施工配备足够的施工机械并做好充分的准备工作，保证路面摊铺全幅一次完成，不设纵横接缝，以提高路面平整度等各项指标。遇特殊情况必须设缝时，对于纵向接缝必须采用热接；横向接缝采用平接施工，接缝处要与铺筑方向大致垂直，在相连层次与相邻行程间错开 1m，立茬相接。继续摊铺时，先将接缝横压几次，再做纵向碾压。

尽量减少人工摊铺面积，当必须由人工摊铺时，选用经验丰富、技术熟练的工人进行摊铺及搂平作业，减少温度损失。

夜间、雨天、大风天及地面温度低于 15℃时，不进行沥青混凝土面层施工。

②管道工程。

加强对各种管材、管件的试验检测，确保其质量满足要求。雨污水高程须经多次复核，避免返坡现象。

对于测量、试验、资料积累文件等工作，全部实行交叉复审制。

图 6-3　底面油层施工

土方回填必须按《北京市公联公司城市道路工程各类地下管线回填技术标准》进行施工及质量控制。

③附属工程。

改变重主轻辅的错误观念，提高认识，确保人行步道、路缘石等附属工程的工程质量标准不低于主路标准。

对于路缘石、平石及步道方砖等构件严格按照《北京市公联公司小型混凝土预制构件质量管理办法》及《北京市公联公司小型混凝土预制构件材料及技术要求》进行控制。

2. 安全管理

（1）安全生产目标

项目部管理人员及施工队伍带班人员认真学习相关安全生产法律、法规，严格执行各项安全生产制度和职责，最终争取实现七个零、五达标。

七个零为：死亡及重伤事故为 0；火灾事故为 0；设备事故为 0；责任事故为 0；环境污染事故为 0；电气安全事故为 0；食物中毒事故为 0。

五达标为：员工安全生产教育参加率、合格率为 100%；特种作业持证上岗率为 100%；安全生产隐患整改率为 100%；工作场所危害因素（有限空间作业）达标率 100%；扬尘治理合格率 95% 以上。

（2）安全生产制度建设

在工程建设周期过程中，公司安全部和项目部安全管理人员明确了安全生产的目的，建立了切实有效的安全生产管理制度和奖惩制度。

①明确方针。

安全生产管理坚持“安全第一、预防为主”和“全员、全面、全过程、全天候”的四全管理方针，坚持“安全管理一票否决制”。

②建立安全生产管理体系。

成立以项目经理为首的安全生产领导小组，建立由领导班子、专职安全员、项目兼职安全员、施工队兼职安全员组成的统一领导、分级管理组织体系。

安全生产领导小组负责：

a. 组织学习、贯彻执行安全生产方针、政策，法律、法规制度及上级安全规定。

b. 制定、落实该项目安全生产职责、制度、安全作业规程，并根据工程进展等实际情况对其进行修订、审查。

c. 建立安全生产奖惩制度，定期对项目部安全管理、施工队安全生产状况进行检查、考核，形成书面记录。

d. 通过现场检查、视频监控等管理、技术措施实时掌握施工安全生产情况，清除不安全生产因素，预防安全生产事故发生。

e. 组织开展经常性的安全生产宣传教育活动，定期组织工人进行安全制度教育，组织、制定安全生产应急预案并定期安排工人实施演练。

f. 主动配合上级安监、质监及指挥部和监理的检查指导，做好安全生产工作。

③实施专职安全员制度。

a. 根据规范要求和该工程实际情况配备不少于 2 名专职安全员，施工队伍配备 1 名专职安全员，施工现场必须在项目部专职安全员和一线管理人员的监督下进行安全生产作业。

b. 除专职安全员外，项目部采取一岗双职制度，人人兼职安全员；形成以专职安全员为主，生产、质检、实验等一线项目管理人员为辅的安全生产管理机制。

④安全生产岗位职责。

项目部建立健全了安全生产岗位责任制，为避免岗位上墙，流于形式，项目部安全生产管理小组组织项目成员和施工队伍深入学习岗位职责内容，从项目部经理到施工队带班人员逐级签订安全生产责任书。通过这种形式来明确职责，紧绷安全弦，做到“安全人人管，事故处处防”，明确每位员工的安全生产目标和责任，增强员工自主安全管理的积极性和工作责任感，确保项目部安全生产工作稳步开展。

⑤安全生产奖惩制度。

建立了符合项目部实际的安全生产奖惩制度，明确了奖罚标准，并由项目部安全生产管理小组、项目专职安全员定期组织一线作业和项目管理人员进行安全生产管理制度的普及和学习，强化安全生产责任，为增强项目职工的安全、文明意识，充分发挥管理人员、作业人员的安全生产自觉性、积极性，进一步规范施工作业，减少事故隐患，营造了安全、文明、有序的施工环境，打下坚实的基础。

a. 根据项目部制定的安全生产奖惩制度，对项目建设过程中的施工安全（包括：作业环境、机械设备、特种作业人员、施工人员安全防护、临电防护、临边防护、消防保卫、环境保护、生活区卫生防盗、食品安全等方方面面）进行安全管理、监督、考核。

b. 对安全生产有贡献的个人和团体，要给予当众表彰和实物奖励。

c. 对违反安全生产规章制度的，要按情况给以警告和罚款处分，对违章作业造成不良后果的，要根据情节轻重进行通报、罚款、清退等处罚，直至追究刑事责任。

3. 工程技术管理

（1）图纸管理

①每一次收甲方图纸要严格做好接收记录，包括接收时间、接收流水顺序号、版次、发图单位、发图人、收图人、是否替换等内容。

②收图时要检查，是否有设计院正式公章，正式有效签字，或甲方发图章等，即确保图纸是有效的，可以依此施工的。尤其到工程紧张、工期紧时更要强调这一点，如果没有签字或公章，及时沟通相关部门，避免后续返工。

③收到的图纸需由项目经理或总工亲自批示，下发至各部门单位和个人。

④确定作废的图纸正面及时盖作废章。

（2）方案管理

方案流程为：总工牵头编写→确定第一编写人→编写方案→总工审批→项目经理审核→报公司→修改审核完毕→报监理→修改审核完毕→打印 3 份→复印下发至工程、质量、商务、分包→归档→由专人负责管理。

方案编写人一直到方案归档前均为第一责任人，由其全面负责方案的报审、催审、取回、修改，并负责做好每次报批的收发记录。

（3）资料管理

①项目部设立文件档案管理专员，切实做好文件档案的收集、分类、整理、立卷、归档工作，保证文件档案资料的齐全完整，提高案卷质量，使文件档案管理工作达到标准化、制度化、规范化的要求，并逐步实现电子信息化管理。

②凡是项目部在施工中形成的文件和具有查考利用价值的各类资料、原始记录、照片以及与公司生产经营活动相关的文件等都要齐全完整地收集、整理、立卷、保管。

③人力资源专员要做好公司员工人事档案的收集、整理、立卷、管理工作，确保资料完整。

④档案管理员要对项目部安全生产相关文件资料专门建档，进行管理。

⑤立卷应根据其相互联系、保存价值分类整理立卷，保证档案的齐全、完整，能

图 6-4 对建筑渣土进行挖除换填

反映公司的主要情况，以便于保管和利用。

⑥所有档案必须入框上架，科学排列，便于查找，避免暴露或捆扎堆放。文件柜、档案室要保持整洁卫生，认真做好文件档案“八防”工作，特别是档案室防火、防鼠、防湿、防盗工作要常抓不懈，要定期检查、经常核对文件档案资料，发现问题及时处理、报告并做好相关记录，确保文件档案资料的完整与安全。

⑦对于公司机密文件及档案的管理，要有专柜存放并单独设锁，无关人员不准接触，工作人员要严守机密。

（4）进度管理

①进场后编制实施性施工组织设计，成立一个以项目经理为首，由项目部计划人员组成的项目进度计划管理班子，在分项工程开工前，根据施工进度图，针对各项工程制定详细的施工方案与计划。

②对关键线路工程制定周密、切实可行且最优的施工方案，配备高素质、技术全面的工程师担任关键工程的指挥。同时选用有丰富经验的技术工人和施工队伍负责关键工程的施工，以确保关键工程在施工过程中不因技术问题而延误工期。

③按照总工期要求，按月制定施工计划和实施方案，重要工序做好施工组织设计。根据工程特点和当地气候特点条件，合理安排各项工程的施工顺序，充分利用有利条件和时间根据工序特点，安排流水作业，缩短作业流程，从各个施工环节上加快施工进度，确保总工期。

④班组管理人员经常深入到施工现场，调查完成计划的措施、劳力、材料及机械设备的配套能否满足施工要求，并检查工程完成情况，做到心中有数。

⑤加强材料采购计划管理，根据施工进度计划要求充分备料，坚决杜绝待料停工的现象发生；合理利用资金，确保工程用款，确保工程顺利进行。

⑥加强机械设备和车辆保养、维修，保障施工正常运转。搞好职工食堂，保障职工身体健康，保证正常出勤率，以确保工期。

（5）变更管理

工程进行全过程建设工程造价控制，在建设实施阶段，把建设工程造价控制在批准的限额以内，随时纠正发生的偏差，以保证项目管理投资目标的实现，并在各个建设项目中能合理使用人力、物力、财力，取得较好的投资效益和社会效益。

①编制施工阶段全过程造价控制实施方案。

实施方案是进行造价控制的纲领性文件。应根据委托合同的要求，结合项目的特

图 6-5　碎石桩施工

点，编制施工阶段全过程造价控制实施方案，主要内容有工程概况、造价控制组织机构、造价控制流程、各阶段咨询内容、可行的工作计划等。施工方合理有序地按照施工计划调整资金计划，同监理和业主共同进行资金投资控制。

②严格控制工程变更程序。

工程变更不可避免，施工方严格执行业主和监理下发的计量、支付、变更管理办法，突出事前控制，强化事中控制，完善事后控制。施工单位提出的变更要经设计单位、监理工程师审核，业主批准立项后才可以实施。工程变更的费用和变更方案是联系在一起的，因此，变更立项报告在说明变更处理方案的同时，说明相应的变更价款，从而使业主决策时心中有数，避免造价失控。

③深入现场及时了解、收集相关信息资料。

造价管理人员要深入现场，及时了解情况，收集可能会引起造价调整的各类资料。要重视原始资料的积累，特别是一些隐蔽工程，和容易引起争议和扯皮的部位节点要及时掌握第一手资料，如图像图片和文档等资料，避免结算时造成“死无对证”、说不清的被动局面。

④加强工程造价的动态跟踪控制。

工程的施工周期较长，而市场的变化（例如在施工中所需的人工、材料、机械等价格的变动）和工程本身的变更，对工程造价都将产生影响，为保证整个工程造价控制在合同范围内，及时根据市场和现场的情况，综合已发生和将发生的费用现状，对工程造价进行跟踪，及时调整合同价款。

⑤及时进行工程结算。

工程结算是造价控制的最后阶段，在工程结算前，及时收集和整理各种计量、支付资料，做到完整无疏漏。

（六）经验成果

① 2017 年 5 月 12 日，专家组同意验收“柱锤冲扩桩在道路地基加固中的应用”创新项目成果。

②该工程采用碎石桩加固地基减少了土方倒运，对环境影响大大地降低，为评选“北京市绿色安全工地”奠定了基础。

③通过柱锤扩孔桩在该项目标段上的实施，总结出柱锤冲扩桩施工技术存在的几方面问题，为进一步改进和创新提供了线索。如该工程打桩机的移动系统为液压式，行动比较缓慢，打桩过程中需要人工注水，加强钻头的润滑，若将移动和注水增加智能化系统，提高施工效率，极大地方便今后的施工。

④总结出了柱锤扩孔桩的工作机理、掌握柱锤冲扩桩的关键施工技术和质量控制要点，形成具有指导性的作业指导书，同时培养了一批能够熟练掌握柱锤桩的施工技术管理人员和作业人员，与其他项目共享经验，为企业的发展和承建类似的工程任务提供了技术保障。

二、土建二标

（一）参建单位简介

北京市政路桥股份有限公司（简称北京市政路桥）位列“中国企业 500 强”之一，具有公路工程、市政公用工程、建筑工程施工总承包 3 个特级资质。其他施工总承包、专业承包资质 146 项；具有工程勘察、设计、监理等资质 43 项；经营范围涵盖基础设施投资、勘察、设计、咨询、施工、建材生产、设施养护、房地产开发和物业管理等领域。北京市政路桥现有职工17000余人，其中，专业技术和经营管理人员10000余人，中高级职称人员3000余人，一级建造师900余人。

图6-6　入河口挤密碎石桩验收

北京市政路桥主持、参编国家及行业标准51项，地方标准46项；建立了1个专业研究院、2个专业设计院、3个市级企业技术中心、1个市级检测中心；累计获得国家科技奖数十项，其中国家发明奖4项，国家科技进步奖2项，部（市）科技进步一等奖15项，拥有专利278项；创建和编制国家级工法10项，省市级工法21项。获得优质工程奖600余项，中国土木工程大奖12项，鲁班奖49项，国家金银质奖和金杯示范工程奖28项，是国家科技部门认证的“高新技术企业”。

（二）标段概况

1. 建设规模

该标段即第2标段，桩号划分：K1+500~K2+550，路线全长：1050m，路段范围：砂石坑西侧路—六环路西侧路。道路红线宽为60m，按城市主干路标准设计，设计车速60km/h。其中主路布置为双向8车道，最外侧两车道为公交专用道，主路两侧设置辅路，辅路布置一条机动车道，外侧为非机动车道，最外侧为人行步道。

2. 主要工程量

（1）雨水工程

雨水3线：该设计沿长安街由滨河路南延至砂石坑西侧路在道路南侧铺设雨水管线，管径为D1200~D1400mm，管线流向由西向东，下游接入规划冯村沟，36#处设计雨水3-1线接入，并由南侧预留支线，管线为开槽施工，该标段工程量至道路桩号K1+500。

雨水3-1线：该设计沿长安街由滨河路南沿至砂石坑西侧路在道路北侧铺设雨水管线，管径为D500~D800mm，管线流向由西向东下游接入设计雨水3线36#，最终接入规划冯村沟，管线为开槽施工，该标段工程量至道路桩号K1+500。

雨水4线：该设计沿长安街由新7路至砂石坑在道路北侧铺设雨水管线，管径为

D1000–$W\times H$=2600×1760mm，管线流向由东向西，下游接入规划冯村沟，57# 处设计雨水 4–1 线接入，并向北侧预留支线，管线为开槽施工，该标段工程量至道路桩号 K2+550。

雨水 4–1 线：该设计沿长安街由新 7 路至砂石坑在道路南侧铺设雨水管线，管径为 D800~D1200mm，管线流向由东向西，下游接入设计雨水 4 线 57#，最终接入规划冯村沟，管线为开槽施工，该标段工程量至道路桩号 K2+550。

（2）道路工程

该标段内的道路工程主要是桩号 K1+500~K1+540、K1+796~K2+550 范围内的道路工程（K1+540~K1+796 范围内为该标段桥梁工程），起、终点分别与第 1 标段和第 3 标段相连，断面具体布置如下：

砂石坑西侧路—砂石坑东侧路：该段红线宽度为 60m，道路设计中线与规划中心一致，标准断面布置如下：4.5m［人行步道（含树池）］+7m（辅路）+3.5m。

（主辅隔离带）+30m（主路）+3.5m（主辅隔离带）+7m（辅路）+4.5m［人行步道（含树池）］=60m，路口渠化段在保证人行步道和辅路断面一致的情况下，通过压缩主辅隔离带宽度和行车道宽度实现路口的渠化加宽。

砂石坑东侧路—六环路西侧路：该段红线宽度为 60m，道路设计中线与规划中心一致，具体布置如下：5m［人行步道（含树池）］+7m（辅路）+3m（主辅隔离带）+30m（主路）+3m（主辅隔离带）+7m（辅路）+5m［人行步道（含树池）］=60m。

（3）桥梁工程

该标段内的桥梁工程桩号范围：K1+540~K1+796，桥梁以新建沟岸为设计起止点，桥长 256m，桥梁中心桩号 K1+668，与规划冯村沟相交于 K1+680.686。

桥梁布跨为 2×（4×32）m，分两联，横断布置为：0.3m 栏杆 +4.2m 步道 +7m 非机动车道 +3.5m 隔离带 +30m 车行道 +3.5m 隔离带 +7m 非机动车道 +4.2m 步道 +0.3m 栏杆 =60m。

桥梁上部结构采用 32m 预制预应力小箱梁，梁高 1.8m，主梁间距 3.0m，盖梁顶面按照道路横、纵坡处理，吊装时，小箱梁底板水平，支座水平放置，下垫石调整坡度。

下部结构中墩采用双柱盖梁下接四桩承台桩基础，盖梁厚 2.2m，墩柱按景观设计采用方柱斜切成四棱台形边长 2.0~1.8m，桩径 1.5m，采用两桩承台长、宽、高分别为 6.5m×2.5m×2.65m，桥台采用桩接帽梁形式，帽梁厚 1.6m，桩径采用 1.2m。

（三）标段特点、重难点

1. 标段特点

该标段新建桥梁即冯村沟大桥跨越现况砂石坑和规划冯村沟；现状砂石坑面积约 1.5km^2，依据《门头沟新城冯村沟治理工程规划》（北京市门头沟区水务局、北京市城市规划设计研究院，2009 年 10 月），该砂石坑的功能为排洪、雨洪利用和景观绿地以及超标洪水蓄洪区，在满足冯村沟的河道用地和高程基础上，进行绿化美化，雨洪利用，恢复生态和环境，在非排洪区结合公园建设治理。

规划冯村沟为对现况冯村沟的改移和扩建，线位在长安街西延北侧，规划河道右岸上口线平行并距离长安街西延北红线 5m，由砂石坑西侧路向东汇入砂石坑，至西六环西侧冯村沟在现状砂石坑（称为秀水湖）内，流出后向东流经西六环路，再由莲石路北侧向东汇入永定河。

该标段建的冯村沟大桥上跨规划冯村沟，规划冯村沟上口宽约 240m，沟岸按 1∶4 放坡，桥梁北侧采用跌水形式注入秀水湖。

2. 标段重难点

该标段桥梁工程墩柱按景观设计采用方柱斜切成四棱台形，采用钢模板施工，每个墩柱高度不同，模板各异，为了确保墩柱尺寸准确、外观光洁平滑，采用工厂加工的定型钢模。

该异形墩柱形状结构复杂，表面棱角较普通墩柱多，为了保证异形墩柱的外观质量，确保墩柱棱角顺直、表面光洁，需采取相关措施。

3. 标段亮点

该标段冯村沟大桥为景观桥梁设计，对于混凝土外观质量要求极高，该工程最高墩柱约 12m，模板采用工厂加工定型钢模板拼装，墩柱混凝土振捣施工属于非可见施工，难以控制，为保证墩柱混凝土外观质量符合设计要求，浇筑前试打试验柱，根据试验柱确定混凝土振捣施工方案，施工前将附着式振捣器分别安放

图 6-7 面层铺油

在墩柱模板的6个面，随混凝土浇筑高度而相应提升，墩柱混凝土浇筑采用泵车泵送浇筑，为防止混凝土自高处降落产生离析现象及混凝土落地时飞溅混凝土点，浇筑前使用消防带与泵车导管连接，再将消防带从墩柱中心点处落入墩柱模板内再浇筑混凝土，此种方式类似水下混凝土灌注桩施工，振捣棒安放位置为每面设置两个振捣棒，中心点处设置一个振捣棒，随混凝土浇筑高度而相应提升振捣棒，振捣过程由有经验的专人负责安排指挥，保证墩柱混凝土外观质量。

（四）施工管理

1. 质量管理

按照《采购产品控制程序》，选定合格供货商采购施工所需的物资材料，并依据《物资、工程设备检验和试验状态控制程序》进行质量控制，保证施工材料的质量。

按《检验、测量和试验控制程序》设置试验检测机构，配置试验检测设备，并按《过程检验和试验程序》，依据有关规范对施工过程进行监控。

图6-8 冯村沟大桥

对关键工序和特殊工序，编制详细的工艺细则，并做好技术交底，严格执行隐蔽工程签证制度，工序完成后，经现场监理工程师检查签字后方可进入下道工序。

按《不合格产品控制程序》规定，做到对不合格原材料和半成品不投入使用，不合格工序不转下道工序。

加强对文件、资料的管理，所有技术文件按公司质量管理标准要求设专人负责，分门别类建立台账，收发登记注册，受控文件必须加盖受控印章，才能使用。

开展 QC 全面质量管理活动，成立 QC 小组，制定创优规划，定期进行 QC 小组成果发布，巩固和扩大 QC 小组活动成果。

2. 安全管理

（1）安全生产目标

无重伤以上责任事故，轻伤率控制在 2‰以下；无机械设备、行车事故；无火灾事故，杜绝违章指挥、违章操作；特种作业人员持证上岗率 100%；全员教育率 100%；创北京市“绿色安全文明工地”。

（2）安全生产方针

安全第一、预防为主、综合治理。

（3）安全组织机构及安全保证体系

①安全组织机构。

项目部成立以项目经理为安全生产第一负责人的安全管理小组，全面负责施工现场的安全生产管理工作。施工前项目经理部与各工区各作业队签订安全生产责任状，使得安全生产工作责任到人，层层负责。

②安全保证体系。

该工程按照“五项”（综合治理、管生产必须管安全、否决权、从严治理、标准化管理）原则，建立安全保证体系。

项目经理部及各单位完善组织管理体系，设立专职安全员和交通协管员，负责施工现场安全生产工作的监督管理及各项具体措施的落实，切实把安全生产工作落到实处。在施工中必须严格贯彻执行各项安全组织措施和技术措施，切实做到管生产的同时必须管安全，全面地、有效地实现安全生产。

③安全生产职责。

建立严格的安全生产责任制。明确规定各职能部门、各级人员在安全管理工作中所承担的职责、任务和权限。使安全工作形成一个人人讲安全，事事为安全，时时想安全，处处要安全的氛围。建立一套以安全生产责任制为主要内容的考核奖惩办法和安全否决权评比管理制度。

在该工程施工中，公司贯彻执行安全生产责任制，从领导到施工工人层层落实，分工负责，使“安全生产，人人有责”落到实处。

3. 工程技术管理

长安街西延二标工程建设过程中，项目部通过建立技术管理体系、技术管理制度、技术管理责任制度、技术教育与培训制度，科学地组织各项技术工作，保证了项目施工过程中，各项原始资料收集整理、施工组织设计、施工方案、图纸审查与会审、技术交底、技术措施落实、施工预检与复核、隐蔽工程检验、材料与半成品检验与试验、技术问题处理等符合国家、行业技术规范、规程，提高了管理与操作人员的技术素质，并与设计单位深化完善施工图设计，通过采用强夯保证路基稳定、优化墩柱造型等技术管理和改进措施，解决了路面局部积水，消除了安全质量隐患，降低了工程造价、减少了管理成本。

4. 工程进度管理

工期是该工程的关键，为确保工程工期如期完成，项目部成立以项目经理为首的施工进度保证体系，将每项工作分解到人，严格执行，定期考核，制定偏差纠正措施，确保总进度计划的完成。

该工程严格按照 GB/T 19001-2008-ISO9001：2008 的工作程序开展各项工作，对各工序的工作质量严格把关，全面实行计划控制，制定阶段性工期目标，严格执行关键线路工期，对工期进行动态管理，确保阶段目标得以完成。

根据施工中出现的影响关键线路的因素，及时分析原因，找到解决办法，并及时调整计划，再按照调整后的关键线路组织实施，从而使施工在经常变化的资源投入及不可见因素的动态影响下，始终能够对工期进行纠正及控制。严格计划的管理，定期召开由各配属队伍参加的工程例会，解决施工中出现的各种矛盾。这样就使保证整个工程的工期管理有了科学的手段，避免了盲目性和心中无数。

5. 工程设计变更及造价控制

（1）长安街西延 2 号标段设计变更情况

①长安街西延（三石路—古城大街）道路工程主路原设计面层结构为：4cm 表面层 SMA-13、5cm 中面层 AC-20C、7cm 下面层 AC-25C、为加强公交港湾附近和灯控路口附近沥青混凝土稳定性和耐久性，将上述范围沥青混凝土中面层添加 5‰的 PR 抗车辙剂。

②按照北京市人民政府办公厅关于《长安街及其延长线市容环境景观提升工作方案》（京政办发〔2016〕3 号）文件中相关要求，需对长安街西延（三石路—古城大街）道路工程第三标段（K1+500~K2+550）步道构造中步道宽度、步道砖、树池、外侧路缘石，雨水工程中的雨水井盖、雨水口外观等进行外观、材质、尺寸的变更。

③由于 LEAC 丙烯酸聚合物水泥防水涂料有更好的耐久性、适用性等，经过业主、设计研究决定将冯村沟大桥桥面防水材料变更为 LEAC 丙烯酸聚合物水泥防水涂料。

④应门头沟区河湖景观管护中心要求，并经过业主、设计、监理、施工单位洽商，在冯村沟大桥投影面积下，东西两侧河坡上的排水不能采用直排，需要安装排水管，暗埋至常水位线入河。桥下东西两侧河坡铺设六棱砖，并撒上耐荫型草籽。

（2）工程标价的差异性控制措施

工程标价与工程成本的差异控制，从完成工程量清单所列的所有人工费、材料费、机械费进行控制。

人工费差异：定额人工费是早期政府制定的指导价，它只能反映一定时期内的工程量消耗。人工费单价是在定额编制时，按照当时的人工费价格综合考虑的，是按照“每天 8 小时工作制”测算的，市

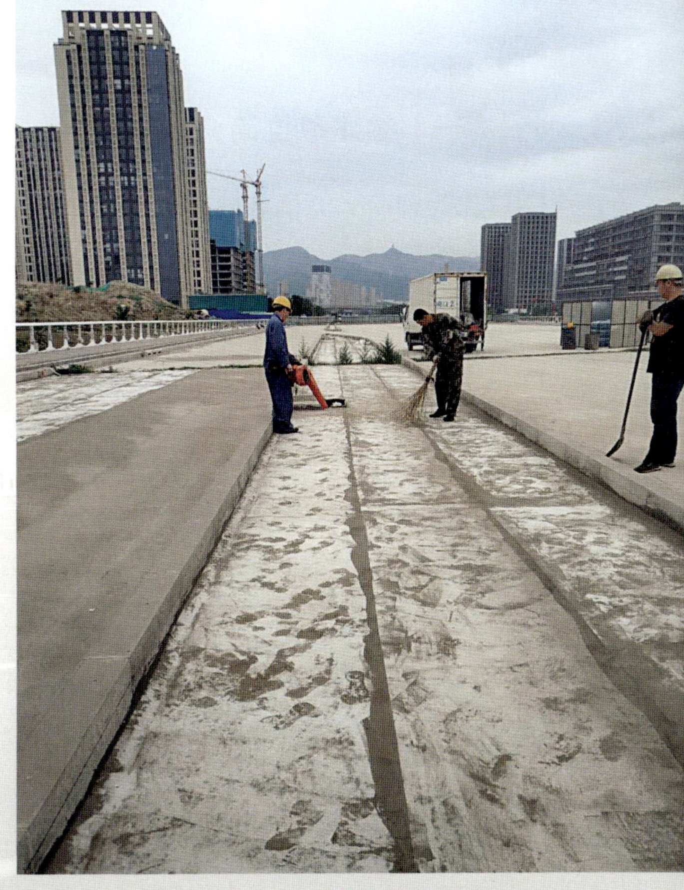

图 6-9 隔离带“两布三涂”防水施工

场的人工费价格与定额人工费单价不同，所谓市场人工费价格是劳务企业（劳务施工队伍）的综合单价，劳务人员实际每天工作时间一般都在 11~12h 或者更长，相当于 1.5 个定额工日。

材料费差异：在工程造价组成中，材料费占比在 70% 左右，材料费的差异是重要因素。定额所依据的材料费是参照北京市造价信息价格，基本是市场平均水平。施工单位使用的材料可以采取长期合作的厂家或招标采购，采用市场询价、货比三家原则减少材料费差异。

机械费差异：在项目施工机械中，减少一次性大笔资金的投入，大部分采用租赁的形式，解决投入大及占用有限资金的问题，谋求成本中较低的机械费用。

三、土建三标

（一）参建单位简介

作为曾受到原国务院总理朱镕基亲笔题词“向铁道部第十八工程局第五工程处‘老虎团’致敬”表彰的国家一级施工企业——现中国铁建十八局集团第五工程有限公司，具有市政、房屋建筑、公路三个总承包壹级资质，铁路工程施工总承包贰级资质，以及桥梁、隧道、公路路基、路面工程四个专业承包壹级资质和预拌混凝土专业承包资质。

公司下辖 12 个项目管理部，6 个专业公司，1 个材料厂。公司在册员工为 3776 人，注册资本金 10 亿元，资产总额 68 亿元，拥有机械设备 1347 台（套），综合机械化程度达 95% 以上，年施工能力 100 亿元以上。

公司所承建的项目质量优良，赢得了社会各界的好评。迄今为止，公司获中国建筑工程鲁班奖 10 项、詹天佑土木工程奖 8 项、国家优质工程奖 55 项、省（部）级优质工程奖 115 项。公司以科学发展观为指导，发扬“开战必胜、团结奋进、吃苦奉献和科学创新”的“老虎团”精神，加快转型升级，强化集约管控，加大管理创新，努力向智力型、技术型和管理型企业发展，用精品工程赢得企业信誉，树立企业品牌优势，努力打造国内知名、行业领先、和谐富足的现代化企业。

（二）标段概况

1. 建设规模

长安街西延三标，起点为西六环路以西、二标终点处，往东跨越西六环后，终点至永定河旁河堤路，新首钢大桥分联位置，全长529.661m，其中，道路工程长296.661m，桥梁工程长233m，伴路雨水管线长626m。

标段内道路、桥梁建设等级均为城市主干路，断面布置均采用三幅路形式，道路段主路宽30m，布置四上四下8条车道，最外侧为公交专用道，主辅隔离带宽2.5m，北辅路宽10.5m，南辅路宽7m，人行步道宽5m（含树池），建设面积18541.3m^2，桥梁段主路宽30m，布置4上4下共8条车道，最外侧为公交专用道，主辅隔离带宽2m，辅路宽3.5m，人行步道宽3m，建设面积10591m^2。

2. 主要工程量

（1）道路工程

道路全长296.661m，起止桩号为：K2+550~K2+846.661，道路工程中路基以土质强夯置换、填方为主，路面基层以水泥稳定碎石为主，主路三层，每层厚度18cm，辅路三层，每层厚度16cm，路面面层以沥青混凝土为主，主路三层，辅路两层，每层厚度在4~7cm。具体主要施工内容及工程量见表6–1。

道路工程工程量统计表 表6–1

序　号	名　称	工　程　量	备　注
1	路基填方	51816m^3	
2	路基挖方	47526m^3	
3	道路基层	50559m^2	
4	道路面层	46520m^2	
5	路缘石	1424m	
6	步道砖	3000m^2	
7	树池	43个	

（2）桥梁工程

桥梁全长233m，起止桩号为：K2+846.661~K3+079.661，两联六跨（现浇箱梁形式），为新首钢大桥西引桥。

第一联为变截面结构，跨径为：40m+54m+40m=134m，第二联为等截面结构，跨径为：33m+33m+33m=99m。具体主要施工内容及工程量见表6-2。

桥梁施工内容及工程量　　表6-2

序号	名　称	工　程　量	备注
1	桩基	122颗	
2	承台	20座	
3	墩柱	18颗	
4	桥台	1座	
5	现浇混凝土预应力箱梁	233m	
6	混凝土桥面铺装	10951m^2	
7	桥面人行步道	466m	
8	桥面沥青混凝土	8621m^2	

（3）雨水工程

雨水管线采用钢筋混凝土管，共计2条，分别位于道路南北两侧辅路下，并于沿线设有雨水检查井，共长626m。具体主要施工内容及工程量见表6-3。

雨水工程施工内容及工程量　　表6-3

序号	名　称	工　程　量	备注
1	雨水管线	626m	
2	雨水检查井	17座	
3	雨水口	29个	
4	雨水释放井	2座	

（三）标段特点、难点、亮点

1. 标段特点

结合该工程穿越住宅区、侧伴绿地与永定河休闲森林公园及上跨六环路的环境特点，项目建设以“美观、安全、使用、环保、经济、耐久、舒适”为原则进行设计、施工。

道路方面，道路路面车道数充裕、车道视野开阔，人行步道功能合理、整洁美观。

桥梁方面，桥梁总体造型富有特色，简洁、优雅、细节处理大气，桥梁各结构外形与周边景观协调统一。

桥梁结构中，桥梁外形与主桥相呼应，是主桥的延伸，第一联桥梁中，桥梁布孔采用三跨变截面现浇预应力混凝土连续梁，第二联桥梁中，桥梁布孔采用三跨等截面现浇预应力混凝土连续梁。

桥墩结构中，结合后期桥下广场景观设计，采用多面棱体，由上下两部分变截面棱体组合而成，横向非等间距、非同一平面角度布置，施工后远观好似石头森林，同时，对于第一联中跨越六环路部分桥墩，为避免造成六环行车方向产生压抑感，西引桥一联中六环路两侧墩柱为整体式浇筑的镂空墙式墩。

沿线与道路结合部分，采用桥台进行过渡，在保证结构连续的同时，有利于桥面平整、行车舒适。

2. 标段难点

（1）道路路基建设质量

长安街西延三标段中，规划道路范围内存在十字形路口，此施工区域长 90m，宽 62m，位于原有村庄拆除后回填的砂石采集坑范围之上，地层由上至下分为人工堆积土层、杂填土层及粉质黏土层等，回填平均深度为 5~17m，由于该道路建设等级为城市快速主干路，如何保证道路路基建设质量，充分体现“经济、耐久、舒适”是长安街西延三标道路工程建设中的难点。

（2）桥梁外观建设质量

长安街西延三标段中，西引桥为新首钢大桥的引桥部分，桥梁外形需要与新首钢大桥主桥景观及周边环境相协调，如何保证引桥主梁外形、墩台造型等部件外观满足设计外形要求是长安街西延三标桥梁工程建设中的难点。

（3）桥梁上部结构安全施工

长安街西延三标段中，西引桥第一联中跨部分，需跨越现况六环路，跨越长度 54m，由于现况六环路为城市高速路，如何利用现况高速公路结构条件，设计布置现浇箱梁模架系统，即保证车辆通行率不受桥梁上部结构施工影响，又保证车辆行车安全且满足桥梁建设要求是长安街西延三标桥梁工程建设中的难点。

3. 标段亮点

①路基土石方工程中不适宜材料处理时，通过路基方案比选运用降低工程成本，缩短工程建设周期、利于土石方平衡，保证道路路基质量的强夯法进行道路路基施工是长安街西延三标道路工程建设中的亮点。

长安街西延三标段路基土石方工程施工过程中，在对长 90m，宽 62m，原有村庄拆除后回填砂石采集坑范围之上，回填深度 5~17m 的路基不适宜材料进行处理时，通过路基处理方案比选，从工程成本、建设周期、土石方平衡等角度考虑后，运用强夯法对该段建设道路路基进行分层分次夯击处理。处理后，相关检测单位路基质量检测显示，路基承载力特征值均未小于设计要求，满足道路设计等级标准，既保证了道路路基的稳定、密实，又做到了土石方平衡，降低了工程成本及缩短了建设周期。

②桥梁工程多面棱体造型墩柱施工时，通过图纸原比例建模后，定制相关质量控制工具及定制相应模板，保证多面棱体造型、墩柱结构质量是长安街西延三标桥梁工程建设中的亮点。

长安街西延三标段桥梁多面棱体造型墩柱施工中，由于墩柱造型为变截面异形墩柱，各墩柱在高度方面，相应截面尺寸、角度逐渐变化，为不规则空间三维体，线形复杂、施工难度大，为保证多面棱体造型、墩柱结构质量，通过 CAD 等软件按图纸原比例建模，并对各变截面控制点数据进行采集后，按墩柱设计高度、平面度要求，定制满足相关要求的定位型闭合轻便钢架，沿墩柱既定要求位置逐层安装后，再进行钢筋绑扎及按定制钢模的办法进行墩柱施工，既保证了多面棱体造型墩柱结构及外形施工质量，又提高了施工精度、加快了施工进度。

③跨六环路部分桥梁上部结构施工时，利用六环路横断面布置结构设计，在不占路的情况下，搭设相关模板支架，安全、高质量地完成六环路上跨部分现浇箱梁施工是长安街西延三标桥梁工程建设中的亮点。

长安街西延三标西引桥第一联桥梁上部结构施工中，由于中跨部分上跨现况六环高速公路，上跨部分跨径 54m，宽 47m，在考虑六环路日车流量后，为保证不改变六环路上原车辆运行状态、运行数量，结合现况六环路既有断面布置情况，通过预制相关支墩，在其隔离带、停车带内不占路吊装、搭设满足车辆通行及保证混凝土浇筑过程稳定、避免道路导行的“门式”钢梁模板支架后，安全、高质量地完成了六环路上跨部分现浇箱梁施工。

（四）节点工程

长安街西延三标工程建设过程中，西引桥第一联上部结构长 54m，宽 47m，中跨部分，跨越现况六环路及下穿既有 110kV 高压线，采用不影响现况道路通行的模板支架及合理布置箱梁浇筑机械，安全、高质量地完成第一联桥梁上部结构施工并及时同路基段进行接顺是其建设过程中的关键。

为此，项目部利用现况六环路既有断面布置情况，通过预制相关支墩，在其隔离带、停车带内不占路吊装、搭设满足车辆通行及保证混凝土浇筑过程稳定、避免道路导行的“门式”钢梁模板支架及采取桥面横向安装泵管起升限制措施后，泵车交叉、分段倒序浇筑的办法进行现浇混凝土箱梁施工，施工过程无发生安全事故，施工后箱梁各项质量情况满足标准，既保证了与路基段的及时接顺，又促进了道路基层、道路面层、桥头搭板工序间的作业流水，为后续工程顺利开展、完成总工期既定目标创造了有利的基本条件。

完成跨越现况六环路采用了预制件及配合“门式”钢梁模板支架的工法进行箱梁施工，从实际效果来看，此种施工方法相对常规满堂支架系统或门式钢管脚手架系统，具有机械化配套程度高、安全质量稳定、避免道路导行的特点，对于缩短工期、降低工程成本有一定帮助，另外此种施工方法用料均为预制，做好厂家考察、现场验收后，较常规满堂支架系统搭设质量控制容易，能轻易满足要求。

（五）施工管理

长安街西延三标工程建设过程中，项目部通过编制科学合理的质量计划，建立完善的质量保证体系和严格的质量管理制度，在施工过程中，采取全面质量管理手段，按照有关质量体系标准要求及国家和北京市标准进行施工过程控制和验收，最终道路工程、桥梁工程、雨水工程各类型设计指标、质量验收标准、造型外观要求等均按既定质量目标实现。

1. 安全管理

长安街西延三标工程建设时，在工程项目进场前，项目部制定了杜绝出现伤亡事故及因工重伤事故、杜绝机械设备事故、杜绝火灾事故、杜绝交通伤亡事故的安全生产无事故及安全管理规范，资料齐全，安全考核达北京地区标准化工地的目标。

图 6-10 道路沥青混凝土摊铺

工程项目开工前，依据安全生产目标制定了安全生产责任制、安全生产目标管理考核规定制、安全检查制、安全教育制、班前安全活动制、安全技术交底制、特种作业持证上岗制、动火审批制、施工现场治安保卫管理制、施工用电安全制、机械设备安全管理制、施工现场安全生产奖励与处罚办法制、绿色工地建设制、文明施工管理制等百余项制度，并同职能部门个人、各施工班组及班组内个人逐一签订安全生产责任书。

同时，在日常生产过程中，安全管理负责人、安全员每项工程实施前，均对各职能部门人员、施工班组成员进行安全教育及安全技术交底，并针对各个施工现场设专职安全员负责进行安全生产、绿色文明施工各项措施落实情况监督、检查及整改。

因此，长安街西延三标段开工至竣工整个生产过程中未出现任何一起安全生产事故且施工现场建设满足北京地区标准化工地的标准。

2. 工程技术管理

长安街西延三标工程建设过程中，项目部通过建立技术管理体系、技术管理制度、技术管理责任制度、技术教育与培训制度，科学地组织各项技术工作，保证了项目施工过程中，各项原始资料收集整理、施工组织设计、施工方案、图纸审查与会审、技术交底、技术措施落实、施工预检与复核、隐蔽工程检验、材料与半成品检验与试验、技术问题处理等符合国家、行业技术规范、规程，提高了管理与操作人员的技术素质，并与设计单位深化完善了施工图设计，解决了路面局部积水，采用强夯保证路基稳定、优化墩柱造型等，通过技术管理、技术改进消除安全质量隐患，降低了工程造价，减小了管理成本。

图 6-11　跨六环路部分桥梁上部结构浇筑

3. 进度管理

长安街西延三标工程建设过程中，项目部提前做好工程的统筹、计划工作，编制施工总进度计划及绘出总体计划横道图，并以此科学组织，合理安排施工生产。

实际生产过程中跟随施工进度提前优化有关施工组织及施工方案，根据项目年度进度计划要求，分别编制年、季、月施工进度计划，并设专业生产管理小组在实施中对照检查、分析、改进，以指导施工，完善管理，促进工程进度。

同时，根据工程进度计划，制订劳动力、材料、机械设备、资金等各种资源保证措施，均衡生产，确保计划任务按期完成。

4. 变更管理

（1）长安街西延三标设计变更情况

①长安街西延（三石路—古城大街）道路工程主路原设计面层结构为：4cm 表面层 SMA-13、5cm 中面层 AC-20C、7cm 下面层 AC-25C，为加强公交港湾附近和灯控路口附近沥青混凝土稳定性和耐久性。将上述范围沥青混凝土中面层添加 5‰的 PR 抗车辙剂。

②K2+550~K2+640 为挖方段，此段范围内以道路中线为界，道路中线以南路床顶面以下平均 120cm 范围内，底部 40cm 范围内换填素土，顶部 80cm 范围内采用 9% 灰土处理，道路中线以北顶面以下平均 80cm 范围内采用灰土处理。

③长安街西延（三石路—古城大街）道路工程，新首钢大桥引桥桥梁工程，0# 墩桥台位于现浇西六环外西侧边坡上，该桥台为肋板式桥台，肋板与肋板间距 4m，由于肋板间距较大，为保证台背回填的密实性，将肋板间用浆砌片石填充。

④按照北京市人民政府办公厅关于《长安街及其延长线市容环境景观提升工作方案》（京政办发〔2016〕3 号）文件中相关要求，需对长安街西延（三石路—古城大街）道路工程第三标段（K2+550~K3+079.661）步道构造中步道宽度、步道砖、树池、外侧路缘石，雨水工程中的雨水井盖、雨水口外观等进行外观、材质、尺寸的变更。

（2）工程标价的差异性控制措施

工程标价与工程成本的差异控制，从完成工程量清单所列的所有人工费、材料费、机械费控制。

人工费差异：定额人工费是早期政府制定的指导价，它只能反映一定时期内的工程量消耗。人工费单价是在定额编制时，按照当时的人工费价格综合考虑的，是按照“每天 8 小时工作制”测算的，市场的人工费价格与定额人工费单价不同，所谓市场人工费价格是劳务企业（劳务施工队伍）的综合单价，劳务人员实际每天工作时间一般都在 11~12h 或者更长，相当于 1.5 个定额工日。

材料费差异：在工程造价组成中，材料费占比在 70% 左右，材料费的差异是重要因素。定额所依据的材料费是参照北京市造价信息价格，基本是市场平均水平。施工单位使用的材料可以采取长期合作的厂家或招标采购，采用市场询价、货比三家原则减少材料费差异。

机械费差异：在项目施工机械中，减少一次性大笔资金的投入，大部分采用租赁的形式，解决投入大及占用有限资金的问题，谋求成本中较低的机械费用。

四、土建四标

（一）参建单位简介

北京城建道桥建设集团有限公司，于 1983 年 7 月由原基建工程兵部队集体转业改编组建而成，现已成长为一家大型综合施工企业。注册资金 50000 万元，同时拥有公路、房建、市政施工总承包壹级、地基与基础、桥梁工程、公路路面、公路路基工程专业承包壹级和城市轨道交通工程专业承包资质。作为“全国五一劳动奖状”获奖企业，公司历年、多次被评为 AAA 资信企业、中国建筑业综合竞争力 50 强企业、全国优秀施工企业、全国优秀市政施工企业以及首都文明单位、北京市“重质量、守信用”企业。

公司组建至今，一直致力于北京及外埠国家重点工程建设，已累计完成高速公路施工总里程 12500km；土方施工 10000 余万 m^3；综合市政管线 5000 余 km；承建大、中型桥梁 700 余座，形成公路、市政、房建、投资置业、混凝土、环保水务、地铁等多个产业板块。

（二）标段概况

1. 建设规模

该标段起止桩号为 K3+718.661~K4+040.461，总长度 321.8m，红线宽 80m。主线全线均为桥梁，桥宽 47m，布置双向 8 车道，最外侧为人行步道；桥下南北两侧设置

图 6-12 箱梁顶模板

辅路，辅路宽 7m，辅路外侧设置步道，宽度为 5m。

2. 主要工程量

主要施工内容包括桥梁、道路、雨水工程。

（1）桥梁工程主要工程量

桩基：156 颗；

承台 38 座；

墩柱：42 个（4 个装饰柱）；

桥梁上部结构：连续箱梁 3 联（总长 321.8m）。

（2）道路工程主要工程量

基层：8650m^2（48cm 厚水泥稳定碎石）；

沥青混凝土面层：7762m^2（4cm 厚 AC-13 细粒式沥青混凝土，6cm 厚 AC-20C 中粒式沥青混凝土）。

（3）雨水工程主要工程量

雨水管线 700m（管径包含 D=1200mm、D=800mm、D=600mm），雨水方沟 90m（尺寸为 $W \times H$=2600mm × 1760mm）。

（三）标段特点、重难点

1. 标段特点

（1）桥墩景观设计

引桥桥墩结合桥下广场景观设计为多面棱体，由上下两部分变截面棱体组合，桥墩布置变对齐方式为横向非等间距布置，且平面角度不同，形成所谓的石头森林，强化远景。

（2）现浇箱梁超宽桥面

采用现浇预应力混凝土连续梁。主梁横向采用单箱 11 室，箱梁顶板宽 47m，底板宽 41.483m，主梁外悬臂下边线为内凹型弧线与新首钢大桥主桥外悬臂线形一致。

2. 标段难点

（1）墩柱钢筋加工前立体放样

通过立体空间切割法确认每根箍筋的长度及弯折点并按顺序依次编号，主筋需根据结构外形弯折，弯折点必须逐一计算。故在进行墩柱钢筋施工前，需精确安装定位器，然后根据定位器安装墩柱主筋，最后再将箍筋按编号逐个绑扎在主筋上。

（2）模板制作及模板安装

桥梁墩柱外形为多面棱体异形墩柱，竖棱处有3cm倒角，且墩柱尺寸大，最大高度11.5m，单柱浇筑混凝土量达到254m^3。且为达到设计对桥下整体景观要求（模板接缝呈放射状），箱梁底模施工时，模板与桥梁中线成45度铺设。

3. 标段亮点

引桥建筑景观考虑墩柱造型、取消分联处盖梁改为牛腿构造、墩柱横向及纵向错位营造桥下错落有致的建筑景观效果。墩柱位置结合梯道设计，牛腿构造细节处理，以及梁下吊杆连接梯道主体，从而取消了梯道的传统支撑墩柱，达到桥下景观效果的简洁、协调。

（四）节点工程

异形四棱体墩柱钢筋施工：

①因墩柱独特的外形，从而给钢筋的制作和安装带来巨大困难，每根钢筋的中部拐点位置皆不同，故墩柱钢筋加工前立体放样：通过立体空间切割法确认每根箍筋的长度及弯折点并按顺序依次编号，主筋需根据结构外形弯折，弯折点必须逐一计算。故在进行墩柱钢筋施工前，需精确安装定位器，然后根据定位器安装墩柱主筋，最后再将箍筋按编号逐个绑扎在主筋上。

②在钢筋安装的时候，同样出现问题，钢筋的位置无法满足准确性，经过项目部管理人员多次研究讨论，发明了“钢筋定位器”，通过此装置进行钢筋定位安装，以保证每根钢筋位置的准确性。

（五）施工管理

1. 质量管理

（1）质量方针

优化过程管理、追求顾客满意、提供真诚服务、创造优质工程、遵守法律法规、坚持高效履约、实现持续改进、永远追求更高。

（2）质量管理措施

牢固树立“质量第一”的思想，强化职工的质量意识，做好质量目标交底工作。

形成懂标准、知规范的工作环境；严格执行各项规章制度、操作规程和质量标准，认真落实施工组织设计和技术措施及质量计划；强化质量保证体系建设，推行全面质量管理，确保工程质量达到合格；强化现场质量检验机构，建立健全各种质量管理制度，加强验收工作，分工负责，责任明确；各级业务管理人员要盯岗到位，强化质量监督管理工作，负起岗位责任；严把原材料及半成品的质量关，各种原材料应有出厂合格证，原材料的材质、规格、型号应符合设计大件规定，及时送检验室；严格执行隐蔽验收签证，严格执行自检、互检、交接检制及专业检制度；特殊工种做到持证上岗，严禁无证人员进场作业。

（3）道路工程质量保证措施

①路基填筑质量保证措施。

a. 路基填筑前先清除地表种植土、草皮、树根、淤泥，然后再进行基底地面压实。

b. 土含水率高时，用石灰均匀拌入，或换填含水率接近最佳含水率的土，再进行压实。

c. 优先选择级配较好的粗粒土作为路基填料。

d. 严格控制分层摊铺厚度。

e. 通过试验段确定压实机具和碾压遍数。

f. 如压实厚度过大或压实机具压实能力不够时，则翻挖厚层重新减薄厚度后再进行压实，或用增大压实能力的机具来压实。

②道路基层质量保证措施。

a. 铺筑混合料前，必须对土基或下卧层进行检测，达到质量要求后才能铺筑。否则进行处理或加固。

b. 混合料中的水泥用量及含水率，须符合设计要求。如摊铺时发现个别料车含水率过高，另行堆放，集中处理。

c. 产生弹软的地方，必须将混合料翻挖掉。若土路基“弹软”，须将“弹软”土清除，在该处进行换土或加固后，重新铺筑。铺筑时，将周边混合料刨松，与新铺的成为一体，再进行压实，此项处理在

图 6-13　承台成型

图 6-14 底层油铺设

一周内完成，以利新老结构联结。

d. 推土机摊铺时，在基层两侧及中间设立高程控制桩，纵向每 5m 设一个断面，形成网格，并计算混合料摊铺量。以此作为控制摊铺的基准和卸料的依据。

e. 摊铺机摊铺时要保证连续供料，匀速摊铺，分料器的料始终保持在分料器高度的 2/3 以上。

f. 摊铺好以后，进行摊铺层平整度休整，然后进行碾压。

③道路路面质量保证措施。

a. 做好施工准备工作，组织好混合料的生产与运输，调试好摊铺机，做到均匀连续摊铺，减少起停机次数。保证平整度。

b. 路面施工高程测量采取多次复核，施工严格按照给定高程施工，保证路面各结构层厚度。

c. 控制碾压速度，保证各层顶面平整度。

d. 压路机不得在未经压实的混合料上倒车，必须沿着同一轮迹返回，先压实接缝和边棱，再由低向高碾压，每一轮迹与前一轮迹重叠 30cm，并在前一轮迹的端头以外 1m 处停机，不允许急驶急停。

e. 沥青混凝土路面施工配备足够的施工机械并做好充分的准备工作，保证路面摊铺全幅一次完成，不设纵横接缝，以提高路面平整度等各项指标。

f. 尽量减少人工摊铺面积，当必须由人工摊铺时，选用经验丰富、技术熟练的工人进行摊铺及搂平作业，减少温度损失。

（4）质量控制效果

各分部分项工程质量均达到了北京市市政基础设施工程质量检验与验收的合格标准，且获得“北京市市政基础设施结构长城杯”金质奖。

2. 安全管理

（1）安全生产目标

杜绝一般及以上生产安全事故、机械事故、火灾事故；无职业病、食物中毒事故；无地下管线破坏事故；安全培训教育考核率100%；特种作业持证上岗率100%。

（2）制度建设

建立安全生产保障体系，按规定配备安全生产专业管理机构和人员，建立健全安全生产责任制度和安全生产教育培训制度，制定施工现场安全生产规章制度和操作规程。

成立由公司安全生产负责人为首的，各施工单位安全生产负责人参加的专项安全管理领导组织机构，全面负责施工现场的安全生产工作。总包单位负责人与各施工单位签订安全生产责任状，使得安全生产工作责任到人，层层负责。

项目部及各单位完善组织管理体系，设立专职安全员和交通协管员，负责施工现场安全生产工作的监督管理及各项具体措施的落实，切实把安全生产工作落到实处。

教育全体参施人员认真学习、严格遵守《建设工程安全生产管理条例》和北京市有关安全生产的法律、法规及各项规章制度，保障安全生产，依法承担安全生产责任。有计划地采取各种形式，开展安全生产的宣传教育活动，提高全体施工人员的安全和自我保护意识。经常检查施工人员安全生产知识和安全操作规程的学习贯彻情况，对不合格人员立即下岗培训，经考核合格方可上岗，并接受业主组织的定期检查。

严格按照法律、法规和强制性标准进行施工管理，加强施工全过程的安全管理监督，对重要、重点环节强化安全生产24h旁站监督，把落实安全措施和责任制贯穿到“三控两管”的全过程。

施工单位主要负责人依法对本单位的安全生产全面负责。

积极稳妥地采用安全性能可靠的新技术、新工艺、新设备和新材料，对作业人员先期进行培训，全面落实设计单位要求的保证施工安全和预防事故的各项措施建议，务求不断改善安全生产环境，确保安全生产所需资金效益，坚决淘汰和禁止使用危及安全生产的工艺设备。

项目负责人必须取得相应的执业资格证书，全面负责落实安全生产管理和责任制度、安全生产规章制度和操作规程，并根据工程特点及时研究制定安全施工的新举措和办法，及时消除一切安全事故隐患。

开工前，对有关安全施工的技术、措施、要求向施工作业班组和作业人员做出详尽的说明，并由双方签字确认，全面规范生产流程的每个岗位和每个环节的安全生产管理工作。积极主动地配合和服从施工现场监理人员发布的各项保证安全生产的指令和要求，一丝不苟地履行，总承包与有关主管部门签订的安全生产合同、协议和洽商。

在编制该工程施工组织设计时，必须同时制定确保安全生产的各项制度和措施。在编制安全技术措施和施工现场临时用电及管线拆改移方案时，对隐蔽工程和危险性较大的土方开挖工程、模板工程、起重吊装工程、脚手架工程等分部分项工程，编制专项施工技术和安全防护方案，经总工程师签字确认并报现场监理审查批准后实施。并由专职安全生产管理人员现场旁站监督检查。

在编制施工组织设计时，制定安全生产预防事故的应急预案和急救防护措施。加强人身安全的培训教育和考核，特别要对项目负责人和专职安全生产管理人员的安全生产知识和管理能力进行检查考核，合格者方可参加该工程建设。对特殊工种作业人员，按照国家和市政府的有关规定，经过专门的安全作业培训，并取得特种作业资格证书后方可上岗作业。

建立健全工程突发事件和重大安全问题（事故）报告制度。项目经理为第一报告人，一旦施工现场出现突发事件或重大安全事故，第一报告人应在 1h 内上报业主和市政府有关部门。

3. 工程技术管理

（1）图纸会审、规范标准准备

在接到施工图纸后，组织各专业人员熟悉图纸，对图纸进行自审，熟悉和掌握施工图纸的全部内容和设计意图。发现问题，提前与建设单位、设计单位协商，参加由建设单位、设计单位和监理单位组织的设计交底和图纸综合会审。

组织技术及测量人员检查验收控制桩，并做好控制桩保护工作。根据工程类型、图纸要求配备齐全包括北京市地标、行标、国标等有效的施工规范、规程、验收标准。该工程为市政基础，故需要市政相关规范及标准。制定技术资料管理目标，建立健全资料管理体系。及时编制各种材料计划，提供给材料管理部门。组织技术人员进行培训，掌握新材料的性能，新技术的工艺。

（2）技术交底

该工程每一道工序开工前，均需进行技术交底。技术交底均采用三级制，即：项目部项目工程师→专业工长→各班组长。技术交底均应有书面文字及图表，层层交底签字，项目部项目工程师向专业工长进行交底要求细致、齐全、完善，并要结合具体操作部位、关键部位的质量要求，操作要点及注意事项等进行详细的讲述交底，工长接受后，应反复详细地向作业班组进行交底，班组长在接受交底后，应组织工人进行认真讨论，全面理解施工意图，确保工程的质量和进度。

（3）现场试验设备、检测设备配置

现场建立符合业主和监理要求的现场试验室一座，配备成套的试验设备，承担该标段相关试验检测项目，试验室由公司试验检测中心配备试验仪器、试验设备和指导试验工作，并经过业主指定的政府监督部门认定，在监理工程师的指导监督下进行工作，保证工程质量始终处于受控状态，并可按要求为监理工程师提供满意的服务。

安排有丰富经验的试验员、质量员负责工程的质量检验和材料取样，所有人员全部持证上岗，按照工程进度计划提前做好各项原材料的检验和试验工作。

4. 进度管理

（1）进度计划编制与审批

进度计划编制：施工总承包单位根据招标文件、招标人、监管机构、北京市政府的工期要求，编制总体、年度、季度和月进度计划以及进度计划的调整，并根据总体进度计划编制实施性进度计划。

进度计划审批：总监理工程师审核施工总承包商的实施性进度计划，签署意见后上报业主单位，批复后下发施工总承包单位执行。

进度计划编制内容：包括工程项目、工程量、工作量、施工起止日期、材料用量、机械设备投入、劳动力投入等。进度计划除按规定的表格编制外，还应有编制依据文字说明，主要内容包括完成进度计划应确保的各种资源，所采取的技术措施、组织措施，预测可能发生的问题及应采取的对策等。还应明确提出需要业主、设计、监理解决的问题事项。

（2）工程进度控制内容

明确项目工程总工期、“里程碑”工期目标，编制项目工程总进度控制计划；编制施工准备阶段详细工作计划，并控制计划执行；进行施工现场条件综合调研和分析；编制设计阶段进度控制任务并控制其执行；编制详细的出图计划并控制执行；督促编制施工总进度计划并控制其执行；督促编制年、季、月实施性计划并控制其执行；督促编制外购设备和材料计划并控制其执行；对各项进度计划实施动态

图 6-15　墩柱钢筋

控制，跟踪监控，收集有关进度方面的信息，进行计划值与实际完成值比较，分析实际进度滞后的原因，组织承包商、设计单位、监理单位及有关单位研究解决，采取措施纠偏或局部调整进度计划，确保总工期目标。

（3）进度计划保障措施

生产经理及各作业面工长必须明确该项目的关键线路，在施工管理过程中，时刻牢记抓住关键线路的施工进度，全力以赴确保关键线路上的各项施工进度能够按计划进行，以此保证总体进度计划目标的实现。

在施工部署上，按照“清除障碍—抓住关键—穿插附属—提前完工”思路进行施工组织，加大工程投入，整个标段多作业面平行推进，作业面内部流水作业，做到工序衔接紧密，节拍控制合理，以良好的态势确保阶段性工期目标和总体工期目标的实现。

（4）牢牢把握图纸会审环节，尽快解决设计遗留问题

针对设计方面存在的各类问题，公司牢牢把握图纸会审环节，尽早发现并反馈问题，促进设计及其变更工作的进程，尽可能减少因设计对工程进度计划的影响。

同时，积极组织工程技术人员编制、调整施工组织设计，并尽快上报业主、监理审批，不因此延误工期。

5. 变更管理

制定经济合理的施工组织设计，提出有效的技术节约、降低成本；合理规划施工现场布置，减少二次搬运等支出；保证质量，降低质量成本，避免返工损失；控制材料采购成本，合理安排储备，降低材料管理损耗，减少资金占用；编制项目成本计划，会同财会部门进行成本计划的综合平衡，每月进行成本分析，实际成本与计划成本的节超进行对比分析，从而提出有效地降低成本的方法。

五、土建五标

（一）参建单位简介

北京市市政一建设工程有限责任公司成立60多年，以争创优质工程为目标，诚信经营，实施品牌战略，打造出了数十项国内具有代表性的工程，先后荣获中国土

木工程（詹天佑）大奖、中国建筑工程鲁班奖、国家优质工程银质奖、中国市政工程金杯奖等奖项。公司坚持以人为本，和谐发展，多次受到国家和政府给予的褒奖，公司先后完成过三元桥、四元桥、复兴门桥大修、长安街大修、天安门广场改造、长安街西延等工程，其中，由公司承建的北京市长安街改造工程荣获“建国七十周年建设行业经典工程”，同时承担了西直门北立交桥危桥改造、京广桥辅路塌陷、西大望路塌陷、复兴门立交桥伸缩缝抢修、北京奥运、什邡援建、玉树援建等急、难、险、重任务，具有丰富的施工经验和良好信誉。

图 6-16 桩基施工

北京市市政一建设工程有限责任公司荣获全国先进建筑施工企业、全国优秀市政施工企业、全国质量优秀企业、国家优质工程奖设立 30 周年先进单位、创鲁班奖工程特别荣誉企业、中国工程建设企业社会信用评价 AAA 企业、北京市优秀施工企业、北京市经济创新先进企业、北京市安全生产先进单位、北京市安全生产监督管理局安全文化建设示范企业、北京市建筑行业 AAA 信用企业等多项荣誉。

（二）标段概况

1. 建设规模

该标段为第 5 标段桩号为 K4+035.461~K5+140, 全线均在首钢改造主厂区内。该标段西起规划二路，与四标相接，东至北辛安路，定线长度 1104.54m。

该标段道路工程包含：桥梁工程、道路工程、雨水工程、上水工程、中水工程、污水工程、燃气工程、电信工程、电力工程、热力工程。桥梁工程为新首钢大桥东引桥 1 座，施工范围为 21# 轴 ~26# 轴，桥长 157.75m，桥梁面积 7414.25m^2。道路面积 87551.2m^2。雨水管线长 3073m。

2. 主要工程量

（1）道路主要工程数量（表 6–4）

道路建设主要工程数量　表 6–4

序号	名　称	数　量
1	主路水泥稳定碎石基层（3×18cm）	35200m²
2	辅路水泥稳定碎石主路中基层（3×16cm）	13110m²
3	沥青混凝土主路底面层 AC–25（7cm）	34602m²
4	沥青混凝土主路中面层抗车辙 AC–20（5cm）18058m² 沥青混凝土主路中面层 AC–20（5cm）	16544m²
5	沥青混凝土主路表面层 SMA–13（4cm）	34602m²
6	沥青混凝土辅路底面层 AC–20（7cm）	11584m²
7	沥青混凝土辅路表面层 AC–13（4cm）	11584m²
8	透水步道砖	10648m²
9	透水盲道砖	1076m²
10	A2 型路缘石	3762m
11	A3 型路缘石	3058m
12	A4 型路缘石	2152m
13	装配式挡土墙基础	583.44m³
14	装配式挡墙	306m
15	挡墙金属栏杆	320m

（2）桥梁主要工程数量（表 6–5）

桥梁建设主要工程数量　表 6–5

序号	名　称	数　量
1	钻孔灌注桩 D1.2m	660m
2	钻孔灌注桩 D1.5m	960m
3	承台混凝土 C30	1938m³
4	墩柱 C40 混凝土	320m³
5	桥台 C35 混凝土	313m³
6	盖梁混凝土 C50	237m³
7	桩钢筋	476.027t
8	下部结构钢筋	337.463t
9	上部结构钢筋	1965.767t
10	预应力混凝土现浇箱梁 C50	5774m³
11	上部结构钢绞线	293.139t
12	桥面铺装 C40 混凝土（10cm）	7414m²
13	沥青混凝土表面层 SMA–13（4cm）	7414m²
14	沥青混凝土中面层 AC–20（5cm）	414m²
15	桥面铺装钢筋	60.055t
16	防水层	7884m²

续上表

序号	名 称	数 量
17	主辅分隔带	314m
18	桥上步道	947m^2
19	SA 防撞护栏	661m
20	人行步道栏杆	331m
21	橡胶支座	14 个
22	盆式支座	12 个
23	伸缩缝 SD160	94m
24	桥面排水口	30 套

（3）雨水工程主要工程数量（表 6–6）

雨水工程主要工程数量 表 6–6

序号	名 称	数 量
1	钢筋混凝土管 D=300	256m
2	钢筋混凝土管 D=400	201m
3	钢筋混凝土管 D=600	76m
4	钢筋混凝土管 D=700	68m
5	钢筋混凝土管 D=800	643m
6	钢筋混凝土管 D=900	552m
7	雨水砌筑方沟 $W \times H$=2600mm × 1760mm	549m
8	雨水砌筑方沟 $W \times H$=2800mm × 1760mm	540m
9	检查井	163 座

（三）标段重点、亮点

1. 标段难点

该标段穿越首钢主厂区，厂区进地及地上地下构筑物的拆迁是该工程的一个难点，为此与首钢集团的配合是该标段顺利完工的必要条件。

厂区内道路与新建道路顺行，施工过程中既要保证工程的顺利进行，又要保证首钢总公司人员的出行，协调施工与交通的关系也是该工程的一个难点。

2. 标段亮点

桥梁工程为满足使用和景观要求，多处采用了非常有特点的全新的设计理念。

首先桥梁下部结构的墩柱按景观设计采用方柱斜切成四棱台形，桥台采用肋板式桥台。

桥梁机非隔离带采用钢护栏结构形式，与常规的混凝土路缘石结构不同；中央隔离带及桥梁两侧护栏均采用了浇铸钢立柱，立柱之间安装防护网，其上设置了挤压铝扶手。

（四）节点工程

该标段重大控制性工程为热力管线施工，热力管线由热力集团投资并建设，为保证 2014 年冬季供热，热力管线先于其他市政管线施工，热力管线施工周期比较长，故热力管线的完工时间直接影响该标段总体工期，是该标段的重大控制性工程。

（五）施工管理

1. 质量管理

（1）施工准备阶段的质量控制

①针对该项目施工特点，对所有施工人员进行技术培训，对管理人员、技术人员进行专业强化培训；对各种操作人员进行岗前培训。

②持证上岗：对新工人，上岗前必须进行技术培训，对管理人员、技术人员进行专业强化培训；对各种操作人员进行岗前培训。

图 6-17　取芯检测

③熟悉、审核施工图，编制实施性施工组织设计，做好技术交底，针对该项目编制《质量创优计划》，对原材料进行材质试验。

④编制材料和机械设备需求计划，做好设备的维修与保养。

⑤按施工平面布置图设置临时生产、生活用房及临时供水供电线路等设施，核实施工现场各种地下构筑物、管线情况，并落实相应的保护措施。

（2）施工过程的质量控制

①选定合格供货商采购施工所需物资材料，并依据《物资、工程设备检验和试验状态控制程序》进行质量控制，保证施工材料的质量。

②按《检验、测量和试验控制程序》设置试验检测机构，配置试验检测设备，并按《过程检验和试验程序》，依据有关规范对施工过程进行监控。

③对关键和特殊工序，编制详细的工艺细

则，并做好技术交底，严格执行隐蔽工程签证制度，工序完成后，经监理工程师检查签字后方可进入下道工序。

④按《不合格产品控制程序》规定，做到对不合格原材料和半成品不投入使用，不合格工序不转下道工序。

⑤加强对文件、资料的管理，所有技术文件按公司质量管理标准要求设专人负责，分门别类建立台账，收发登记注册。

⑥为了优质、高效、安全地完成该标段道路、桥梁、雨水管线等工程的施工任务，注重施工前的质量通病的预防和施工中的质量控制和纠正，开展全面质量管理（TQC）活动，组织QC小组活动，最终实现既定的质量方针和质量目标，增强业主和其他相关方的满意度。

（3）隐蔽工程质量控制

①管理措施。

隐蔽工程检查以班组自检为基础，质检员专检、互检和质检工程师专检、抽检相结合。施工班组在班中、下班前应对当天工程质量进行自检，对不符合质量要求的由质检工程师命令返工。

各工序工作完成后，由分管工序负责人、质量检查人员组织工班长，按技术规范进行检验，凡不符合质量标准的，坚决返工处理，直到再次验收合格。

工序中间交接时，有明确的质量交接意见，每个班组的各工序都应当严格执行检查上道工序，做好本道工序，服务下道工序。

每道工序完成并经自检合格后，邀请驻地监理工程师验收，并做好隐蔽工程验收记录和隐蔽工程检查签证资料整理工作。

所有隐蔽工程必须在获得监理工程师的签证后才允许进行下一道工序的施工，未经签证的工序不得进行下道工序的施工。

未通过隐蔽工程验收的项目，返工自检、复验合格后，填写隐蔽工程验收记录，并向驻地监理工程师发出复验申请，并办理相应的签认手续。

按要求整理各项隐蔽工程资料，并按文件、资料控制程序进行归档。在工序施工中，应有严格的施工记录，隐蔽工程施工记录应有检查项目、技术要求及检查验收部位等，签认栏中应有技术负责人及质量自检检查人员签名。

②责任措施。

为保证上述隐蔽工程质量，实行定岗制度，采取如下措施：

结合工程实际，建立健全质量责任制机构，配齐所需资源，落实质量责任制。

加强作业人员的质量意识教育，深化质量责任制，组织技能培训，严格遵守操作规程，广泛开展 QC 小组活动，促进自我提高和自我改进能力，消除和预防作业人员因素造成工序质量缺陷，严禁未经内部和监理检查擅自隐蔽。

加强设备维护和保养工作，配置先进适应和合理配套的设备，消除和预防机械设备因素造成的工序质量缺陷。

加强采购各环节控制工作，定点、定量采购，严格要求过程检验和试验，消除和预防材料因素造成的工序质量缺陷。

严格持证上岗，严肃工艺纪律，预防和消除因施工方法因素造成的工序质量缺陷。

确保工序作业的环境条件，搞好文明施工，预防和消除环境因素造成的工序质量缺陷。

督促计量设备的周期鉴定，督促增加检、测、试的频次，积极引导采用先进计量设备和快速准确的测试技术，消除和预防检测、测量和试验因素造成的工序质量缺陷。

施工技术人员要了解设计意图并详细审查图纸，掌握适用标准规范，明确质量要求，并做好技术交底。

针对该标段各单位、分部分项工程编制隐蔽检查项目一览表，并注明隐蔽前和隐蔽过程各项技术要求和工作程序下达项目各部门。

（4）竣工阶段质量控制

①制定收尾工程施工计划，组织有关人员按照施工验收规范对已完工程进行预

图 6-18　路床检测

检，找出存在的问题并及时处理，做好竣工文件资料的编制，按建设单位的规定要求做细、做好。

②所有工程项目、竣工文件，经自检合格后按验收程序向建设单位申请工程移交。

③制定质量回访计划，及时掌握用户对该工程的意见，对回访中用户反应的问题，按《质量回访及服务程序》执行，确保用户满意。

2. 安全管理

（1）安全管理目标

无重伤以上责任事故，轻伤率控制在7‰以下；无机械设备、行车事故；无火灾事故，杜绝违章指挥、违章操作；特种作业人员持证上岗率100%；全员教育率100%。

（2）安全防护重点（表6–7）

防护重点 表6–7

项目	工序	物体打击	高处坠落	触电	机械伤害	火灾爆炸
桥梁工程	桩基			●	●	
	承台		●	●		
	墩柱	●	●	●	●	
	桥台	●	●		●	●
	盖梁	●	●		●	
	现浇混凝土箱梁	●	●	●	●	●
	桥面铺装	●			●	
	沥青混凝土				●	
	伸缩缝安装			●	●	
	栏杆挂板防撞护栏		●			
道路工程	路床				●	
	路基				●	
	路面				●	
雨水管线及污水、中水、燃气、电信等专业分包管线工程	沟槽开挖		●		●	
	管道安装	●			●	●
	检查井砌筑	●				
	回填土	●		●		

（3）安全生产管理制度

①安全教育制度和培训制度。

工程开工前，项目部结合工程施工特点及安全防护要求，对各级管理人员进行安全生产责任制的教育，并签订安全责任书，以提高全员的安全意识，做到安全意识先行。

对于新入场的工人（外协施工队）进行三级安全生产教育。公司级入场教育、项目级安全教育、班组级生产教育，三级安全教育结束后，施工项目部组织考试，60分（含）以上的为合格。对于项目部及外协施工队特殊工种作业人员必须经政府主管部门批准并由有培训资质的机构培训合格，取得特种作业操作资格证方可上岗作业。项目部严格按照《北京市特种作业人员劳动安全管理办法》执行，在日常施工中，项目部定期组织学习安全法规和专业安全知识等。

对采用新设备、新材料、新技术、新工艺的岗位工人，项目部进行安全操作规程及技术、技能方面的培训教育，合格后准许作业。

②安全生产检查制度。

各级领导和安全管理人员深入现场，对生产过程中的安全工作进行经常性的检查，及时纠正违章，消除事故隐患。项目部结合生产、生活实际进行季、月、季节性、施工前及节假日前后及自然气候变化后的生活区和施工现场的安全检查。

项目部每半个月由项目经理带队检查一次，施工员、技术员、安全员、机务员、电工等人参加，对施工现场的安全防护、安全用电、机械安全等进行检查。

各类安全检查要有明确的检查目的和检查项目、内容。重点、关键部位重点检查，检查时采用检测工具，利用数据评估隐患；对于现场管理人员和作业人员不仅检查违章指挥作业，还要进行应知应会检查。检查有记录，对隐患的记录要具体详细到部位、危险程度及处理意见等。

（4）安全生产保障体系和要素控制

①配足安全管理资源。

为达到该工程的安全管理目标，项目经理部根据项目施工安全目标的要求配置必要的资源，确保施工安全，保证目标实现。配置一个综合素质好的项目经理部人员班子，选择整体力量强的施工队伍，并配备性能良好的机械设备和技术水准较高的维修人员作保障。

②事前编制重点难点工程安全生产技术措施。

根据该工程的规模、结构、环境等实际情况，编制相应的安全技术措施。项目经理部编制以下专项安全技术措施：

临时用电施工安全技术措施、大型临时设施装拆安全技术措施、钻孔桩施工安全技术措施、满堂支架（包括特殊支架）施工安全技术措施、预应力张拉施工安全技术措施、吊装施工安全技术措施、高处及多层作业施工安全技术措施、基坑开挖安全技术措施和交通组织的安全技术措施等。

③制定并严格执行各项安全管理制度。

项目经理部制定并执行以下制度：安全生产责任制、班前生产安全讲话制、安全活动日制、专项安全设计制、安全技术交底制、临时设施检查验收制、交接班制、安全操作持证上岗挂牌制、安全生产检查制、职工伤亡事故报告处理制、安全生产奖惩制。

（5）预防风险发生的措施

①组织保证。

成立由项目经理、项目副经理、项目总工、专职安全员组成的安全领导小组，其中项目经理为第一责任人，副经理为安全生产的直接责任人，项目总工为技术负责人。专职安全工程师负责日常的安全工作的落实，督促工人按有关安全规定进行生产。劳务分包单位施工人员在50人以下的，配备1名专职安全生产管理人员；50~200人的，配备2名专职安全生产管理人员；200人及以上的，配备3名及以上专职安全生产管理人员，各班组长必须承担兼职安全员职责，每个作业班组必须设1名以上的群众监督员，人数较多的班组每10人配备1名群众监督员。

②制度保证。

严格执行公司安全管理规定完善各项安全生产管理制度，针对各部门、各工种的各自特点制定相应的安全管理制度，项目经理部制定安全生产管理制度应当包括：安全教育培训制度；安全技术交底制度；生产安全事故调查处理制度；特种作业管理制度；安全检查验收制度；具有较大危险因素的生产经营场所、设备和设施的安全管理制度；危险作业管理制度；劳动防护用品配备和管理制度；安全生产奖励和惩罚制度；安全操作规程等，并由各级安全组织督促检查，加以落实，营造“安全生产，人人有责”的良好氛围。

图6-19 墩桩梯道

3. 工程技术管理

由项目部总工程师全面负责该项目的施工技术管理，项目经理部设置技术质量部，负责制定施工方案，编制施工工艺，及时解决施工场所出现的技术问题，解决施工难题，以方案指导施工，防止出现返工现象而影响工期。

实行图纸会审制度，在工程开工前由总工程师组织有关技术人员进行图纸会审，及时向建设单位、监理工程师和设计单位提出并解决施工图纸中发现的问题，使工程顺利进行。

采用新技术、推广新工艺，尽量压缩工序时间，安排好工序衔接，统一调度指挥，及时解决施工中出现的各类技术问题，使工程按部就班有节奏地进行。在项目部中推进 QC 质量小组活动。

实行技术交底制度，施工技术人员在施工之前及时向班组做好详尽的技术交底，并做到腿勤嘴勤，对各个施工过程做好技术跟踪监控，发现问题现场就地解决，防止工序检验不合格而进行返工，延误工期。

六、土建六标

（一）参建单位简介

北京城建五建设集团有限公司成立于 1983 年 7 月，现已发展成为拥有员工近 2000 人、能承接各类建筑安装工程、装饰工程和市政工程且具有高度社会信誉的大型综合性建筑施工总承包企业。

图 6-20 道路基层施工

集团目前已拥有“房屋建筑工程施工总承包壹级”“市政公用工程施工总承包壹级”“地基与基础工程专业承包壹级”“建筑装修装饰工程专业承包壹级”“钢结构工程专业承包壹级”“起重设备安装工程专业承包壹级”“机电设备安装工程专业承包壹级”“建筑装饰工程设计专项乙级”等资质。曾先后荣获“全国施工企业优秀管理奖”“全国质量管理先进企业”“国有资产管理先进单位”“创鲁班奖工程特别荣誉企业”等称号，连续 15 年获得“重合同、守信誉”企业称号，并跻身于国内先进建筑施工企业行列。

秉承“建一项工程，树一座丰碑，育一批人才，拓一片市场”的文化理念，集团先后以高效、优质、快速、造价合理建成了 1400 多个工程，累计竣工面积 1255 多万 m^2，工程质量合格率始终保持在 100%；先后创出国优、部优、长城杯工程 140 多项。

（二）标段概况

1. 建设规模

该标段为长安街西延（三石路—古城大街）道路工程 6# 标段，西起首钢大门，东至古城大街，道路桩号 K5+140~K6+458.69，长 1318.69m，红线宽 78m。

该标段施工内容包括雨水及道路工程，招标范围内专业管线为污水、中水、电信及燃气，招标范围外同步实施有热力、电力及上水。

道路标准断面采用三幅路形式，主路宽度 30m，布置 4 上 4 下共 8 条车道，最外侧为公交专用道，主辅隔离带宽 3~3.5m，外侧辅路宽 7m，人行步道宽 5m（含树池）。

主路布置双向 8 车道（最外侧两条车道为公交专用道），外侧设置辅路，辅路布置一条机动车道，外侧为非机动车道，最外侧为人行步道。

雨水为双线布置，北侧雨水管线分为 2 段，北辛安路以西为方沟，北辛安路—古城大街为 D800~D1000mm 管道，距中 13.5m；南侧雨水管线为 D1400mm 管道，雨水方沟 $W \times H$=1600mm × 1040mm，距中 10.5m。

2. 主要工程量

水泥稳定碎石基层：219483m^2；沥青混凝土层：194434m^2；步道砖：12142m^2；路缘石：9424m；雨水管道 D600~1400mm：2565m；雨水方沟 $W \times H$=1600mm × 1040mm：212m；雨水方沟 $W \times H$=2600mm × 1760mm:38m；雨水方沟 $W \times H$=2800mm × 1760mm：52m；雨水方沟 $W \times H$=2–3600mm × 1940mm:74m；检查井：59 座。

（三）标段特点、重难点

1. 标段特点

①标段道路、雨水工程实施的同时，由其他专业单位进行污水、中水、燃气、电信、热力、电力、上水等专业管线施工，多专业工程交错、综合施工。项目部作为施工总承包，遵循“先地下、后地上、先深后浅”的原则，科学地进行施工计划安排，

积极协调各方专业施工单位，力求在保证工程质量的情况下尽量缩短工期。

②该工程为现况路改扩建工程，建设地下管线及道路施工将会影响现况道路通行。项目部采取“分幅施工”的方法，组织四次大规模、若干次小规模交通导行，依次进行新建道路南辅路，北主路，南主路、北辅路的施工，将施工对城市交通、市民生活的干扰降至最低。

③该标段红线范围内存在原首钢厂区东大门、首钢喷泉广场及地下结构、原老旧地下管线等。项目部人员提前走访各产权单位，积极协商拆改退界事宜，确保新建工程的顺利实施。

④施工用地紧张、用地狭小。

2. 标段难点

①北辛安路路口处的管线施工。北辛安路车流量较密集，存在着社会交通导改、现况地下现况管线保护等诸多难题。施工周期长、施工技术难度大，是该工程首要的重点、难点部位。要合理划分施工阶段，制定可行的交通导改方案和周详的现况管线保护方案方可保证施工的顺利进行。

②古城大街路口处的管线施工。该路口的预留方沟的施工要在不影响现况道路交通的前提下进行，同样存在着交通配合、现况地下现况管线保护等难题，是该工程中第二个重点、难点部位。施工过程需合理安排施工顺序，创造交通导改条件，确保该路口管线按计划实施。

③合理的交通组织决定着该工程能否顺利展开、正常进行的重要工作。为保证施工期间道路沿线单位、居民的正常出行，特别是保证沿线路口在施工过程中对社会交通的影响降低到最低程度，必须在实施可行、有效的交通导行方案前提下进行施工。

④长安街西延工程体现着国家和首都的形象，搞好文明施工，控制扬尘、遗洒及施工噪声，是施工全过程中的一项重要工作。

⑤减少扰民和民扰、减少对社会干扰是该工程顺利实施的重要前提。

⑥严格控制管线回填土施工环节，确保路基质量。该工程为当年施工管线当年施工道路，由于该工程新建雨水方沟开挖断面较大，同期还要敷设其他公用管线，回填土工作量大且深度不同，回填土的质量关系到管道结构的安全，同时直接影响到道路路基的稳定和沉降。能否有效地控制回填土质量，是直接关系到该工程最终整体质量的关键工作。

⑦冬、雨季施工是该工程开工后面临的紧要问题。该工程历经 3 个冬、雨季，合

理安排冬、雨季施工期间施工项目，采取有针对性的冬、雨季施工技术措施，直接关系到该工程工期目标、质量目标的实现。

3. 标段亮点

该标段地处石景山区石景山路，西起首钢厂区东门，东接古城大街，沿线分布有首钢厂区、首钢国际工程公司、金融中心、中海地产等单位，及首钢十万平方米居民区。周边交通状况复杂，交通流量大，项目部通过合理划分作业区段，利用交通导行，在保证工程按计划进行的同时，确保了周边居民、单位职工的正常出行。全线交通共进行4次导行，针对首钢十万平方米居民区、首钢厂区、首钢设计院、金融中心、中海地产，组织了大小十余次针对性导行。以下为全线4次导行具体措施：

（1）第一期交通导行

①北辛安路—北辛安东路段。

占用现况北侧主路（15m）、人行步道（6.2m），将社会交通向现况南半幅路进行导行（双向机动四车道15m，南侧人非混行道6.12m，北侧人非混行道3.5m，机动车道上下行、机动车道非机动车道分界均采用钢制护栏，保证车行道宽度3.5m）。首钢厂东门北侧公交车站向西移至首钢东门对面，为保证行车安全北辛安东路路口北侧安装减速带。

②北辛安东路—古城大街段。

占用现况南侧辅路（6m）、南侧人行步道（5m），将现况主路中央隔离栏向北移

图6-21 路床修整

动 4.0m，隔离栏南侧依次为两条机动车道（3.5m+3.5m）、一条人非混行车道（4.5m），隔离栏北侧主路保留一条机动车道（3.5m），北辅路隔出 3.5m 作为一条机动车道，剩余 2.5m 作为非机动车道，北侧步道保持现状，机动车道上下行、机动车道非机动车道分界均采用钢制护栏，保证车行道宽度 3.5m。老古城公交车站位于现况主辅路隔离带内向北移至现况步道上。

③导行目的。

导行期间对北辛安路—北辛安东路段（K5+280~K5+580 长 300m）北半幅进行施工，形成此段北半幅路板（北半幅主路宽 15m+ 主辅隔离带 3.5m+ 北辅路宽 7m+ 步道宽 5m）；对北辛安东路—古城大街段（K5+580~K6+458 长 878m）南半幅进行施工，形成此段部分南半幅路板（南辅路 7m+ 步道宽 5m）。

（2）第二期交通导行

①北辛安路—北辛安东路段。

占用现况北侧主路（15m）、人行步道（6.2m），将社会交通向现况南半幅路进行导行（双向机动四车道 15m，南侧人非混行道 6.12m，北侧人非混行道 3.5m，机动车道上下行、机动车道非机动车道分界均采用钢制护栏，保证车行道宽度 3.5m）。首钢厂东门北侧公交车站向西移至首钢东门对面，为保证行车安全北辛安东路路口北侧安装减速带。

②北辛安东路—古城大街段。

占用现况北侧辅路（6m）、北侧人行步道（5m），南侧辅路（6m）、南侧人行步道（5m），将现况主路中央隔离栏向北移动 4.0m，隔离栏南侧依次为两条机动车道（3.5m+3.5m）、一条人非混行车道（4.5m），隔离栏北侧主路保留一条机动车道（3.5m），北辅路隔出 3.5m 作为一条机动车道，剩余 2.5m 作为非机动车道，北侧步道保持现状，机动车道上下行、机动车道非机动车道分界均采用钢制护栏，保证车行道宽度 3.5m。老古城公交车站位于现况主辅路隔离带内向北移至现况步道上。

图 6-22 原有路面结构铣刨

③导行目的。

导行期间对北辛安路—北辛安东路段（K5+280~K5+580 长 300m）北半幅进行施工，形成此段北半幅路板（北半幅主路宽 15m+ 主辅隔离带 3.5m+ 北辅路宽 7m+ 步道宽 5m）；对北辛安东路—古城大街段（K5+580~K6+458 长 878m）南半幅进行施工，形成此段部分南半幅路板（南辅路 7m+ 步道宽 5m）。

（3）第三期交通导行

①北辛安路—北辛安东路段。

占用现况北侧主路（15m）、人行步道（6.2m），将社会交通向现况南半幅路进行导行（双向机动四车道 15m，南侧人非混行道 6.12m，北侧人非混行道 3.5m，机动车道上下行、机动车道非机动车道分界均采用钢制护栏，保证车行道宽度 3.5m）。首钢东门处，占用首钢东门路口东半幅现况道路进行施工，使得社会车辆在围挡外通行，保证机动车道两上两下 4 车道宽 15m，机动车道西侧人非混行车道宽 4m，东侧人非混行车道宽 4~6m。为保证行车安全在进入路口处安装减速带，机动车道与非机动车道分界均采用钢制护栏隔开。

②北辛安东路—古城大街段。

占用现况道路主路及南侧主辅隔离带（18.5m）进行封闭施工，将自东向西社会车辆导行至新建好的北主路（15m），形成机动车道（4m+4m），非机动车道 4m，人行步道 3m。自西向东车辆维持原交通不变。机动车道与非机动车道分界均采用钢制护栏，保证车行道宽度 3.5m 以上。遇有路口位置安装减速带。

③导行目的。

导行期间对北辛安路—北辛安东路段（长 350m）南、北半幅进行施工，形成全幅路板（主路宽 30m，南、北辅路各宽 7m，主辅隔离带宽 3.5m）；对北辛安东路—古城大街段（长 878m）主路、南、北半幅辅路进行分段施工，形成此段主、辅路全幅路板（主路宽 30m，南、北辅路各宽 7m，主辅隔离带宽 3.5m）。

（4）第四期交通导行

①北辛安路—北辛安东路段。

维持三期交通组织方案不变，即占用现况南侧主路（15m）及人行步道（6m）、北侧人行步道（6m）及部分北主路（5m），将社会交通向设计主路进行导改（双向机动四 ~ 五车道 15~17.5m，南侧人非混行道 5.75~7m，北侧人非混行道 6.2~10.75m，机动车道上下行、机动车道非机动车道分界均采用钢制护栏，保证车行道宽度不小于

3.5m）。遇有路口位置安装减速带。

②北辛安东路—古城大街段。

占用规划北侧辅路及人行步道（12~14m）进行封闭施工。东向西方向维持三期交通组织方案不变，即自东向西社会车辆导行利用新建好的北主路（15m），形成机动车道（4m+4m），非机动车道4m，人工步道3m。自西向东车辆导行至新建好的南主路（15m）和南辅路（7m），交通画线按照交通工程设计图的要求划线（机动车道4×3.5m）。行人走新建的人行步道。双向机动车道隔离采用钢制护栏，保证车行道宽度3.5m以上。遇有路口位置安装减速带。按照总体要求，导行时，北辛安东路路口，新建信号灯将投入使用，因此，导行在北辛安东路路口不考虑设置临时交通信号灯。如新建信号灯暂时不能投入使用，公司将在该路口设置临时交通信号控制灯1座。

③导行目的。

导行期间对北辛安路—北辛安东路段（长350m）南、北半幅辅路及绿化带进行施工，形成全幅路板（主路宽30m，南、北辅路各宽7m，主辅隔离带宽3.5m，人行步道5m）；对北辛安东路—古城大街段（长878m）北辅路、北侧人行步道及绿化带进行施工，形成此段主、辅路全幅路板（主路宽30m，南、北侧辅路各宽7m，主辅隔离带宽3.5m，人行步道5m）。

（四）施工管理

1. 质量管理

该工程的质量控制重点有：管道安装质量（接口质量及坡度）、检查井施工质量、沟槽回填质量（特别是交叉管线下的回填质量）；路基压实度、无机料压实度及含水量、各种检查井周边肥槽回填质量；沥青混凝土面层的厚度、压实度和平整度。

（1）质量保证体系

建立全员质量负责制的质量保证体系。将工程的各项质量目标层层分配到各部门，落实到人。加强质控力量，该工程选派3名专职质量检控人员负责现场实时监控。全体施工人员持证上岗，开工前对所有管理人员及施工队组进行培训。

（2）工程材料控制

特别加强工程材料控制，保证所有进入施工现场的材料为合格品；施工中所用的三材、管材、设备应具有出厂合格证，无合格证一律不允许使用，所有材料应会同甲方、监理和施工单位共同对进场材料进行外观检验，该做试验的要在指定的试验室做试验，以免不合格的材料用于工程上，造成工程质量的先天性缺陷，进场的材料应进行标识，对合格品与不合格品进行区分。

（3）执行施工交底程序

严格执行施工交底工作程序，由项目部技术人员负责施工总体交底，施工员负责每道工序的交底工作，所有交底必须由技术负责人审核批准；以事前控制为主，严格进行事中控制，认真落实质量纠正措施。

图 6-23　新建雨水管线施工

（4）总工负责制

总工程师负责监督、落实质量管理工作，提出每项工程的具体质量目标，协调质量与进度，质量与效益的关系，牢固树立质量第一的思想。

（5）质量检查员制度

专职质量检查员直接受总工程师领导，具体负责在施工程的工程质量监控，监督工长的工作，要做到防微杜渐，从小事做起，不放过一点一滴的质量隐患，认真如实填好各种质检单，及时准确地进行现场各种实验，对进入现场的材料及时取样送交试验室，对未经检查的材料，绝不允许使用，以防伪劣产品被使用造成质量隐患。

（6）施工工长制度

施工工长必须清楚各项工作的质量标准、施工规范及各单项工程的质量控制目标，要在交底单中交代清楚，并随时检查落实情况，对于违规的施工人员立即停止其工作，及时纠正错误。

（7）质量检查验收制度

对每个施工部位和每道工序，均由该项目的施工负责人提出书面的技术交底，技术交底单必须包含工程质量检验标准。每道工序完毕后必须由施工队质检员进行自检合格后，填写自检表申请专职人员和工长复核。并交由现场监理检测合格后方可进行下道工序，工长必须及时填写工序质量评定表由专职检查员复核评定质量等级签字认可。

2. 进度管理

（1）工期总体保证措施

该工程规模大、战线长、拆迁量大、涉及专业多，技术含量高，这些都是制约工期的主要因素。要在合同工期内完成施工任务，必须从组织上统一指挥；从施工顺序上合理统筹安排各分部、分项工程，周密安排各道工序以及制定详细的可行性计划和应急措施；从资源供应上保证及时、准时；从管理形式上选用先进的方法，提高应变能力，确保万无一失。

（2）组织方面的保证措施

组织保证是各项保证措施的前提。根据该工程的施工难度和工程内容，成立由高素质、经验丰富的人员组成的项目经理部，建立、健全计划、技术、质量、安全等控制系统，针对该工程施工组织计划的工作量，将计划管理责任、工期目标分解、落实到位。作业层要根据需要，配备符合专业资质要求的作业队伍，满足工程的质量、进度要求。

（3）技术方面的保证措施

①提前进行施工准备。根据工程进度计划要求，合理划分施工阶段，并对各施工阶段进行分解，突出关键线路、突出控制节点，安排好施工顺序，实现流水作业，做到连续均衡施工。做好工力、施工机械、材料的综合平衡，确保施工期控制点的实现。

②针对该工程的特点，为确保按计划目标实现，雨水管线及道路施工要优先选择效率高、性能稳定可靠的先进技术和设备。

（4）资源供应方面的保证措施

①根据施工进度计划及资金需求计划，充分发挥公司在资金筹集、调配方面的优势，提前落实到位，保证各个时期的资金需要。

②根据施工进度计划和各阶段施工内容，提前落实相关专业工种的劳务来源，组建各专业施工队，分批进入现场。

图 6-24　路基填筑

加快资源调配，确保施工人员早日到岗，机械设备按期进场，临时设施以最快速度建成。施工期间采取切实措施，保证材料、设备及时到位，避免停工待料。根据材料计划提前订货，确保及时到货。

③施工设备按“主要施工设备表”配备，主要大型施工机械必须提前落实，自有设备要最好维修、保养，保持完好状态，做到随时能够进场，新购及租赁设备要提前做好选型和供应厂家的考察。

施工现场设置机械维修车间，保障施工期间机械设备能正常运行，满足施工的需要定时检修。

④在施工中按计划组织物资、材料、设备、配件的订货采购供应，计划好供应周期和采购运输方案，合理安排人、机、工、料，确保施工的顺利进行。

⑤提前做好资金、物资储备，妥善安排劳动力，确保施工的顺利进行。

⑥落实各种管材、混凝土、模块、构件、无机料、片石、雨水管、路缘石、沥青混凝土等主要施工材料的供货厂家；完成原材料试验以及混凝土的试配工作。

七、土建七标

（一）参建单位简介

中交一公局集团有限公司（以下简称“一公局集团”）是世界500强——中交集团旗下骨干企业，由功勋卓著的中国人民解放军公路一师历经改工、改组、改制、重组，发展成为拥有90余家各具专业特色的子分公司，员工2.2万多人，年新签合同额超千亿、营业收入近千亿元的大型中央企业。

50余年风雨兼程、50余年硕果累累，从巩固国防到服务经济，从行政序列到投身市场，一公局人一步一个脚印谱写奋斗之歌。公司累计建设的公路里程达5.2万km，其中高速公路占全国总里程的15%，是中国公路工程建设的主力军；参与建设京沪、哈大、沪昆等50余项国家重点铁路工程；建设北上广深等20多个大中城市轨道交通工程，为中国城市交通建设不断提速；特色小镇、产业园区、新城建设、老城改造、水利水电、综合管廊、环保设施、机场港口、高山滑雪场、汽车试验场、钢结构等业务遍布全国以及欧亚非等40多个国家。从交通系统改革开放第一个对外建设项目摩苏尔四桥到建设并运营的肯尼亚蒙内铁路，参与了国家“一带一路”多个工程建设，形成了高效快捷的国际市场开发网络。

（二）标段概况

该标段为长安街西延道路工程第7标段，为新首钢大桥主桥下部结构施工标，施工内容包含 7# 墩至 10# 墩桩基、承台、塔座（墩柱）、人行天桥及吊桥。另外，永定河河道防护与桥位处景观恢复提升工程由该标负责从二级市场招标确定施工单位。

该标向东与永定河特大东引桥相接，向西与永定河特大西引桥连接。标段起点 K3+079.661，终点 K3+718.661，全长 639m，桥梁墩号 7# 轴 ~10# 轴。

（三）标段特点、重难点

1. 标段特点

①永定河大桥是通过国际建设方案征集确立的建筑造型后，再由北京市政工程设计研究院进行结构设计。属于典型的“先有外形，再有内涵”的工程项目。

②永定河大桥位于现况河滨公园的莲石湖上，现况水深约 1m，不具备通航条件，大型浮吊设备无法进场。汽车运输限制了构件的大小和重量。

③永定河大桥造型新颖，受力复杂，在国内北方地区罕见。

2. 标段重难点

（1）下部基础施工

主墩桩基（8#、9# 墩）位于永定河道内，施工过程中须合理安排工期，根据业主指挥部最新要求，为减少工程投资不安排汛期施工。永定河流域权属国家海河委员会和永定河管理处管理，在永宁河内施工需得到其批准，审批周期长，手续多。一个环节不通过就得重来。

（2）永定河河道防洪

为满足永定河河道防洪要求，同时满足施工安全要求，在河道内施工不安排汛期施工，以减少非产出性投入。非汛期施工的防洪标准，根据确定的防洪标准设计施工围堰，以控制大桥的施工成本。

（3）大体积混凝土

该桥的塔座为大体积混凝土，按设计要求混凝土外观色泽一致，不得有裂纹、色疤等现象。难点在于既要按照大体积混凝土施工的要求进行，还要保证外观质量。

（4）大形模板设计与支撑

该桥塔座造型优美，各个面不对称。几乎没有相同的面，且工程数量少，使用定型钢模板造价高，周转次数少，但为了保证其外观质量，因此外露面均使用钢模板。塔座外露面约高 8m, 此范围内不得有对拉螺杆，且需一次浇筑到顶，否则混凝土将有明显的分层，不能满足景观要求。

（5）预埋件精度

因该桥施工精度为毫米级精度，因此对下部预埋件的位置、高程、平整度等要求非常高，必须采用强制对中 + 精密测量仪器方能达到设计要求的安装精度（工业级测量精度）。

（6）承台基坑开挖

8# 墩承台埋深约 13.5m，覆土约 4.5m，水深 3m。承台尺寸为 30×26.5×6m。9# 墩承台埋深约 11m，覆土约 4.5m，水深 3m。承台尺寸为 19.5×16.5×3.5m。

（7）塔座混凝土施工

因该大桥为景观桥，设计塔座混凝土为大体积混凝土，外露面不得有裂缝、色疤，不得采用对拉螺杆加固塔座模板，且要做好混凝土内外温差控制。因此，塔座混凝土的施工质量是该项技术控制的重点。

图 6–25 承台钢筋

（8）承台、塔座钢筋绑扎与安装

因该桥主墩承台及塔座尺寸大，钢筋绑扎时的稳定性控制是保证工程质量和施工安全的重点。

（9）10# 墩桩基施工

10# 位于现况丰沙铁路线上，需待丰沙线入地后再进行施工。丰沙线入地后，10# 墩桩基距铁路距离约 8m，位于铁路保护范围内。（根据《铁路运输安全保护条例》第二章第十条规定：铁路线路两侧应当设立铁路线路安全保护区。铁路线路安全保护区的范围，从铁路线路路堤坡脚、路堑坡顶或者铁路桥梁外侧起向外的距离分别为：城市市区，不少于 8m；城市郊区居民居住区，不少于 10m；村镇居民居住区，不少于 12m；其他地区，不少于 15m。）

（四）节点工程

主塔 8 轴、9 轴。

1. 建设环境

根据现场钻探、原位测试和室内土工试验成果，按成因年代将勘探深度（70.00m）范围内土层初步划分为人工堆积层、新近沉积层及第四纪沉积层三大类，并按其岩性、物理力学性质及工程特性进一步划分为 9 个大层及亚层，8 轴及 9 轴位于河道内，地质含水率丰富，对景观及环保要求也较高。

2. 施工工艺要点及技术措施

（1）桩基施工

针对桩基桩头埋深大，混凝土灌注高度难以探测的问题，项目采用可接长捞斗的方法确认混凝土灌注终止深度（以捞到石子为桩头混凝土灌注高度）。基坑开挖后未发现桩头过长或过短现象，所有桩头外露均在 80~150cm 之间。

（2）承台钢筋施工

承台钢筋采用型钢骨架支撑，既消除了钢筋骨架倾倒的风险，也保证了钢筋安装质量。

（3）大体积混凝土施工

大体积混凝土施工前编制了大体积混凝土施工及温控监测方案，并召开了专家咨询会。明确从混凝土原材到养护的全部质量控制要点，同时通过有限元分析，优化了冷却水管的布置。大体积混凝土表里温度监控采用自制远程温度监测系统，表里温度实时发送至微信工作群。施工现场根据监测信息及时调整冷却水流量及保温措施，使大体积混凝土相关温差满足《大体积混凝土施工规范》。

（4）基座预埋锚杆定位施工

钢塔下承压板为 $16.85m \times 14.898m \times 0.15m$，高塔混凝土基座内预埋 86 根高强钢锚杆。承压板对应钢锚杆位置开孔为 ϕ130mm。安装施工时，需要将承压板上的 86 个孔一次对准预埋在混凝土基座内的 86 根钢锚杆，并下落到设计标高。因此基座内预埋钢锚杆位置的精确性是该桥钢结构安装的关键，是大桥的技术生命线。故项目部专门开展以“桥梁基座预埋钢锚杆定位精度攻关”为课题的 QC 小组活动，经过 PDCA 循环活动，填补了北京地区钢结构安装定位施工技术的空白。高精度控制网建立：采用标称精度 0.5 秒级全站仪架设在强制对中墩上进行测量。加强测量交接：基座施工时每浇筑一步混凝土进行一次锚杆定位测量，发现偏位及时修正，防止误差积累。

（五）施工管理

1. 质量管理

（1）质量保证体系

项目部成立以项目经理为组长的质量管理领导小组，项目经理为质量管理的第一责任人，项目总工程师为质量管理的主要责任人，以质量管理部门为核心主抓施工质量，相关部门积极协助配合，有针对性地制定出详细的质量保证措施、工程质量检查程序、工序质量控制图。

质量保证体系见图 6–26。

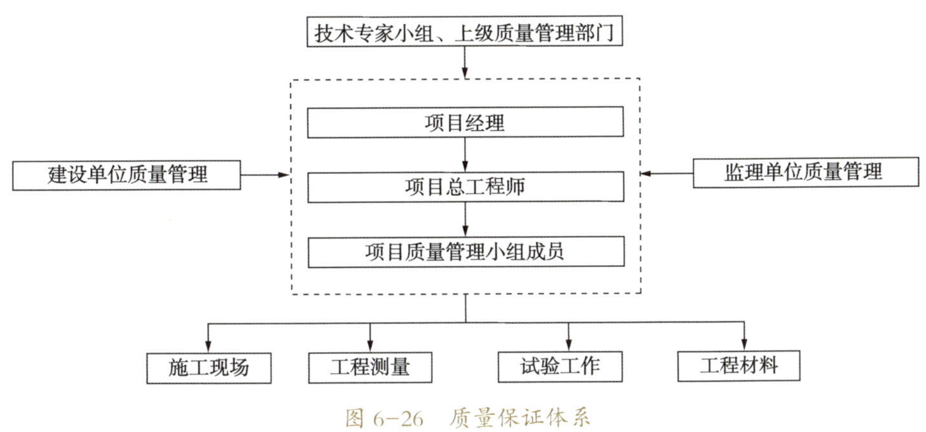

图 6–26 质量保证体系

（2）质量保证措施

公司已经通过 ISO9001 质量管理体系认证，公司的质量方针是：以人为本，服务顾客，科学管理，创造精品。分项工程一次合格率为 96% 以上；单位工程交工验收合格率为 100%；单位工程竣工验收优良率为 92% 以上；并符合合同规定的质量验收要求。

2. 安全管理

（1）安全生产目标

职工安全教育率 100%；安全防护设备配备率 100%；职工体检率 100%；职工职业病发病率 0；因工死亡率 0；因工重伤率 0；职工轻伤率为 6 人次 / 千人；重大交通事故率 0；重大火灾、爆炸事故发生率 0；一般交通事故违章率 8% 以下；机动车违章率 8% 以下。坚持“安全第一，预防为主，综合治理”的十二字方针，模范遵守现行法律法规，营造良好职业安全环境，主动吸收先进环保技术，实现公司可持续发展。

（2）安全生产制度建设

在工程建设周期过程中，公司安全部和项目部安全管理人员明确了安全生产的目的，建立了切实有效的安全生产管理制度和奖惩制度。

①明确方针。

安全生产管理坚持“安全第一、预防为主”，“全员、全面、全过程、全天候”四

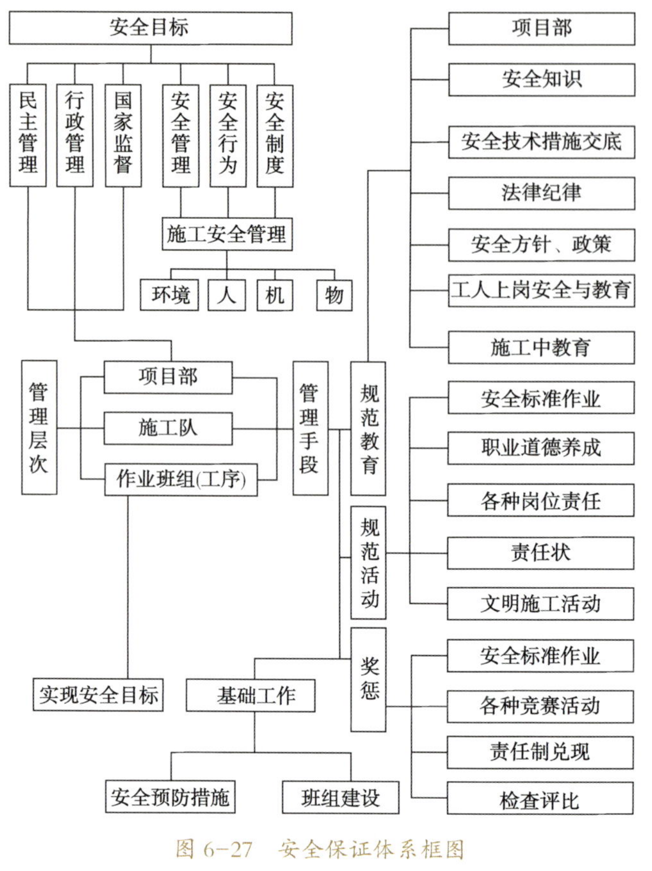

图 6-27 安全保证体系框图

全管理方针，坚持“安全管理一票否决制”。

②建立安全保证体系（图 6-27）。

成立以项目经理为首的安全生产领导小组，建立由领导班子、专职安全员、项目兼职安全员、施工队兼职安全员组成的统一领导、分级管理组织体系。

③实施专职安全员制度。

a. 根据规范要求和该工程实际情况配备不少于 2 名专职安全员，施工队伍配备 1 名专职安全员，施工现场必须在项目部专职安全员和一线管理人员的监督下进行安全生产作业。

b. 除专职安全员外，项目部采取一岗双职制度，人人兼职安全员；形成以专职安全员为主，生产、质检、实验等一线项目管理人员为辅的安全生产管理机制。

④安全生产岗位职责。

项目部建立、健全了安全生产岗位责任制，为避免岗位上墙，流于形式。项目部安全生产管理小组组织项目成员和施工队伍深入学习岗位职责内容，从项目部经理到施工队带班人员逐级签订安全生产责任书。通过这种形式来明确职责，紧绷安全弦，做到“安全人人管，事故处处防”，明确每位员工的安全生产目标和责任，增强员工自主安全管理的积极性和工作责任感，确保项目部安全生产工作稳步开展。

⑤安全生产奖惩制度。

建立了符合项目部实际的安全生产奖惩制度，明确了奖罚标准，并由项目部安全生产管理小组、项目专职安全员定期组织一线作业和项目管理人员进行安全生产管理制度的学习，强化安全生产责任，为增强项目职工的安全、文明意识，充分发挥管理人员、作业人员的安全生产自觉性、积极性，进一步规范施工作业、减少事故隐患，营造了安全、文明、有序的施工环境，打下坚实的基础。

a. 根据项目部制定的安全生产奖惩制度，对项目建设过程中的施工安全（包括：作业环境、机械设备、特种作业人员、施工人员安全防护、临电防护、临边防护、消防保卫、环境保护、生活区卫生防盗、食品安全等方方面面）进行安全管理、监督、考核。

b. 对安全生产有贡献的个人和团体，要给予当众表彰和实物奖励。

c. 对违反安全生产规章制度的，要按情况给以警告和罚款处分，对违章作业造成不良后果的，要根据情节轻重进行通报、罚款、清退等处罚，直至追究刑事责任。

3. 进度管理

（1）建立健全项目组织体系

尽早建立适合该工程特点的项目管理机构，使各级人员尽快进入角色，以保证各项施工任务的分解尽早得到落实。

工程在施工过程中所需的机械、设备、技术人员、劳动力、材料、资金给予保证，同时成立具有丰富同类型工程施工经验、组织管理能力强、结构形式合理的项目部领导班子，配备一批优秀的技术骨干，组成一个高素质、高效率的施工队伍。项目经理、项目总工程师及项目经营副经理等构成的领导决策层人员自投标阶段开始至工程结束的整个施工过程中保持稳定。

（2）提前开展并完成各项施工准备工作

①加快资源调配，确保人员、机械设备及所需物资及时进场。

②以最快速度完成临时设施建设，为工程全面展开创造条件。

③尽快编制各分部、分项工程的实施性技术方案，及时报业主、监理审核批准，使工程尽快达到开工条件。

④结合该工程实际，制定工程管理及质量保证的各项具体措施和办法，实现标准化管理。为工程顺利实施奠定基础。

（3）实行集约化管理，充分发挥各专业分公司技术优势

根据该工程性质及工程特点，施工作业层以公司下属的一直从事市政工程施工任务的项目经理部为主体，全公司范围内抽调精干人员及精良设备，充分发挥各自优势，以保证各项施工任务的实施紧凑有序。

（4）加快资源调配，确保人员、机械设备及所需物资及时进场

①以最快速度完成临时设施建设，为工程全面展开创造条件。

②尽快编制各分部、分项工程的实施性方案，及时报业主、监理审核批准，使工程尽快达到开工条件。

③结合该工程实际，制定工程管理及质量保证的各项具体措施和办法，实现标准化管理，为工程顺利实施奠定基础。

④专业施工保证：公司是市政公用工程施工总承包一级资质，并集中了技术含量高，具有专业技术优势的分公司组成的实体，为工程项目实施工期、质量目标提供了专业化施工手段。

⑤优秀的劳务队伍：选择与公司长期合作、信誉良好、综合素质高、成建制管理的施工队伍承担该工程施工，确保工程按计划完成。

4. 变更管理

工程进行全过程建设工程造价控制，在建设实施阶段，把建设工程造价控制在批准的限额以内，随时纠正发生的偏差，以保证项目管理投资目标的实现，并在各个建设项目中能合理使用人力、物力、财力，取得较好的投资效益和社会效益。

（1）编制施工阶段全过程造价控制实施方案

实施方案是进行造价控制的纲领性文件。应根据委托合同的要求，结合项目的特点，编制施工阶段全过程造价控制实施方案，主要内容有工程概况；造价控制组织机构；造价控制流程；各阶段咨询内容；可行的工作计划等。施工方合理有序地按照施工计划调整资金计划，同监理和业主共同进行资金投资控制。

图 6-28　基座完工

（2）严格控制工程变更程序

工程变更不可避免，施工方严格执行业主和监理下发的计量、支付、变更管理办法，突出事前控制，强化事中控制，完善事后控制。施工单位提出的变更要经设计单位、监理工程师审核，业主批准立项后才可以实施。工程变更的费用和变更方案是联系在一起的，因此，变更立项报告在说明变更处理方案的同时，说明相应的变更价款，从而使业主决策时心中有数，避免造价失控。

（3）深入现场及时了解、收集相关信息资料

造价管理人员要深入现场，及时了解情况，收集可能会引起造价调整的各类资料。重视原始资料的积累，特别是一些隐蔽工程，和容易引起争议和扯皮的部位节点要及时掌握第一手资料，如图像图片和文档等资料，避免结算时造成“死无对证”、说不清的被动局面。

（4）加强工程造价的动态跟踪控制

工程的施工周期较长，而市场的变化（例如在施工中所需的人工、材料、机械等价格的变动）和工程本身的变更，对工程造价都将产生影响，为保证整个工程造价控制在合同范围内，及时根据市场和现场的情况，综合已发生和将发生的费用现状，对工程造价进行跟踪，及时调整合同价款。

（5）及时进行工程结算

工程结算是造价控制的最后阶段，在工程结算前，及时收集和整理各种计量、支付资料，做到完整无疏漏。

八、土建八标

（一）参建单位简介

1. 总承包单位

北京城建集团是北京市建筑业的龙头企业，具有房屋建筑工程、公路工程总承包特级资质，以城建工程、城建地产、城建设计、城建园林、城建置业、城建资本等六大产业为主业。从前期投资规划至后期服务运营，打造出上下游联动的完整产业链，

致力于转型提升为“国内领先的城市建设综合服务商”。

北京城建集团是“中国企业500强”之一，“ENR全球及国际工程大承包商”之一，荣获“中国最具影响力企业”“北京最具影响力十大企业”“全国优秀施工企业”等荣誉称号。现有总资产超过3000亿元，营业收入超过1000亿元；全资、控股子公司25家，包括A股上市公司1家，H股上市公司1家。

北京城建集团优质高效完成了北京大兴国际机场、国家体育场、国家大剧院等重大工程，156次荣获中国建筑业“鲁班奖”、国家优质工程奖和詹天佑大奖。北京城建集团也是全球唯一一家既建造过夏季奥运会主场馆、又承建冬季奥运会主场馆的工程总承包商。

2. 钢结构专业分包单位

中铁宝桥集团是世界500强中国中铁股份有限公司的骨干成员企业，是专业制造钢桥梁、钢结构、铁路道岔、城市轨道交通设备、大型起重机械的大型国有企业。公司前身是铁道部宝鸡桥梁工厂，2001年5月23日挂牌成立股份有限公司。2009年3月18日，改制成立集团有限公司。公司两次被评为“全国先进基层党组织”，连续五次荣膺“全国文明单位”。近年来，先后获得“全国五一劳动奖状”“全国重合同守信用企业”“全国质量工作先进单位”和“全国模范劳动关系和谐企业”等称号。公司拥有11家成员企业，分布于我国中西部、长三角和珠三角地区，注册资本12.33亿元，银行信用等级为AA级，总资产达60亿元。公司具备年生产钢结构400000吨、铁路道岔10000组、高锰钢辙叉和合金钢辙叉20000个、起重机械50台的能力，研发技术和生产规模在国内处于领先地位，工艺装备和产品质量达到国际先进水平。主要产品广泛应用于铁路、公路、建筑、冶金、水电、煤矿等领域，并畅销北美、南美、欧盟、非洲、西亚、东南亚等国家和地区。

（二）标段概况

1. 建设规模

该标段为8标段，即新首钢大桥主桥。

2. 主要工程量

主桥用钢量约43000吨；主桥全长639m，分五跨布置，主跨280m；高塔拉索68根，矮塔拉索44根，共112根；桥梁标准宽度47m，高塔处宽度为54.9m，矮塔处宽度为53.7m，桥梁面积31174m^2；高、矮塔肢前后错步25.1m。

（三）标段特点、重难点

1. 标段特点

新首钢大桥作为长安街上跨越永定河的桥梁，如同长安街周边诸多标志性建筑一样，是现代建筑科技的结晶、历史人文风貌和时代特性的综合体现，它体现北京的活力、长安街的底蕴、永定河的胸怀，建成后将成为北京的城市地标。

2. 标段重难点

①高塔塔、梁、墩结合处施工难度大。每个基座设有 85 根钢拉杆（长 8m，直径 85mm），节段安装时须穿过两层锚孔（孔径 130mm），配合间隙为 22.5mm。要保证群杆能顺利穿群孔，使得节段顺利就位，难度非常大。

②钢塔为空间迈步扭曲的结构，曲板为非一致曲率曲板，线形控制难度大。

③索塔支架方案设计。支架和索塔协同变形，变形监测及控制难度大；支架高达 130mm，高空支架安装、测量难度大；支架卸载时索塔因自重的变形，控制难度大，国内尚无先例可循。

④超高超重异形钢结构吊装、调整精确就位难度大。吊装重量大：最重节段达 700t（GTS3）；异形节段空间翻身难以控制。

图 6-29　紧张施工中的新首钢大桥

⑤矮塔支座安装。支座与节段通过 ϕ100mm 螺栓连接，螺栓需分别穿过节段底板、支座上钢垫板、支座顶板，孔径 ϕ101mm，安装间隙只有 0.5mm。有限空间大吨位支座反向安装施工难度较大。

⑥钢塔节段精确就位测控。空间扭曲钢斜塔线形控制难度大：T1 节段为基础节段，保证 85 个钢拉杆穿入的同时，还需进行节段平面、高程的调整；T3 节段为塔梁墩结合处最重要的节段，需同时对接索塔、中跨主梁、边跨主梁、大横梁，满足以上对接精度难度较大。就位精度要求高：索塔轴心偏差要求 $\leq 1/4000H$（H 为索塔总高度），高程偏差要求为 $\leq 2 \times N$mm（N 为节段数）。

⑦高塔承压板后压浆施工。承压板面积为 235m^2（14.85m × 15.85m），压浆面积为 220m^2，厚 50mm，为目前国内最大。

设计院对实体压浆要求为：抗压强度 ≥ 50MPa；接触率 ≥ 85%（同类桥梁 50%~70%）。注浆面积大，接触率要求高，国内尚无可借鉴经验。

3. 标段亮点

（1）质量目标

确保“北京市结构、竣工长城杯金奖”“中国钢结构金奖”；创造条件，积极申报，努力争取获得“鲁班奖”“詹天佑奖”。

（2）科技目标

通过产学研结合，解决工程重大技术问题，确保科技成果达到国内领先水平或国际先进水平，积极开发申请专利，争获市级工法三项，争创国家级工法两项和“北京市科技进步奖”。

（3）团队建设目标

通过工程实践，掌握斜塔斜拉刚构组合体系桥梁关键施工技术，完善团队建设，培养特大桥梁施工年轻后备技术力量，同时在集团范围内首次 BIM 技术的应用中培养专业人才。

（4）全过程应用 BIM 技术

项目根据制造需要提出对塔梁模型的修改意见，与设计院以工程模型为基础共同完成工程建造过程中的设计模型与施工模型的协同深化，优化了塔、梁节段尺寸、重量、内部结构，调整拉杆位置与基座钢筋布置，矮塔临时锚固的设计。

项目团队运用参数化设计技术，对梁下支架进行了数字化的设计，高效完成了梁下支架的方案设计。BIM 技术的应用显著提高了此次深化设计的工作效率。

矮塔永久支座的安装工程安装方法独特、工艺复杂、安装控制精度要求高。对施工辅助设施的建模及工程深化，指导现场施工，实现了基于3D模型技术的科学的施工方案深化、仿真分析，实现节段安装精确就位和桥梁线形高精度的控制。

应用BIM技术实现对工程建设进行4D虚拟施工、可视化、物料管理及综合信息管理。

（四）节点工程

新首钢大桥

1. 建设环境

新首钢大桥为8#标段，该桥设计为全钢结构双塔斜拉钢构组合体系桥。主桥全长639m，分五跨布置，主跨280m，位于永定河河道内。

永定河流域位于欧亚大陆东部中纬度地带，大陆性季风特征明显，春季干旱多风，夏季炎热多雨，秋季天高气爽，冬季寒冷干燥。流域内降雨80%以上集中在汛期（6~9月），7、8两月尤为集中，降雨多以暴雨形式出现，且以局部暴雨为主。汛期河道内泄洪为施工带来很大难度。

全年以春季风速最大，冬季次之，夏秋季风速最小。北京有三个风口，形成三条风带，其中一条风带就是顺永定河河谷而下，其最大风速可达23m/s。而桥梁吊装要求风速不能超过8m/s，因此施工受天气因素影响大。

图6-30 俯瞰施工中的新首钢大桥

2. 吊装工程技术特点、难点

因高塔整体形状特殊，分段后结构形式多样。节段运输姿态各不相同。吊装选用的工艺形式复杂、多样。

在复杂多样的吊装工艺下，同时兼顾施工成本投入及施工工期。必须合理选用起重机型号、种类、工况、站位等。

图 6-31　新首钢大桥首节段吊装

节段对接面由低处水平对接到高处斜口对接过程中，对吊装姿态的要求逐步提高。合理的吊装方式将是精确安装的保证。

高塔安装精度在 mm 级，精度高、难度大。吊装方式必须考虑下步工序精确调整。

合理的吊装方式下，为保证节段的就位姿态，必须对吊装用吊耳进行合理的设计。

因该桥的重要性，吊耳设计必须在安全的前提下尽可能减少对节段本体的焊接损伤，同时兼顾施工成本及施工便捷性。

依照吊耳设计，对吊索具进行合理的选用。在保证安全的前提性下依照吊装方式尽可能减少吊索具的种类、数量。降低施工成本。

3. 解决措施

①节段运输姿态为卧式姿态，就位为立式倾斜姿态。因节段两种姿态转换存在多个方向的变换。需使用两次单机递送法，使节段由运输姿态转变为立式姿态，再由立式姿态转变为就位姿态。中间存在一次吊点位置变更。最后采用单机旋转法将节段吊装至安装位置。

②依照节段的重量和安装高

度，选用XGC28000型2000t履带式起重机作为主起重机。溜尾起重机依照节段姿态转换时所需的辅助重量从项目所投入的起重机中进行选择。XGC28000起重机工况类型有4种：超起工况重型主臂、超起工况轻型主臂、超起工况塔式副臂、超起工况专用副臂。其中臂杆搭配种类158种，工况配制形式5364种。吊装选用工况类型为：超起工况重型主臂、超起工况塔式副臂。

③吊装主要使用常规的吊装方式。其难点在于节段的就位姿态，在没有使用调节装置时对节段的吊耳设计必须精准、吊索长度必须合理有效、平衡梁设计满足节段对接过程中的变化，确保吊索具受力均匀。对接过程中关键保证节段最高点先落位，即高塔整体向西倾斜，对接过程中保证节段东边角点先落位，采用起重机落钩、码板固定的方式利用节段自身重力将其对接口合龙。

④因结构的造型特点，二维图无法充分表达结构形状。在吊耳设计中常规的设计方式仅限于相对规整结构的设计。针对该桥的设计特点常规的吊耳设计放生不能保证吊耳位置的准确性和吊耳结构的合理性。该项目针对节段的吊耳设计采用三维设计。使用CATIA软件在节段三维图上进行吊耳的设计分析。吊耳设计完成后，依照整个吊装的施工工艺进行每个工况的静态受力分析。依照分析结果能有效对吊耳设计进行优化，保证节段吊耳及节段本体的受力及变形在安全范围内。

⑤依照施工方案中的吊装平面布置图在实际施工场地进行放线、定点，确定起重机起吊位置和就位位置。对依照方案处理后的地基承载力进行试验。利用压重的方法长时间符合地基下沉量，确保承载力满足吊装需求。对起重站位位置进行水平度测量，以满足吊装需求。对连接后的吊索具进行长度测量，确保尺寸满足方案要求。对节段吊耳进行复测，确认满足设计要求。节段达到就位状态后，在地面测量节段4角高度，保证在对接时按照预计的吊装方式进行对接。节段对接时，观测对接的顺序是否依照计划执行。总结每次吊装经验，在下一次吊装过程中进行修改。

⑥因吊耳设计先于节段牛腿设计，在节段上存在焊接平台，未安装装饰板、测量平台、施工设施等；焊缝的重量影响；在节段实际吊装时重心偏离理论重心；吊耳的安装偏差、钢丝绳制作长度偏差、钢丝绳受力伸长量；影响理论设计吊索具长度；鉴于以上问题，在吊装过程中为确保按照吊装方法对接落位，需在节段东侧吊索具上按照理论设计增加1至2个卸扣来平衡因牛腿、平台等带来的重心偏移，确保节段东侧先落位。

⑦吊索具采用特制绳索和四套SARENS公司200t级液压同步提升系统配套使用。

（五）施工管理

1. 质量管理

（1）资源配置

根据新首钢大桥制造质量保证体系的需要，确定资源要求，提供充分的资源保障，并对直接影响质量的管理、质检人员和特殊工种进行相应的培训和资格认可。

①生产安全部、质量管理部、综合管理部根据职责分别负责识别从事与新首钢大桥制造质量有关的各类专业技术人员、特种作业人员、管理人员、验证人员和操作人员的技能评定和资格认可。

②项目经理部应根据现场情况，严格按照关于印发《建筑施工企业安全生产管理机构设置和专职安全生产管理人员配备办法》的通知（建质〔2008〕91 号文）以及北京市建委（京建法〔2004〕220 号）文件要求，设置安全生产机构、配置不少于合同约定的专职安全生产管理人员，对现场所有人员进行“三级安全教育”，对施工现场和工程本身进行定期、不定期的全面和专项的安全检查，并做好记录。

③综合管理部负责按新首钢大桥制造岗位能力的要求，合理充分地根据项目部的需求配置各类人员，未经监理工程师的批准，这些人员不应无故不到位或被替换。若确实无法到位或需替换，需经监理工程师批准后，用同等资质和经历的人员替换满足制造之需要。

④所有施焊的焊工必须具备相应资格证书，经监理工程师确认后方可上岗操作，且只能从事资格证认定的范围内的工作。

进行超声波和射线探伤的无损检测工作人员，需持国家相关部门颁发的有效的Ⅱ级以上（含Ⅱ级）的合格证书，经监理工程师确认后方可上岗操作。

⑤其他特殊工种（电工、起重工、车船驾驶员等）应持有专业主管部门签发的合格证上岗。

（2）设备和设施配置

①设备保障部根据需要负责设备的提供、控制、重大维修计划的制定并组织实施，设备使用单位负责日常的维护和检修工作。公司现拥有大型钢桥梁和钢结构的生产基地和生产车间，拥有各类生产设备 2000 余台套，其中主要生产设备 1100 余台，具有年生产各类钢桥梁和钢结构制品 10 余万吨的能力，可持续提供满足质量要求的产品。

②公司具有与产品质量要求相适应的计量检测系统，拥有大型精密检验、测量和试验设备 50 余台套，能够充分满足产品检验和试验要求。

③项目经理部配置有足够的生产作业设备、运输设备、通信及生产、生活设施，以保证新首钢大桥制造、起重、运输的需要。

④应招标文件的要求，项目经理部将在钢箱梁制造场地、拼装场地搭建视频会议系统，以满足各施工场地交流需要。

（3）生产制造过程的控制

对直接影响新首钢大桥制造质量的各种因素进行控制，确保制造与安装质量达到精品工程的要求。

①编制新首钢大桥制造规则、工艺方案，经监理工程师会同有关专家审核批准后，方可编制下发制造工艺流程和说明文件及各工序的工艺细则、施工图等。

②提供和编制新首钢大桥制造中所需原材料的采购标准和采购清单、制造所要求的施工技术标准以及产品质量检验标准。

③策划并编制钢梁、钢塔焊接工艺评定大纲，送交业主邀请同行专家和监理工程师一起参与报告评审。批准后，根据焊接工艺评定大纲分别选择有代表性的焊接接头，逐项进行焊接工艺评定试验（含桥位焊接），通过焊接工艺评定试验大纲选择合适的坡口、焊接材料、焊接方法及工艺参数等，确保焊接接头的力学性能达到设计要求，出具书面的试验总结报告，试验报告应包括阶段性报告和最终报告，并报监理工

图 6-32　新首钢大桥大横梁、小纵梁吊装

程师批准，待按照规定程序批准后，方可据此编制各种接头的焊接工艺指导书，连同评定记录、评定试样检验结果一并报监理工程师、业主审查批准。

④设计制造过程中所需的主要工装，策划焊接工艺评定试验、板单元反变形工艺参数确定试验、首件板单元制造工艺试验，策划火焰精密切割工艺评定，并依据评定结果编制精密切割工艺，策划首次总拼工艺检验及评定及监理工程师要求的一切试验。

⑤负责编制焊接工艺规程、焊缝返修工艺规程、钢材预处理工艺、焊缝内部质量检验工艺，按要求策划和制定高强度螺栓施拧工艺，编制典型工艺作业指导书，满足制造与桥位焊接需要。

⑥确定制造过程中的关键和特殊过程，编制关键和特殊过程作业指导书，过程作业指导书应能正确、有效地指导施工与作业，保证主要质量控制点处于受控状态。

⑦根据规范和合同要求，负责提出材料和产品的追溯要求和标识要求，并在相应的技术文件中对追溯范围、追溯程度和标识方法做出具体规定。

⑧为了确保运输过程中产品质量不降低，负责策划包装设计。

⑨绘制全部的工艺制造图，在开工前规定时间内提交监理工程师审批。

⑩策划新首钢大桥制造的施工组织设计，并附有图表及标注的详细说明书，以表明计划安排、采用制造方法、工艺装备及主体结构组装的操作顺序等，并报请监理工程师审批。

2. 安全管理

（1）安全管理体系建立及管理流程

公司建立符合承包人和监理要求的安全管理体系并发布运行，参见图6–33。

（2）安全生产目标

充分认识工程建设中安全生产的重要性和紧迫性，坚持科学的发展观，以人为本，全面落实安全、质量、效益和工期的协调统一，充分认识到“安全生产”关系到国家和人民的生命财产安全，关系到企业的生死存亡。强化安全生产管理，牢固树立安全责任高于一切的思想。

在施工中，始终贯彻“安全第一、预防为主”的安全生产工作方针，保证职工在生产过程中安全与健康，严防各类事故发生，以安全促生产。强化安全生产管理，通过组织落实、责任到人、定期检查、认真整改，实现零死亡事故目标，做到“五无”工程，即“无死亡、无重伤、无火灾、无中毒、无倒塌”，施工现场达到“北京市文明安全工地”标准。

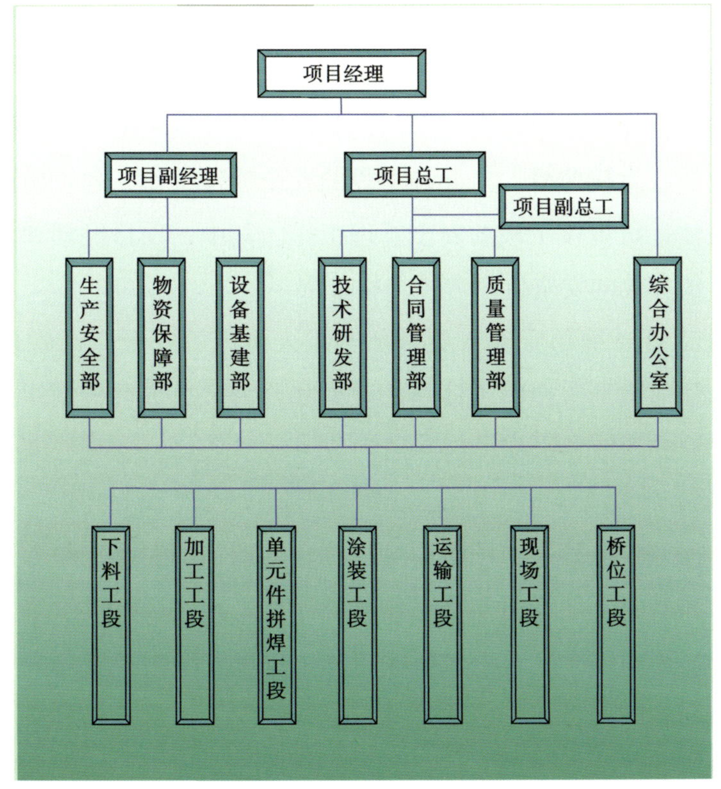

图 6-33　安全管理体系组织机构图

安全指标包括：安全重点工作计划和方案实施、完成率 100%；新入场员工“三级”安全教育履行率、特种作业人员取证（复审）率、全员安全培训率 100%；危险作业许可证办理率、安全技术交底及现场落实率 100%；安全技术措施费足额提取并专款专用率 100%；安全隐患整改完成达标率 100%；重要事故应急预案编制率及定期培训、演练率 100%；杜绝重伤及死亡安全生产责任事故、职业病危害事故。桥位建设和文明施工安全标准达到规定要求。

（3）安全管理网络

新首钢大桥项目经理部建立以项目经理为现场安全管理体系第一责任人的安全生产领导小组。安全生产领导小组制定安全管理体系，拟定落实安全管理目标，根据管理体系的要求，合理配置资源，保证安全目标的顺利实现。对体系运行中出现的不符合体系要求及各类事故隐患，制定切实可行的预防整改措施，并进行跟踪处理，形成闭环。

项目经理是安全管理工作的第一责任人，对安全管理工作负全面领导责任，项目总工程师对项目的安全技术工作负领导责任，安全管理者代表（主管安全、生产的项目副经理）直接领导项目安全管理工作；除公司在制造场地的安全管理机构及专职安全管理人员的设置以外，项目建立专门的施工场地（现场）安全生产管理机构，即生产安全部，作为安全体系的日常管理部门，并按照有关规定配置足额数量且具备合法资质的专职安全员，直接监督、指导各工段的安全管理工作，各工段设一名兼职安全员，由工段长兼任，负责该工段的安全管理工作。其中，项目经理和专职安全生产管理人员均应当具备有效的安全生产考核合格证书。

新首钢大桥项目经理部应确保项目部各级人员理解安全生产管理体系并贯彻执行，对该项目部任何偏离安全管理体系的现象和行为坚决进行抵制纠正，并对体系的实施情况进行有效的管理和跟踪。

（4）职责权限

为了认真贯彻“安全第一，预防为主，综合治理”的安全工作方针，切实保证在组织上、制度上和措施上加强对安全工作的领导和管理，根据《中华人民共和国安全生产法》等法律法规，结合新首钢大桥项目施工现场安全生产管理的实际情况，为了更加明确各部门和各级人员在安全管理体系运行中应承担的责任和义务，即安全生产责任制，特规定如下：

①项目经理对安全管理体系建立、安全管理目标的制订、健全并有效地运行的决策负责，对该项目最终管理目标的实现和安全管理工作全面负责，并亲自组织管理评审工作。

②项目副经理、项目工程师在项目经理的领导下，按安全生产责任制的规定，分别承担各自责任。

③各部门为保证安全管理体系有效运行，保证实现安全管理目标，按安全生产责任制的规定，分别承担各自责任。

④各级各类人员按规定履行本岗位的安全职责，并以自身的工作质量确保安全管理体系的运行和最终目标的实现。新首钢大桥项目经理部保障并支持从事与安全管理和监督有关的工作人员，特别是需要独立行使权力的人员的工作不受干扰，赋予他们越级反映安全问题的权力和义务。

第七篇 新首钢大桥 BIM 技术应用篇

概　述

“创新”是时代的热词，也是发展和进步的动力。在新首钢大桥建设中，从设计到施工建设，从总体框架到细节处理，BIM 技术的应用，都彰显着“创新”在工程中的灵魂作用。

新首钢大桥项目从 2010 年的桥型方案竞标和项目方案研究阶段，到初步设计、技术设计、施工图设计以及后来的工程实施阶段，以 BIM 技术为基础，大胆创新组织方式，积极引入创新技术手段，协同攻关，解决了多项困扰项目实施的实际问题。

基于设计阶段完成的超精细全构件桥梁 BIM 设计模型，解决了节段不规则扭曲、厚钢板扭曲面成型困难和桥梁内部结构交叉繁杂等诸多设计、实施难题，不但使不可能变成可能，更保证了项目质量和工程品质。

这一大胆创新和尝试，不但对目前工程项目信息化技术产业升级具有重要意义，而且对未来工程项目的前途道路具有探索和启发意义。

一、BIM 总体策划

北京新首钢大桥项目在设计、建造过程中全面采用数字化技术，基于达索系统和其他软件平台探索开展复杂桥梁项目的设计，也基于三维设计模型开展构件加工、安装的实施。

（一）工程难点和应用 BIM 技术的目的

新首钢大桥主塔为空间扭曲变截面箱形结构，其整体、局部构造及受力均异常复杂。斜桥布置使各结构构件空间受力特征突出，在结构设计、制造和架设等方面均面临诸多前所未有的新挑战：大桥主塔的变截面空间扭曲，造型使用现有的设计手段几乎无法表达清楚；总体及局部的复杂受力导致设计相关的计算分析和结构优化工作难度和工作量都异常艰巨；大桥扭曲面厚钢板的加工难度巨大；桥位钢塔只能采用节段吊装架设方案，由于塔柱的不规则变截面扭曲，无法确切定义塔柱的轴线，如何进行安装以及如何进行精度控制等都成为棘手的难题。

行业常规的设计手段、加工工艺、设计分析方法等均难以解决这些难题。面对项目初期多位业内专家的质疑，设计院项目组迎难而上，以解决空间扭曲面设计为突破点，大胆引入航空航天工业设计软件 CATIA，从 2013 年开始，经过多年深入研究，并与项目各参建方协同探索，借助先进的三维数字技术，成功解决了大桥设计实施过程中的诸多技术难题。

（二）研究历程

项目从 2010 年的桥型方案竞标和方案研究阶段，到初步设计、技术设计、施工图设计以及后来的工程实施阶段，以 BIM 技术为基础，大胆创新组织方式，积极引入创新技术手段，协同攻关，解决

图 7-1 新首钢大桥钢塔面漆涂装 1

了多项困扰项目实施的实际问题。基于设计阶段完成的超精细全构件桥梁 BIM 设计模型，解决了节段不规则扭曲、厚钢板扭曲面成型困难和桥梁内部结构交叉繁杂等诸多设计、实施难题，不但使不可能变成可能，更保证了项目质量和工程品质，参见图 7-1 和图 7-2。

1. 方案研究阶段

2010 年—2013 年，项目桥型方案确定过程中，建筑师和桥梁结构设计工程师采用犀牛 3D 造型设计软件（Rhino）建立大桥三维外观模型，并直接在模型上对主桥和引桥的钢塔、主梁、墩柱等外形和总体尺度等进行优化设计，形成最终参与竞标的桥型方案。方案研究和汇报过程中使用了 KA-RA 公司开发的 Twin motion 软件进行细节及场景展示，逼真、置身其中的效果，便捷的操作，全面展示了桥型方案的理念和特色。

2. 初步设计阶段

Rhino 创建的大桥钢塔壁板曲率不一致变化的空间曲面，转化到常规的三维设计软件中，会发生拟合错误和缺失，这给设计意图的精确表达和加工成品的检验都带来考验。2013 年—2015 年的初步设计阶段，设计院项目组针对大桥方案实施中诸多的不可能发起了挑战。

（1）曲面重构，实现可加工

现有的钢结构加工工艺无法制造实现钢塔复杂的空间扭曲曲面。项目组通过对不

图 7-2 新首钢大桥进入冬季施工

同三维设计软件的多方比选，了解到航空航天工业设计软件 CATIA 在空间曲面设计方面的优势，通过自主学习研究、深入探索，利用 CATIA 强大的三维曲面设计功能，通过控制钢塔的四个角边线，重构钢塔壁板曲面，达到了高斯曲率最优，极大降低了钢塔的加工制造难度。

（2）利用数字技术，解决架设难题

桥位地处内陆，钢塔只能采用节段吊装架设方案。由于塔柱的不规则变截面扭曲，无法确切定义塔柱的轴线，同时不规则曲面节段断口为不规则曲线，节段对接控制难度极大。利用 CATIA 曲面优化设计上的特有优势，不仅成功解决了塔柱辅助控制轴线的定义难题，同时也将节段断口简化为直线，降低了节段吊装对接的控制风险与难度。

（3）三维数字正向设计，解决设计手段难题

大桥拥有优美简洁的外观，但内部却是异常复杂的传力构造，各不相同的块体内各方向的板件在局促的空间交叉、干涉，常规设计手段已经无法准确表达设计意图。另外，设计的复杂结构空间内部还要评估焊接工人能否进入施工以确保实现设计意图。此时，直接采用三维数字技术进行设计，发挥 BIM 技术优势，使设计工作顺利推进，提高了设计效率和质量。

3. 技术设计阶段

2015 年—2016 年的技术设计阶段，设计院牵头各参建单位组成联合办公室，将后期的实施需求前置在设计模型中体现，有效地解决了后期加工、吊装、质检等一系列项目建造难题，提高了 BIM 协同设计的效率，也极大地提升了项目整体的数字化应用水平。

（1）验证设计模型的可加工性

未解决实际厚度和强度的钢板能否按照设计要求的三维扭转曲面加工成型，以及现有加工工艺手段能否提取使用设计三维数字模型数据等问题，大桥钢结构加工分包商直接选取大桥扭曲度最大的塔顶段一角进行加工验证，最终实现了理想的效果，这也打消了所有参建单位的疑虑。

（2）研发异形钢塔精度控制方法

基于 BIM 模型和 matlab 软件，创新研发了使用设计三维数字模型直接驱动由测量、变形修正、姿态优化和预测、误差调整等五大模块组成的异形钢塔精度管理控制系统，有效避免了传统一维或二维指标几何形态控制方法在异形构件姿态控制中的不足，保证了大桥安装质量。

（3）制定基于三维数字模型的钢结构加工验收方法

验收方法和精度标准，填补了行业空白，让大桥实施各项工作目标清晰。参照行业既有验收项目和标准，以直接使用三维设计模型对比进行验收为工作目标，相关参建方通过调研和比较，选取三维数字照相和三维激光扫描两种不同的三维成像技术，采集制造板件和块体的实际几何状态和相互关系，就项目钢结构板件加工、节段组拼、节段现场架设等主要验收环节制定专门的验收项目和技术标准，极大提升了项目工艺质量控制水平。

（4）三维设计模型转化平面图纸

在三维设计模型搭建过程中，将加工制造的部分需求在设计阶段给予考虑，使BIM设计模型传导至加工制造方时能够快速进行工艺响应，提升了加工制造的准确度和效率。打通了信息化技术设计阶段、加工实施阶段的接口。

4. 施工图设计阶段

2015年—2018年的施工图设计阶段，项目组完全基于CATIA软件，完成了大桥全部设计工作。

①三维数字模型设计思路。自主摸索形成针对大桥特点的三维数字“骨架+模板”模型设计思路，有效解决了桥梁协同设计难题，提升了设计效率及品质。

②多种建模方法联合应用。大量引入PKT、Automation等高效建模方法，并结合自主开发、兼顾未来通用性完成全桥所有板件的参数化模板，极大提升了建模效率。

③三维设计-CAE仿真协同。很好地满足了新首钢大桥大量整体计算及局部优化分析的需求，保证了结构安全，也从手段上保证了精干的设计团队能在指定的时间段完成全部繁杂的计算分析工作。

④基于参数化模型的桥梁结构优化。通过三维结构模型设置参数从而不断动态调整结构构造，再通过三维计算软件进行结构计算分析，找到结构最合理的构造方案。通过这一手段，对大桥钢塔壁板厚度、壁板加劲肋构造、钢塔横隔板厚度和间距、横隔板开孔形式和开孔率，以及钢塔构造最复杂、焊接难度最大的锚区构造等进行了深入研究。保证了结构安全，节约大量钢材，降低了焊接变形控制难度，最大限度发挥了三维数字技术的优势。

⑤设计协同和项目协同。实现设计过程内部协同的同时，也可以使设计单位与建设单位、总承包商、钢结构加工商、养护设备制造商、运维单位等参建各方形成有效外部协同，从而保证了这座国内设计理念新、新技术新工艺运用多、生

产难度大、质量标准高的标志性大型钢结构桥梁的顺利实施。

5. 施工实施阶段

（1）钢结构加工

项目实施最大难点之一的钢结构加工，也采用了基于 BIM 模型的创新技术应用。

①辅助板件定位、安装。利用三维设计软件的曲面和曲线展开功能，专门购进钢板激光划线机，把空间曲面钢板加劲肋定位线展开到平面状态的钢板上刻痕，保证曲面钢板成型后加劲肋安装位置精确。同时也可以把板件和节段组装定位需要的控制线，提前在钢板上标志清楚，便于后期应用。

②焊缝质量管理。焊缝质量是焊接钢结构质量管理中的重中之重，实现焊缝高质量管理是有效提升焊接钢结构品质的有效途径。项目钢结构加工商借助 BIM 技术的先进信息化手段，依托设计方完成的数字设计模型，补充必要的加工过程信息，有效地改变传统焊缝信息管理的弊端，通过二次开发，实现了焊缝的可视化管理、焊缝的工艺信息及工艺参数管理、焊接施工基本信息管理等，不但改进了加工过程的质量控制，更为大桥全生命周期管理构建了基础信息平台。

③板件三维扫描验收。每段空间扭曲钢板，曲率不断变化，常规验收检测方法仅验收板件的弧长、弦长和最大矢高，不能对各局部区域曲率进行验收，也不能准确描述板件与设计曲面的关联性，也就不能保证拼接后的钢板实现设计曲面。使用三维数字照相和三维激光扫描技术，生成加工板件的数字模型与设计数字模型进行比对，加工精度和误差一目了然，确保了加工好的钢板之间拼接曲面能实现设计要求的连续和平顺。

④块体三维扫描验收和预拼装。每段不同的空间扭曲异形块体，原有检测方法仅能检测边长和对角线长度，不能精确评估加工后块体的外形几何关系和曲面形状。使用三维数字照相和三维激光扫描技术，生成加工后块体的数字模型与设计数字模型进行比对，可以全面评估块体整体和局部加工质量。

大桥加工受场地、设备限制，个别制作节段不能实现预拼装工艺，给现场安装成为整体带来极大难度和风险。在加工厂内采集加工好相关的制作段块体三维数字模型，在计算机上模拟预拼装，发现问题及时修正。节约了成本、保证了现场安装质量和工期，图 7–3 是新首钢大桥钢塔面漆涂装施工。

（2）施工临时设施与构造碰撞检查

塔柱主墩体量大，钢筋较多，还要预埋钢塔锚拉杆、预留钢塔承压板剪力键槽，

图 7-3　新首钢大桥钢塔面漆涂装 2

确定施工锚拉杆定位架。但是施工涉及多家参建单位和设备制造商，空间关系较为复杂。项目参建各方协同工作，在设计三维模型既有的钢筋构造、锚拉杆构造基础上，施工总承包方集成了锚拉杆定位架、模板定位措施等，提前利用三维模型的碰撞检查功能，对冲突点提前加工调整，保证了钢塔承压板的精准就位，极大地降低施工期间的风险。

（3）节段划分和吊装姿态控制

三维设计模型建立过程中引入的参数化骨架和模板，可以便于钢塔和主梁进行制造、吊装节段划分。根据吊装单位实际选取吊车各工况最大起吊能力，在三维设计模型上直接计算分段方案重量划分，最大限度减少节段数量，从而缩短工期、节约投资。

同时，吊装过程中由于每段异形钢塔要从运输过程的水平状态调整到就位时的空间倾斜状态，与已就位的钢塔节段各边密贴，利用截取的三维设计模型，可以自动查找重心，快速进行吊点位置布置。

另外，相关参与方直接在截取的三维设计节段模型上，增加吊耳单元，进行局部吊装方案设计和精细校核计算。三维设计模型的直接使用，不但快速便捷，更极大提高了吊装方案研究的精度和安全度。

（4）雷达形变研究

大桥钢塔在安装架设和未来使用过程中，几何形状和相对变形会随着温度、日照、活载等外荷载变化而变化，目前的结构形变监控技术受数据采集手段制约，还不能做到即时、全面。依托大桥复杂的空间形变特性，设计院联合中国科学院电子学研究所联合申报国家自然科学基金国际（地区）合作与交流项目“城市基础设施三维形变监测的雷达成像模型与方法研究”，发挥合成孔径雷达高效、实时、不接触、全天时、全天候、主动成像的技术优势，进行实时形变监测技术研究和雷达三维成像技术研究，对未来结构工程 BIM 技术应用增添新的利器。

（5）维修养护设备集成

基于全生命周期设计理念，新首钢大桥设有相对完整的健康监控系统和维修养护设备，但是，由于大桥的特殊造型和设计理念，所有的设备和布线外观几乎不可见；而且几乎不能直接安装既有的成型配套产品，很多都需要根据大桥的养护需求和几何空间重新研发。基于三维设计模型，各设备制造商应用 SolidWorks 等不同的三维设计软件，完成了健康监控系统布设、钢塔升降机研发、梁底检修车研发、除湿系统布设、钢塔检修门研发、夜景照明系统布设等工作。三维设计模型不但是各方研究开发的依据，更是各方研发成果的集成平台，确保了大桥各项工作的协同、高质量、高效率，也为后期的三维运维模型打下了坚实的基础。

（6）4D BIM 施工管理平台集成应用

大桥上部结构总承包方在施工全过程中使用了云建信公司开发的 4D BIM 施工管理平台，与钢结构加工方协同，对大桥从千里之外加工厂发运的近万件板件和节段进行管理。整个施工过程 4.5 万吨钢结构从钢板定尺、钢板零件切割板、板件组拼、发运、块体拼装、现场架设各个环节实现了高效管理。该平台还具有施工工艺模拟、智慧工地、4D 进度质量文件管理等功能，在项目实施过程中都得到了很好应用。

图 7-4 为长安街西延道路实景图。

（三）主要突破点

项目基于国内首个可以直接用于加工实施的全构件高精度三维数字桥梁设计模型，完成了大部分设计、建设工作。技术设计阶段参建各方联合办公方式保证了项目后期的可实施性。主要的技术突破点有：桥梁空间扭曲面设计优化；基于参数化模型

图 7-4　长安街西延道路实景图

的桥梁结构构造优化；三维正向设计；设计模型将后期加工、建造主要需求前置，便于后期应用；基于设计 BIM 模型的异形钢塔精度管理控制系统研发应用；BIM 技术配套技术方法的创新应用研究。

项目参与各方基于 BIM 技术艰苦的研究探索过程，实现了以下创新应用：助力超高难度复杂桥梁项目设计；设计引领项目各方共同解决项目建造难题；解决复杂桥梁工程数字设计数字制造关键问题。

（四）未来展望

新首钢大桥项目按照设计预期一步步顺利实施的过程充分证明了 BIM 技术无可替代的价值。国内首个设计阶段完成的全构件高精度三维数字桥梁模型，为后期实施创造了极大便利。钢塔合龙精度实现了 *H*/6000 的标准，达到了国际同类桥梁施工的顶尖水平，这也证明了 BIM 技术在施工精度控制方面的巨大优势。集成了设计、加工、运营期健康监控数据三维数字模型在运维期间的实际应用亦在项目组引领下努力探索实现。

项目参建各方从新首钢大桥这一复杂的超级工程入手，尝试基于三维数字模型进行交通土建工程数字设计、数字制造的探索，取得了初步的成果，并初步看到未来复杂城市基础设施和交通土建工程项目基于信息化技术进行产业革命和产业升级的解决方向，也看到相关技术问题、管理问题彻底解决的复杂艰巨，对未来工程项目的开展具有一定的探索意义。

二、施工制造应用

（1）数字化模型创建

利用三维建模软件，通过基于约束建模、参数化建模、模板化建模等方式，进行大桥钢结构数字化模型创建。

（2）制造节段、单元划分

根据创建的结构数字化模型，结合项目制造、运输、安装等施工条件，对结构制造节段、加工单元进行合理划分，确保施工顺利开展，见图 7-5。

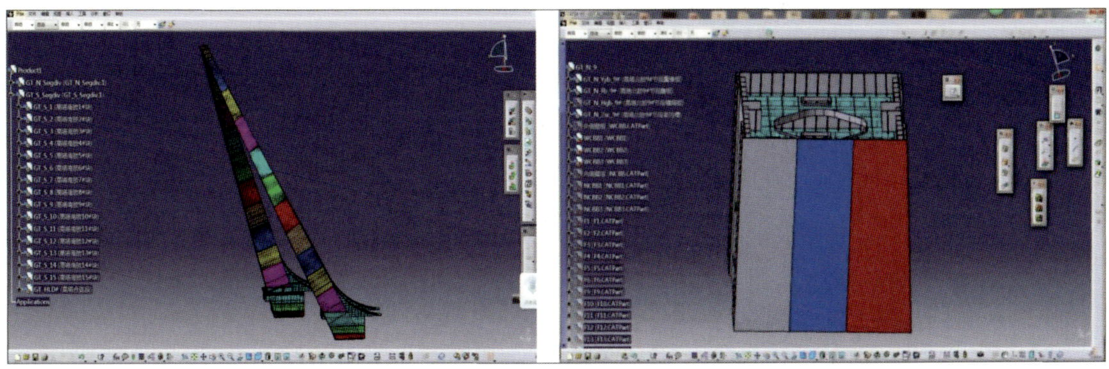
图 7-5　钢塔节段、制造单元划分

（3）结构碰撞、施工空间检查

通过碰撞检查可以发现结构干涉问题，有效地消除施工期间因结构冲突而产生的变更，使工期更为可控；对桥梁复杂部位结构的施工空间进行核查，确保施工机具、作业人员能够正常从事施工作业。

（4）设计构造优化

根据结构数字化模型，结合生产力现状、技术装备水平，分析设计结构的可施工性，对存在问题的细部构造进行优化，以便于施工过程质量控制，见图 7-6。

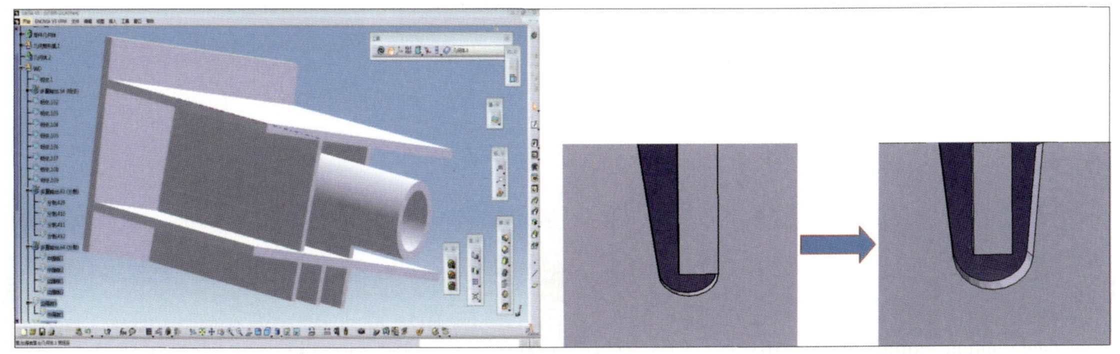
图 7-6　钢塔构造与槽口优化

（5）数字化模型至工程图转化

本项目采用的 CATIA 软件的优势是曲线结构建模的精细化，但在二维出图方面仍存在一定的不便，为此，中铁宝桥在项目工程图转化前，对 CATIA 软件出图工具进行了二次开发，结合钢桥梁制造工艺要求，按照机械制图标准进行钢桥梁结构工程图的转化。

（6）钢桥梁制造方案模拟

合理的钢桥梁结构组拼方案，不仅对构件的制作精度有控制作用，也可以有效降低工作强度。通过在软件中实现钢塔节段单元件组拼模拟（图 7-7），预先得到组拼数据，在实际组拼前预先估计出可能遇到的组拼问题，进而优化组拼方案，更合理地安排人、机、料、法、环等措施，确保项目施工顺利开展，见图 7–8。

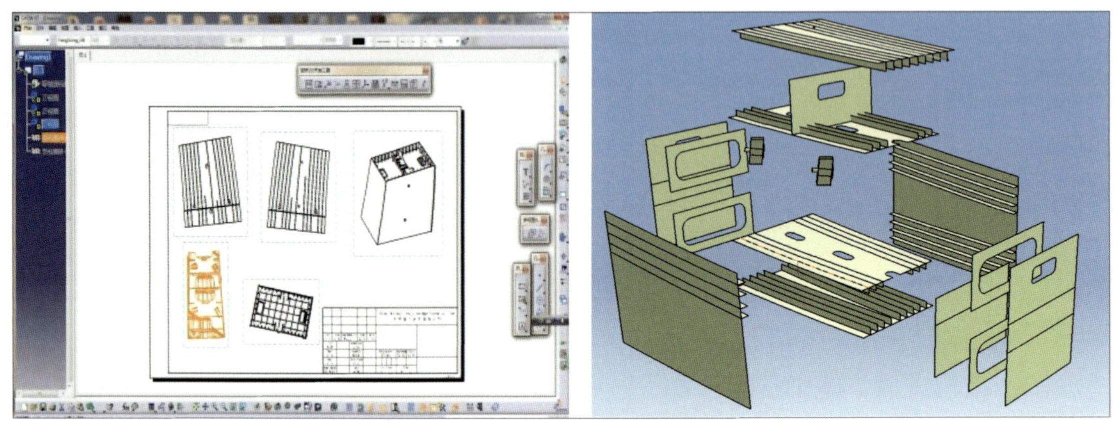

图 7–7　钢塔节段组拼模拟

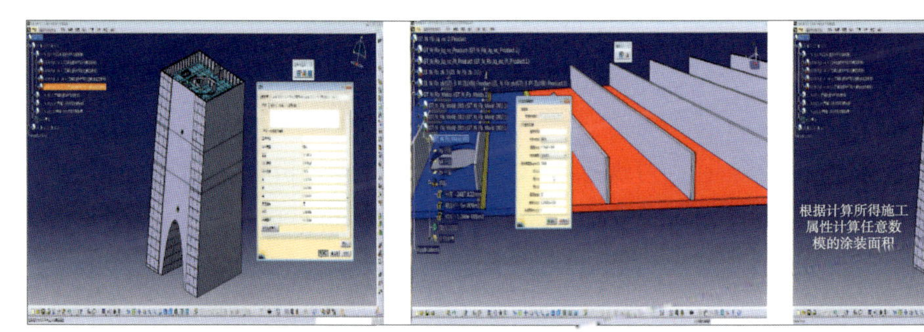

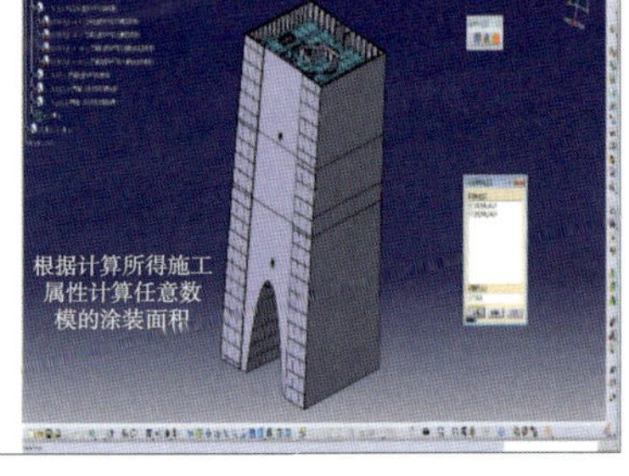

图 7–8　利用模型提取钢材、焊材、涂装面积

（7）钢桥梁材料信息统计

钢桥梁结构加工制造前，需要对施工用主要材料（包括钢材、焊材、涂装材料）进行采购，以保证施工材料的及时供应。由于钢桥梁结构的多样性、复杂性，其材料统计难度大，需要投入大量的人力、时间成本。采用 BIM 技术后，钢桥梁材料信息统计工作难度大大降低，效率也显著提高，可采取不同工具完成相应信息统计工作（图 7–8）。

（8）钢桥梁结构重心提取

利用钢桥梁数字化结构模型，可以快速、准确地提取结构重心位置（图 7–9），便于结构起重、吊装临时吊点的设计与安装，有利于结构运输装载的实施要求。

（9）钢结构加工尺寸放样

对于钢桥梁中的复杂结构，采用工程图难以表达清晰的部位，可以辅助采用数字化模型进行表达及放样尺寸（图 7–10），便于现场进行施工控制。对于施工过程中出现的质量问题，亦可利用数字化模型进行分析，查找质量偏差产生的原因，及时进行结构调整与修复。

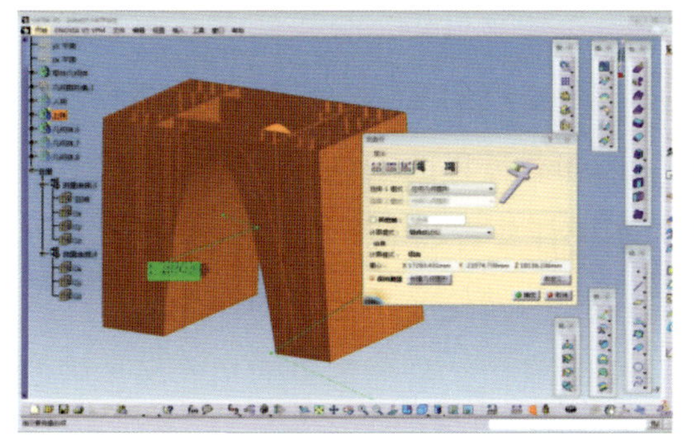
图 7-9　异形结构重心提取

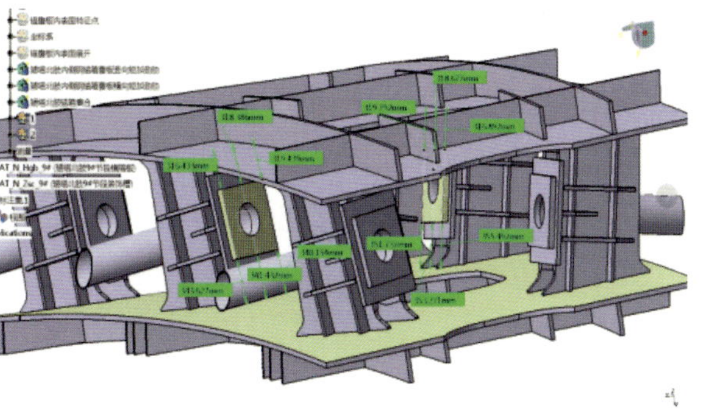
图 7-10　复杂结构放样

（10）钢桥梁 BIM+ 技术应用

BIM 技术与多项数字化技术联合使用后，可在钢桥梁制造中展现其各项重要功能。比如，BIM+ 数控切割技术，可用 BIM 数字模型转化数控下料程序（图 7-11），进行结构零件下料制作；BIM+ 激光数控划线技术，可通过 BIM 数字模型生成钢结构施工基准线，采用激光数控划线设备施划基准线（图 7-12）；BIM+ 三维扫描技术，可利用激光三维扫描测量结构点云（图 7-13），生成结构实物模型，并与 BIM 数据模型进行制造偏差分析。

图 7-11　数控切割下料

图 7-12　激光数控划线

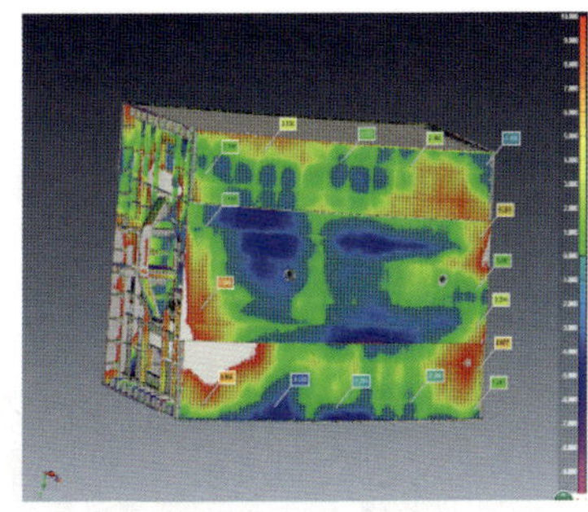
图 7-13　三维扫描检测

三、施工架设

（一）钢塔架设模型及临时支撑深化

1. 基于 BIM 技术的支架法研究

（1）支架的难点与对策

主塔支架研究的主要工作流程首先是根据基于 BIM 技术对支架结构进行有限元建

模分析，然后根据吊装工况进行每一节段变形与力学仿真分析，分析两塔肢合龙前的最大变形值，最后提出每一节段安装的预变形值和各支点的受力。钢塔支架不但要进行变形和力学仿真分析，还要进行节段安装和支架卸载过程的安全性验算，复核支架的安全度，制定科学、合理的支架卸载顺序，其主要任务有如下三点：

①完成钢塔节段安装就位精度控制，包括相关联的就位前的超重构件的翻身、空中姿态的调整以及相应的测控措施和手段，确保精确就位，最为重要的是确保主塔的线形符合设计要求。

②要完成翻身的具体设计、空中姿态调整的吊具系统的研发等工作。为确保安全和安装精度，采用实时监控系统完成吊装过程的力学监控、安装就位的测量监控。

③钢塔支撑架体主要作用是为节段安装变形提供抗力，也为节段安装提供操作平台。

支架研究过程中的主要难点有以下几点：

难点一：有限元计算模型的建立。由于主塔为空间弯扭结构，内部结构复杂，并且为了确保计算结果的准确性，需进行梁单元法计算与壳单元法计算，多种不同支架类型的多次建模计算，特别是壳单元建模计算工作量大，容易出错。

对策：针对有限元模型建立复杂的问题，采用 BIM 技术与设计院之间直接进行三维模型的承接，在确保结构准确性的同时大大提高效率，承接的设计模型见图 7–14、图 7–15。

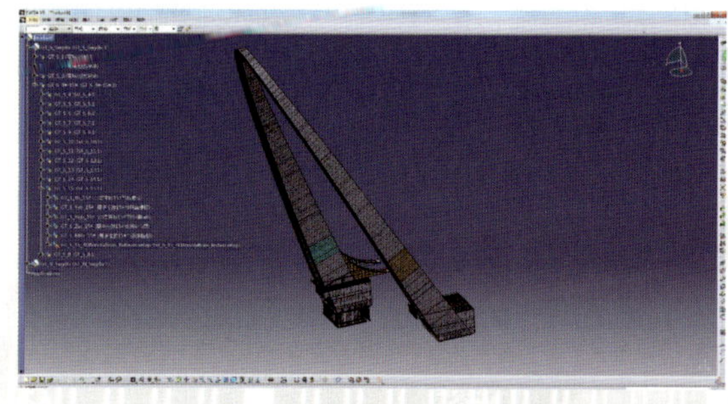

图 7–14　通过 BIM 技术承接的设计模型示意图 1

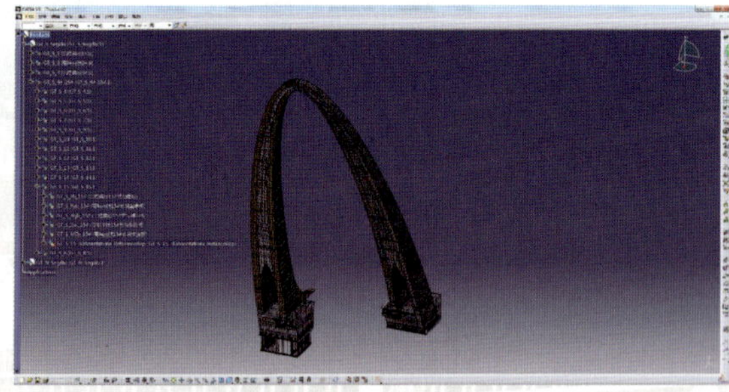

图 7–15　通过 BIM 技术承接的设计模型示意图 2

由于该项目采用支架结构支撑施工，其桥塔特点为扭转不规则的空间结构，采用传统的梁单元建模方式可能对于桥塔结构的剪力滞后效应、约束扭转效应和剪切变形的计算产生偏差，因此，采用壳单元模拟桥塔，采用梁单元模拟支架。

该项目计算的技术路线如下：首先依据设计单位发送的高塔 CATIA 三维几何模型导入至 ANSA 17.0 软件中抽取壳单元，将桥塔主要结构的所有板件从三维实体几何模型抽取为壳体几何模型，抽取过程完成后需要手动缝合所有板件之间的缝隙，确保

在计算中板件之间的焊接牢靠且力的传递合理。此后，在 ANSA 中进行网格划分，共计划分 11 万个壳单元，将壳单元模型从 ANSA 软件导入至通用有限元软件 ABAQUS 2017 进行桥塔—支架耦合计算分析，最后将 ABAQUS 模型计算得出的桥塔与支架间的支反力导入至 MIDASGEN 软件中，计算支架的内力、应力与稳定性，并按照现行 GB 50009-2003《钢结构设计规范》进行支架钢结构设计验算，见图 7-16。

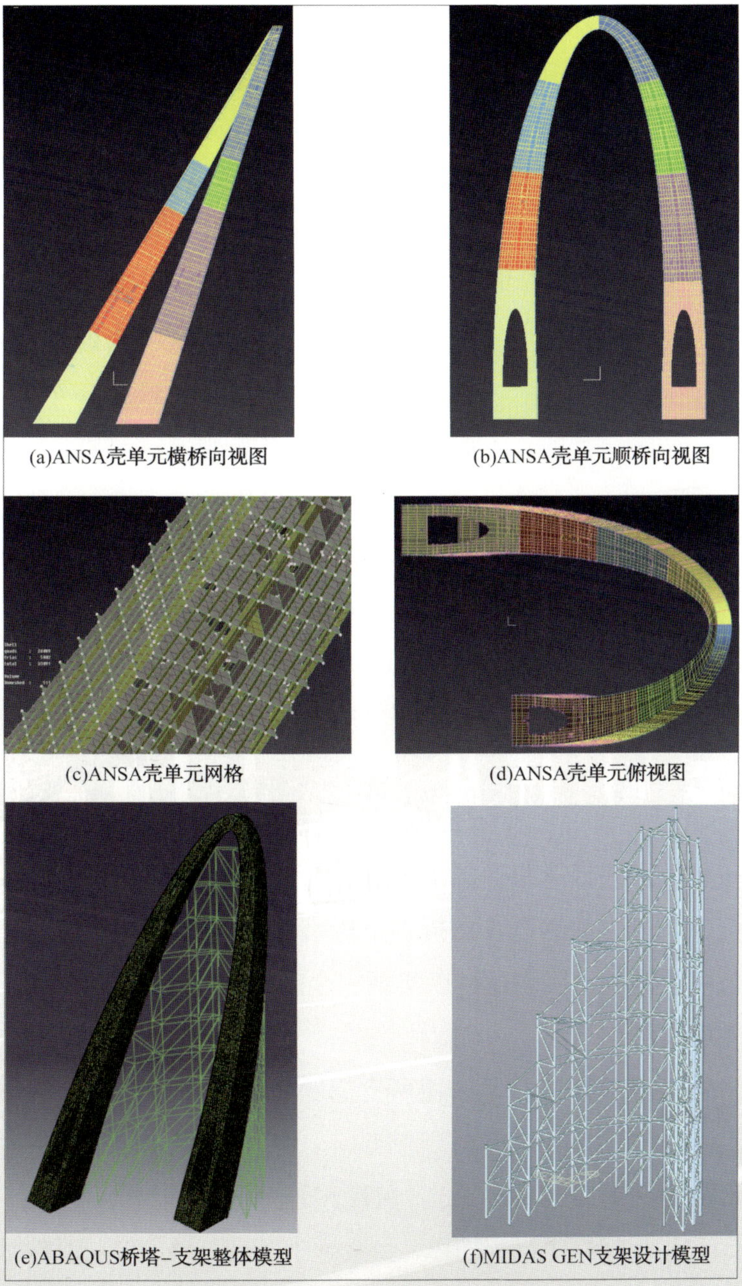

(a)ANSA壳单元横桥向视图

(b)ANSA壳单元顺桥向视图

(c)ANSA壳单元网格

(d)ANSA壳单元俯视图

(e)ABAQUS桥塔-支架整体模型

(f)MIDAS GEN支架设计模型

图 7-16 计算过程中的各种软件模型

难点二：该项目采用支架结构支撑施工，施工仿真的计算假定对于位移计算结果影响很大。不同施工模拟的激活方法见图 7–17 所示。在施工模拟中，设 *OA* 为已经完工的结构部分，并假设由于自重或其他荷载的原因，*A* 点已经发生了一个向下的位移。在下一步施工中，将人为地调整梁段 *AC* 的初始位置，使得 *C* 点位于设计位置。这样，即使施工中间某些节点的位移有出入，但整体结构仍可满足设计要求。在有限元计算中不同，节点坐标是在分析之初建立的，不可能在分析中动态地重新定义节点坐标。这个问题对于有限元模拟几乎是无法克服的。

对策：针对有限元软件自身问题开发“追踪单元技术”，具体如下：

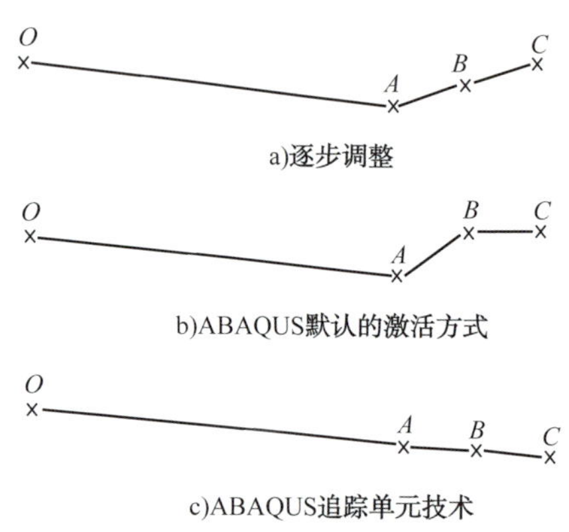

图 7–17　不同施工模拟的激活方法

ABAQUS 提供的默认的单元激活技术可以简单地理解为图 7–17b)。图 7–17b) 中在单元 *AC* 加载时将该时刻的即时构型重新定义为其初始构型，实际加载的是一个如图所示的折线单元 *ABC*，这一现象对于壳单元会导致每一个节段激活时的根部存在一个位移突变。这是有限元模拟所不期望发生的。为了解决这一问题，ABAQUS 提供了追踪单元的处理方法［见图 7–17c) 所示］，对应的命令为 *Elcopy。这一处理方法是强行给 *AC* 部分一个位移，使得 *AC* 与已有的部分在交接处保持一致。这种处理方法的好处是新激活的单元可以确保位移的平滑。因此计算中对 ABAQUS 中的各个模型均采用了追踪单元技术。

此外，为了确保桥塔—支架体系施工完成后可以将各个施工节段的位移限制至尽量小，使用正装倒拆法计算每个施工节段所需要的预抛高数值，计算流程为逐步激活各个桥塔与支架节段，此后逐步倒拆各个桥塔与支架节段，最后再正装激活各个节段。计算表明桥塔结构的正装倒拆可以实现完全闭合。

难点三：主塔线形控制问题

支架分析计算：基于 BIM 技术解决所有问题后，对支架进行计算分析，以下仅以第 10 施工阶段为例，具体如下：

应力计算结果：施工阶段 10 时，在设计荷载下支架的最大应力为 –206.9~147.3MPa，符合 Q345 钢材设计应力 305MPa 的要求。在该施工阶段，支架在底部的立柱应力分担较为均匀，说明支架体系设计合理，见图 7–18。

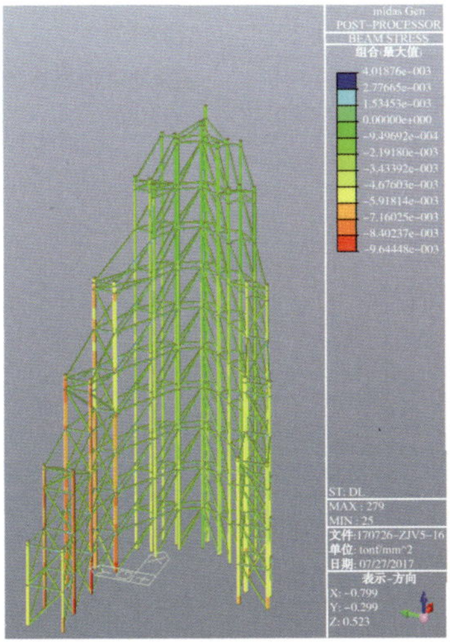

a)恒荷载
−94.5~39.4MPa

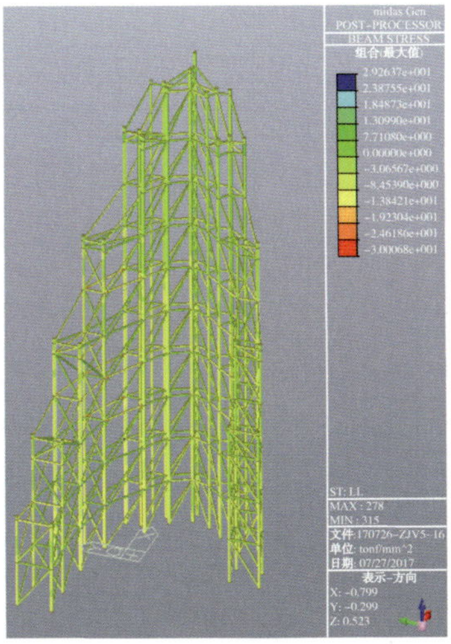

b)活荷载
−30.0~29.3MPa

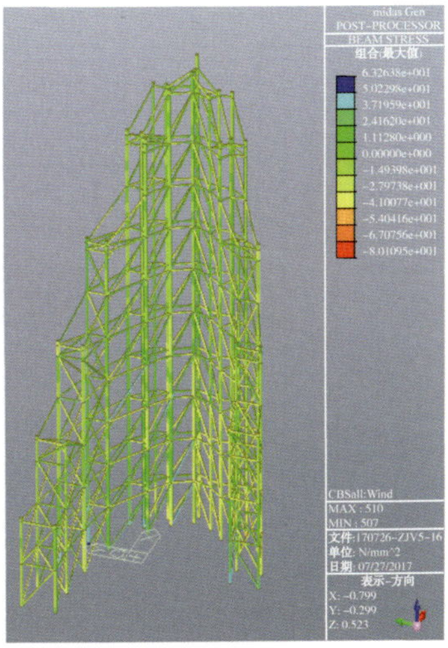

c)风荷载包络图
−80.1~63.6MPa

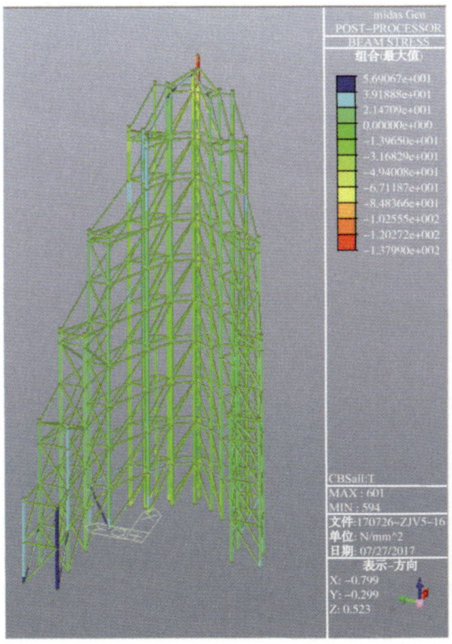

d)温度荷载包络图
−80.1~63.3MPa

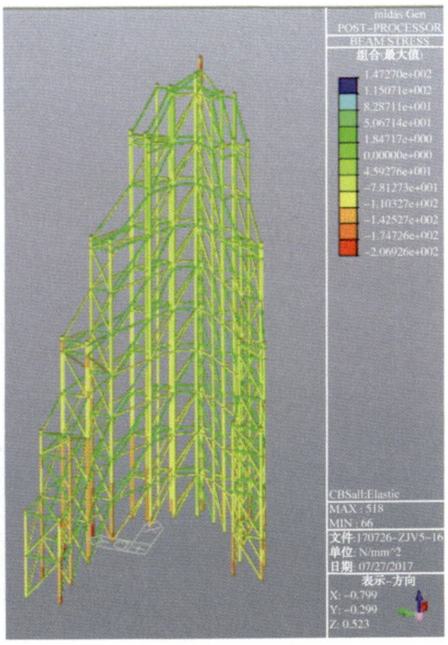

e)设计组合应力包络图
−206.9~147.3MPa

图 7-18　应力计算

按照现行钢结构设计规范验算得出的所有杆件应力比见图 7-19 所示，计算表明，加固后的结构体系在施工阶段 10 的应力比均不超过 0.76。

稳定性计算：计算结果表明，该施工阶段得出的应力结果较大的荷载组合为：组合 3：1.1 恒荷载 +0.6×1.4 活荷载 +1.4 风荷载 +1.0 温度荷载，在该组合计算下得出的屈曲系数见图 7-20 所示，可见一阶屈曲模态为 GTS6 顶部外伸立柱的屈曲失稳，屈曲失稳系数为 19.8，高于 2016 年新版《钢结构设计规范》中弹性屈曲失稳系数应不低于 10.0 的限制要求。二阶失稳模态也是 GTS6 顶部外伸立柱的局部失稳，三阶失稳模态为支架顶部立柱的整体失稳模态。

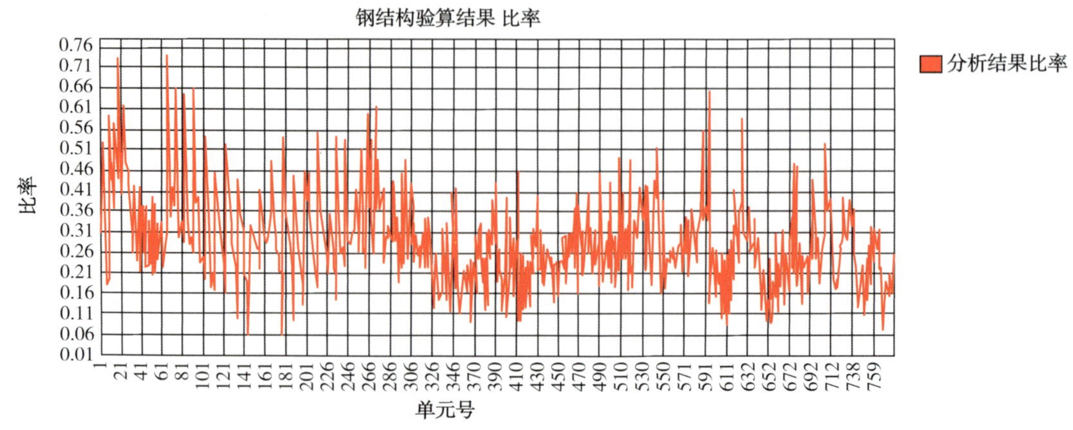

图 7-19　施工阶段 10 所有杆件验算结果比率

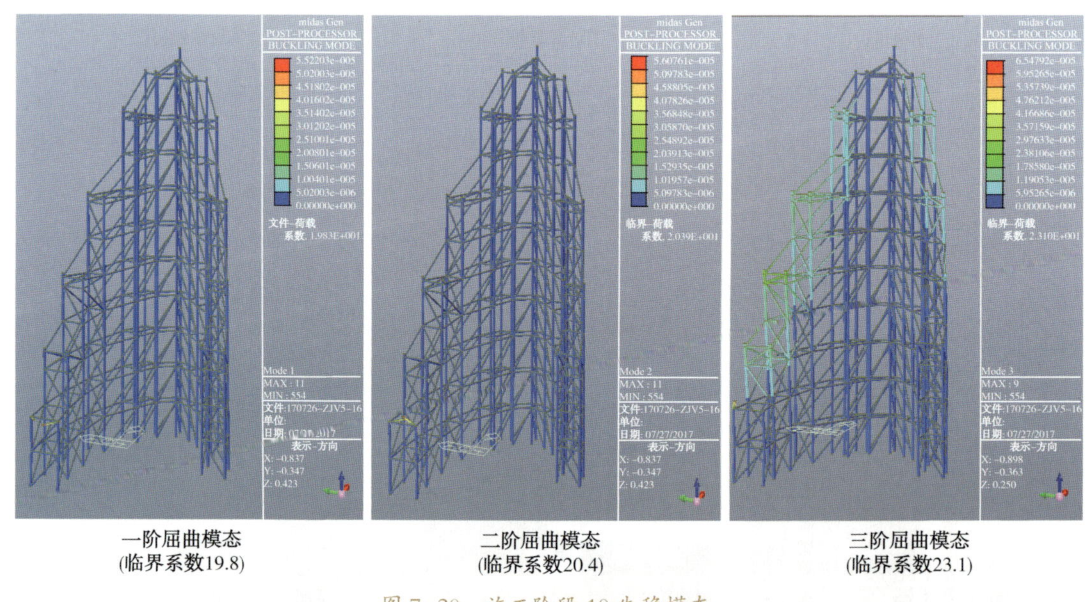

图 7-20　施工阶段 10 失稳模态

支架基础支反力计算见图 7-21 所示，提取该模型支架底部的支反力，计算可得支架体系的最大支反力为 504 吨，最大支反力出现于 GTS12 下方的基础上。此外，不同立柱基础的支反力分布较为均匀，说明双排柱面网壳的支架体系力的传递均匀。

（2）主塔线形计算分析及控制

主塔线形控制是支架法的核心问题，也是支架法的难点所在，本次研究中主塔线形控制主要分为以下几个部分：

①计算主塔在无支架状态下的变形。

②计算主塔在有支架状态不做其他调整下的变形。通过计算结果与主塔无支架状

态下的变形进行对比，验证支架法对主塔线形控制的效力。

③使用预变形法、辅助支架法对主塔线形进行进一步控制。通过“真拆倒装法”进行主塔安装线形的计算，确定主塔的安装线形。

④使用 BIM 技术将有限元计算结果与设计模型进行交互，确定每个设计节段的安装位置。

⑤通过卡尔曼滤波法，对理论计算与将来实际安装时的误差进行纠偏。

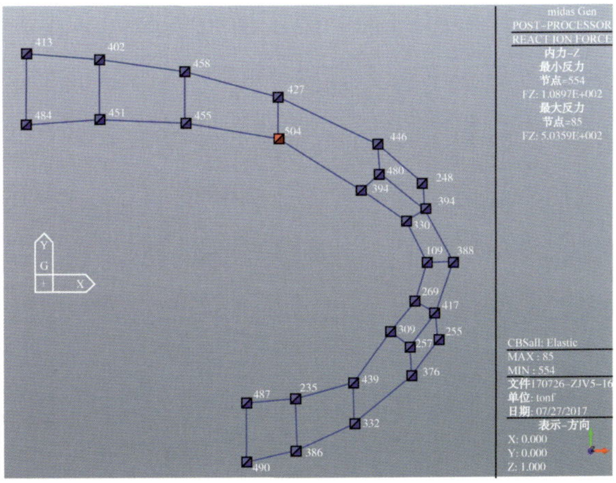

图 7-21　施工阶段 10 的基础支反力 / 吨（最大值 504 吨）

（3）具体实施方法

①在无支架状态下，一次激活重力情况下钢塔下的变形，见图 7-22 所示。

根据模型计算得出的各个施工阶段的桥塔顶部形心位移结果，可见当仅考虑重力荷载不考虑预变形时，桥塔顶面形心发生的最大位移为 400mm。桥塔各个方向的位移随着施工阶段而逐步增大，其中顺桥向位移在三个方向的位移分量中比例最大，这是由于桥塔顺桥向倾斜程度大导致的。直接悬臂拼装施工时若不考虑预变形的影响，结果总位移超出了设计要求的 1/4000 塔高的限制值（28mm）。

②在支架状态下，不做预变形安装到顶端的变形模型，见图 7-23 所示。

图 7-22　无支架钢塔在重力下的变形示意图

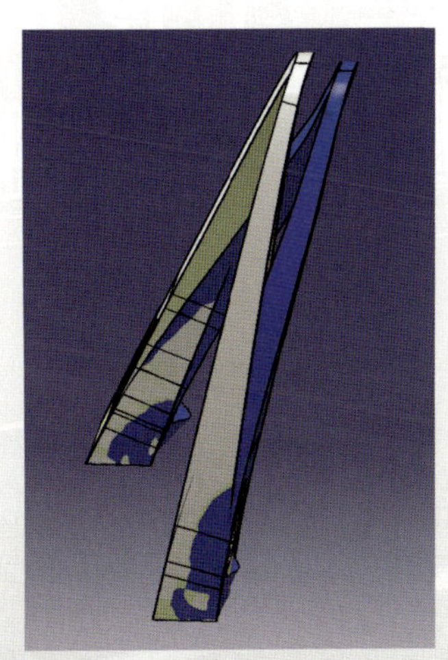

图 7-23　有支架、无预变形时钢塔变形示意图

计算得出的各个施工阶段的桥塔顶部形心位移结果见图 7-24 所示。可见当仅考虑重力荷载不考虑预变形时，桥塔顶面形心发生的最大位移为 87.9mm。桥塔各个方向的位移随着施工阶段而逐步增大，其中顺桥向位移在三个方向的位移分量中比例最大，这是由于桥塔顺桥向倾斜程度大导致的。桥塔—支架模型逐步施工时，若不考虑预变形的影响，结果位移超出了设计要求的 1/4000 塔高的限制值（28mm），因此支架的存在可明显减少主塔的变形，但仍然不能满足设计的要求，需要采取其他控制手段。

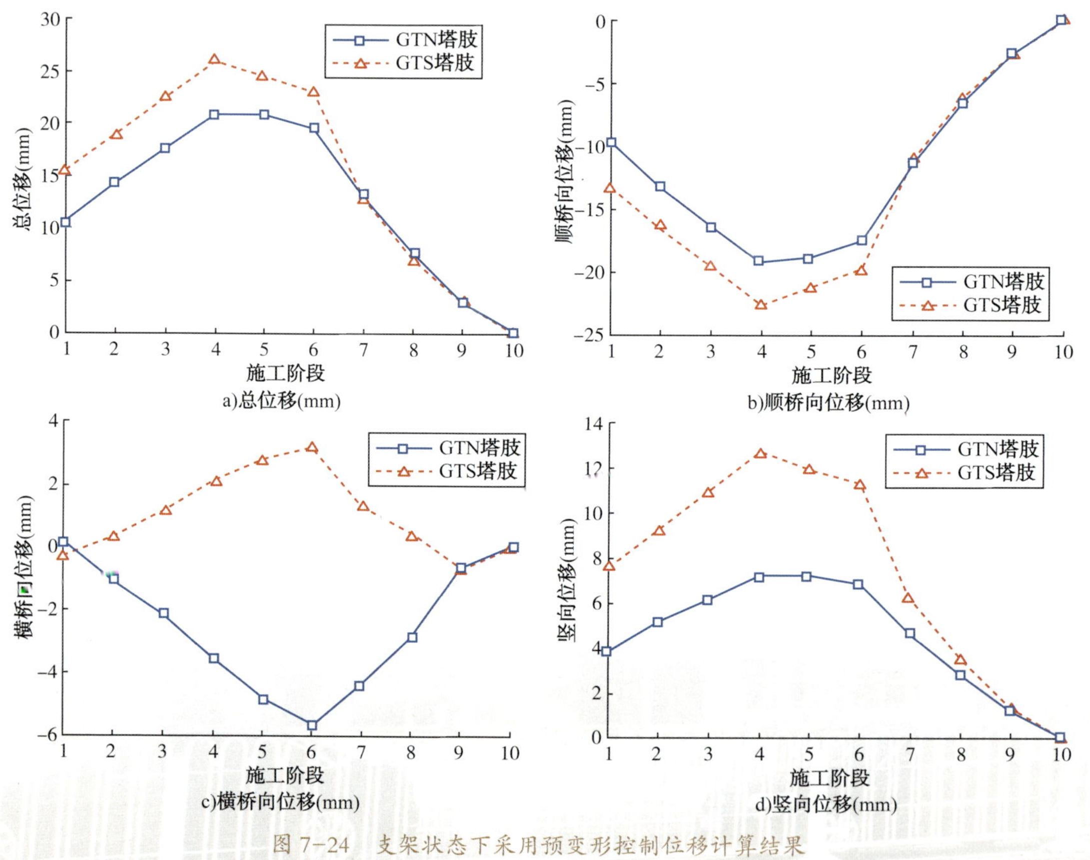

图 7-24　支架状态下采用预变形控制位移计算结果

③在支架状态下通过预变形的方法控制主塔线形。根据预变形法进行 CAE 仿真。仿真安装计算的目的是验证预变形计算结果是否正确；通过 CAE 仿真计算，提取主塔每个节段上口角点的预变形坐标作为施工控制依据。

依据正装倒拆法计算桥塔—支架模型的预变形。计算得出的各个施工阶段的桥塔顶部形心位移结果见图 7-25 所示。当考虑预变形时，在合龙前桥塔顶面形心发生的最大位移（施工阶段 9）为 3.1mm，符合 1/4000 塔高的设计要求，证明预变形计算结果正确。

使用正装倒拆法计算每个主塔安装节段预变形后上口角点的坐标，见表 7-1 所示。

节段上口角点预变形坐标表（仅以 7、8 节段为例） 表 7-1

施工阶段 1：架设 GTN1-7，GTS1-7	节点	U.all	U.U1	U.U2	U.U3	*X*	*Y*	*Z*
GTN7 上口的角点	80221	10.149	-9.985	-0.756	1.288	12685.37	-16594.1	18668.3
	305470	12.048	-8.324	1.416	6.159	21966.61	-23961.7	15589.73
	300846	10.537	-7.129	1.492	5.487	21977.83	-27136.2	15626.52
	92776	8.85	-8.811	-1.002	0.582	12730.57	-27016.2	18786.23
GTS7 上口的角点	202938	14.825	-13.789	0.649	3.85	-5470.86	16605.77	20093.04
	205245	12.857	-12.088	0.847	3.096	-5396.75	26980.92	20204.36
	205026	15.24	-8.979	-2.186	8.708	2536.49	27128.93	15854.37
	202954	17.557	-10.516	-1.435	9.941	2475.006	16554.69	15733.2
施工阶段 2：架设 GTN8，GTS8	节点	U.all	U.U1	U.U2	U.U3	*X*	*Y*	*Z*
GTN8 上口的角点	70154	17.84	-17.053	-1.346	3.705	16581.97	-16576.4	28841.62
	72035	20.339	-15.067	0.313	9.66	25115.46	-16605.8	25925.45
	312651	18.142	-13.765	0.378	8.356	25217.06	-26641.3	26258.94
	73019	16.18	-15.751	-1.461	2.618	16704.8	-26460.4	29162.29
GTS8 上口的角点	211971	24.904	-22.069	0.675	8.16	-206.787	16573.23	29079.15
	215580	22.493	-20.163	0.845	7.049	-32.168	26467.21	29337.54
	214829	25.203	-16.587	-1.631	13.417	7332.387	26697.25	25305.59
	212848	27.98	-18.367	-1.536	14.925	7189.067	16611.05	25023.15

④根据预变形计算结果在三维模型下进行仿真安装。根据正装倒拆法计算出每节段的预变形值，然后分段模拟向上安装。例如：1 至 7 节段在考虑预变形条件下的重力作用产生的变形见图 7-25，安装第 8 节段带预变形的模型见图 7-26。

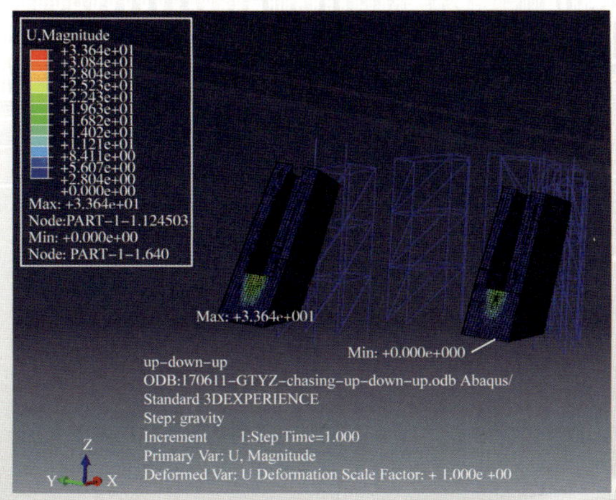

图 7-25 前 1 至 7 节段发生重力作用下的变形示意图

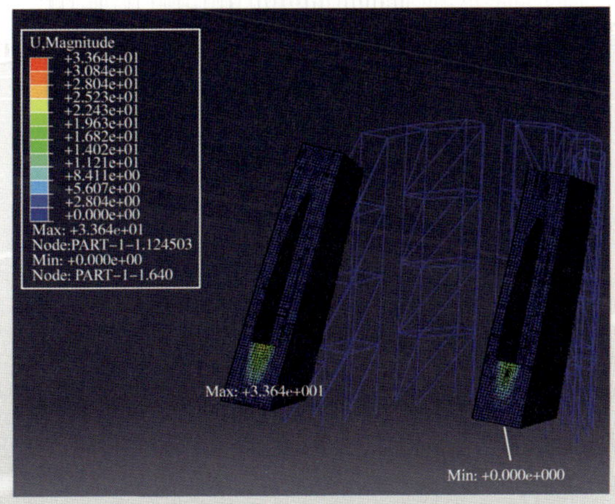

图 7-26 安装第 8 节段带预变形的模型示意图

以后节段按照以上方法完成安装。

三维软件环境下仿真安装 1 至 7 节段，第 1 至 3 节段按照设计位置安装，从 4 至 7 段按照预变形的位置安装，直到第 7 节段。安装的 1 至 7 节段，在重力作用下提取 1 至 7 节段的位移值，如表 7–2 所示。

前 1 至 7 节段在考虑预变形情况下的重力作用钢塔表面位移表　　表 7–2

节点号	U.U1	U.U2	U.U3	*X*	*Y*	*Z*
8	0.9096	–0.2304	–0.7955	20459.05	–26646.4	10641.33
309	1.0272	–0.0833	–0.833	21276.93	–16507.7	13326.01
310	1.0245	–0.0772	–0.8412	21462.06	–16507.8	13262.7
367	0.8675	–0.0286	–0.7742	20209.48	–16420.8	9822.134
368	0.8646	–0.0226	–0.783	20394.63	–16419.1	9759.085
381	0.5021	0.0858	–0.5851	17802.54	–16102.8	1921.624
382	0.4999	0.0922	–0.5935	17987.41	–16099.9	1857.665
415	0.3623	0.0946	–0.4878	16704.77	–16003.5	–1681.66
416	0.3605	0.0854	–0.4963	16889.87	–16001.7	–1744.89
423	0.4276	0.1005	–0.535	17221.72	–16030.1	15.1545
432	0.2571	–0.0424	–0.0412	4725.945	–16002	–2112.35
459	0.3579	–0.0892	–0.0712	5527.895	–16029.3	–18.5995
503	0.2895	0.4037	–0.1925	9377.454	–16013.7	–1738.81
506	0.436	–0.1277	–0.1016	6110.111	–16083.3	1501.464
580	0.1997	0.0291	–0.3203	15436.58	–16002	–5778.7
581	0.7976	–0.2296	–0.75	19758.5	–26694.2	8341.837
595	0.8464	–0.2307	–0.7702	20039.53	–26676.4	9264.311
637	0.3456	0.0895	–0.4753	16583.84	–16002.4	–2078.59
638	0.3434	0.0796	–0.4849	16769.45	–16001	–2140.15
640	0	0	0	13501.46	–16002	–12196.2
641	0	0	0	13705.82	–16002	–12196.2
665	0.1988	–0.0214	–0.3283	15641.67	–16002	–5841.97
765	0.2933	–0.1209	–0.4672	16743.31	–26770	–1555.16
766	0.3291	–0.1333	–0.4894	16902.78	–26770	–1031.72
769	0.37	–0.1446	–0.5122	17062.25	–26770	–508.282
875	0.81	–0.2284	–0.753	19757.26	–25994.2	8337.781
881	0.8584	–0.2297	–0.774	20037.44	–25976.4	9257.437
923	1.155	0.0588	–0.4237	11717.2	–27099.2	16677.58
933	0.2238	–0.1175	–0.4293	16743.31	–26070	–1555.16
2126	1.6156	–0.369	–0.6355	12488.71	–19843.1	18154.85
2938	0	0	0	863.6346	–21750	–12196.1
9199	11.9456	–0.0113	–4.5529	3538.729	–21750	–5211.95
9436	12.5898	–0.0129	–4.7991	3642.457	–21750	–4941.14

将位移值导入 BIM 系统建立模型，见图 7–27。

做出以上模型的对角线和交点。

将第 8 节段安装时位置的位移提取出来，见表 7–3 所示。

第 8 节段安装时位置的位移值表　　表 7–3

节点号	U.U1	U.U2	U.U3	*X*	*Y*	*Z*
8	0.9096	–0.2304	–0.7955	20459.05	–26646.4	10641.33
309	1.0272	–0.0833	–0.833	21276.93	–16507.7	13326.01
310	1.0245	–0.0772	–0.8412	21462.06	–16507.8	13262.7
367	0.8675	–0.0286	–0.7742	20209.48	–16420.8	9822.134
368	0.8646	–0.0226	–0.783	20394.63	–16419.1	9759.085
381	0.5021	0.0858	–0.5851	17802.54	–16102.8	1921.624
382	0.4999	0.0922	–0.5935	17987.41	–16099.9	1857.665
415	0.3623	0.0946	–0.4878	16704.77	–16003.5	–1681.66
416	0.3605	0.0854	–0.4963	16889.87	–16001.7	–1744.89
423	0.4276	0.1005	–0.535	17221.72	–16030.1	15.1545
432	0.2571	–0.0424	–0.0412	4725.945	–16002	–2112.35
459	0.3579	–0.0892	–0.0712	5527.895	–16029.3	–18.5995
503	0.2895	0.4037	–0.1925	9377.454	–16013.7	–1738.81
506	0.436	–0.1277	–0.1016	6110.111	–16083.3	1501.464
580	0.1997	0.0291	–0.3203	15456.58	–16002	–5778.7
581	0.7976	–0.2296	–0.75	19758.5	–26694.2	8341.837
595	0.8464	–0.2307	–0.7702	20039.53	–26676.4	9264.311
637	0.3456	0.0895	–0.4753	16583.84	–16002.4	–2078.59
638	0.3434	0.0796	–0.4849	16769.45	–16001	–2140.15
640	0	0	0	13501.46	–16002	–12196.2
641	0	0	0	13705.82	–16002	–12196.2
665	0.1988	–0.0214	–0.3283	15641.67	–16002	–5841.97
765	0.2933	–0.1209	–0.4672	16743.31	–26770	–1555.16
766	0.3291	–0.1333	–0.4894	16902.78	–26770	–1031.72
769	0.37	–0.1446	–0.5122	17062.25	–26770	–508.282
875	0.81	–0.2284	–0.753	19757.26	–25994.2	8337.781
881	0.8584	–0.2297	–0.774	20037.44	–25976.4	9257.437

根据位移值建立第 8 节段安装位置模型，见图 7–28。

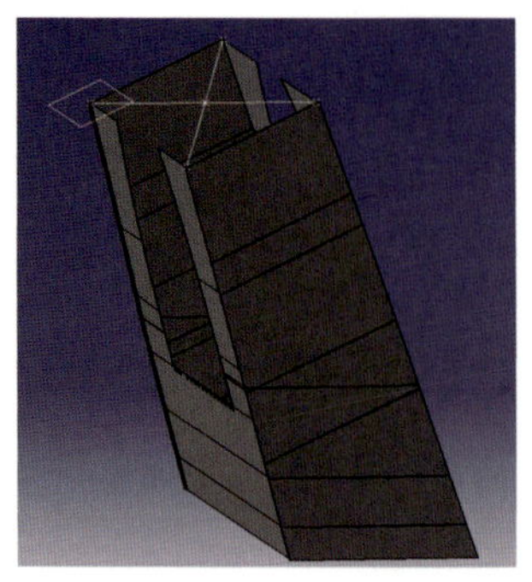

图 7–27 使用位移值导入 BIM 系统建模示意图

图 7–28 第 8 节段安装位置示意图

根据以上模型，做出第 8 节段上口 4 个角点及对角线交点，见图 7–28。第 1 至 7 节段由于重力作用，特征点（端口 4 个角点）发生了变形，不在一个平面上，因此需要建立一个最佳的平面，采用最小二乘法模拟出平面 A，将特征点（4 个角点）投影到平面上并作对角线得到对角线交点 O_1。对于 8 节段上口安装的位置，由于数值仿真的每节段带有预变形，也不在一个平面上，同理，建立一个最佳平面 B，投影特征点（4 个角点），得到对角线交点 O_2。连接 O_1、O_2 得到轴 O_1O_2。在第 8 节段设计模型上做出上口对角线交点 O_3，下口对角线交点 O_4，连接 O_3O_4 得到设计模型的轴线（见图 7–29 安装节段控制线），求节段安装控制参数示意图，见图 7–30。第 8 节段模型如下：将设计模型的 O_3 与前面的 O_2 点重合，将设计模型 O_3O_4 轴线与 O_1O_2 轴线重合。将设计模型上端口特征点（4 个角点）投影至上面得到的平面 B，通过最小二乘法使此投影点与原来得到的数值分析特征点（4 个角点）投影点距离的平方和最小，从而确定 8 节段安装的位置（见图 7–30，求节段安装控制参数，用最小二乘法优化后最终确定的位置，见图 7–31）。

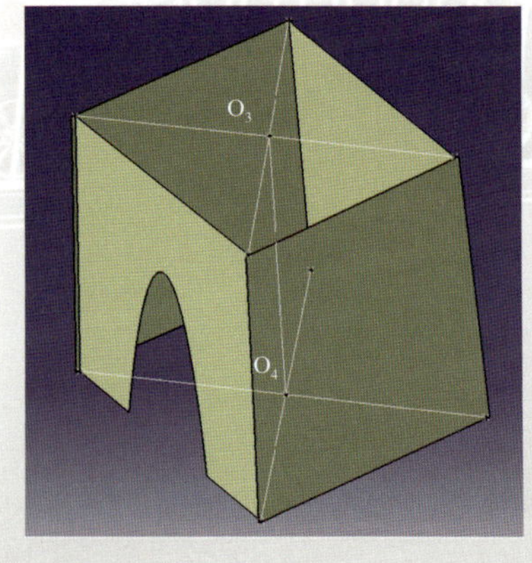

图 7–29 安装节段控制线求解示意图

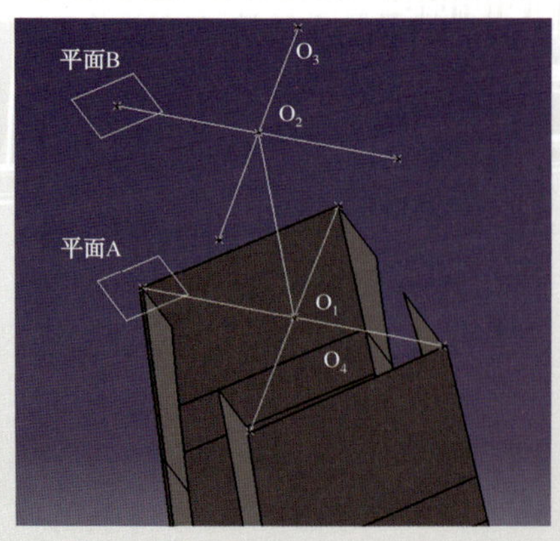

图 7–30 求节段安装控制参数示意图

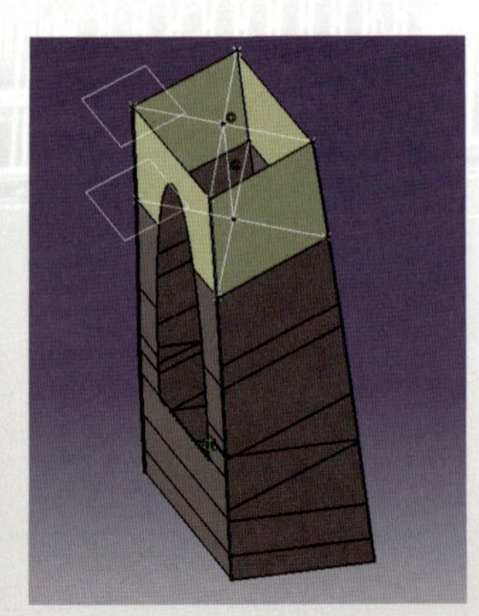

图 7–31 最小二乘法优化后确定的位置

依此类推，可以得到以上所有设计节段的仿真安装位置。根据安装节段的具体位置，提取每节段端口安装特征点坐标、高程，牛腿坐标、高程。施工中按此坐标、高程控制。

⑤实际安装调整值确定。实际安装时，每节段钢塔在重力作用下最终实测位置和仿真计算位置都有差异。这个差异可以通过卡尔曼滤波法在考虑已安装节段的实测位置做出的预测位置与仿真位置之差进行调整。如果每一节段误差不大，可以在几个节段调整，如果差异大，可以增加调整节段。

卡尔曼滤波公式如下：

$$K(k)=P(k,k-1)\times[P(k,k-1)+P(k)]-1$$

$$P(k,k-1)=A\times P(k-1,k-1)\times AT+Q(k-1)$$

$$X(k,k-1)=A\times(k,k-1)\times X(k-1,k-1)$$

$$X(k,k)=X(k,k-1)+K(k)[y(k)-X(k,k-1)]$$

$$P(k,k)=[\mathrm{I}-K(k)]\times P(k,k-1)$$

这里 $X(k-1,k-1)$ 为 4×1 变量矩阵，为 $[x_{k-1}, y_{k-1}, z_{k-1}, \theta_{k-1}]^{\mathrm{T}}$，其中 x_{k-1}、y_{k-1}、z_{k-1} 为一侧壁面中的特征点坐标预测误差，θ_{k-1} 为节段安装沿壁面轴线旋转角预测误差，为了现场便于操作，可根据坐标变换和几何关系转化为另一壁面特征点预测坐标误差。

在安装两个节段后，可以获得 $P(0,0)$、$X(0,0)$ 初始值。如果初始值代表第 1 节段数据，第 2 节段的预测值可由第 1 节段初始值结合第 1 节段实测值递推预测出来。同理，对于第 3 节段的预测值，可由第 2 节段预测值结合 2 节段实测值递推预测出来。当节段的预测值与仿真的位置位移值的差值达到一定范围，将这一差值作为这一节段安装时的调整值。这样经过几段的调整会使实际安装位置和仿真位置趋向一致。

2. 基于 BIM 系统的支架体系设计

（1）基于 BIM 系统的支架整体设计

基于 BIM 系统承接设计模型，在设计模型的基础上进行支架整体的建模，并通过 BIM 系统间三维模型转化为加工图纸进行下料加工，见图 7-32 所示。

（2）基于 BIM 系统的安装模拟

基于 BIM 系统的支架虚拟安装，对已经设计完成的支架模型，通过 BIM 系统的虚拟安装功能，根据实际的工期安排进行支架施工的 4D 模拟，通过 4D 模拟发现支架施工中的问题，见图 7-33 所示。

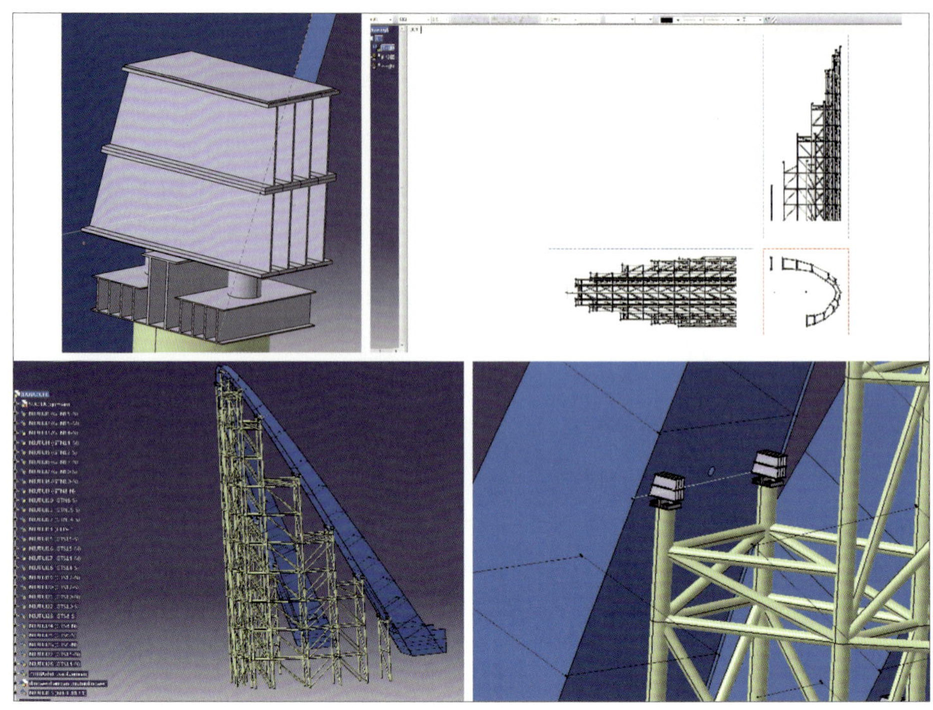

图 7-32 下料加工

图 7-33 基于 BIM 系统的支架 4D 模拟施工示意图

（二）钢塔吊装模拟

1. 吊耳设计

（1）概况

该桥设计为全钢结构双塔斜拉钢构组合体系桥。索塔采用全钢结构高低双塔，塔柱外形为两塔肢非一致倾斜的拱形结构。

（2）吊装方式

高塔分 31 段安装施工。其中依照节段形式主要分为 3 种方式进行吊装。吊装方式见表 7–4。

吊装方式表　　表 7–4

吊装方式	描　　述
第一种	GTA1、GTA2 、GTA3、GTB1、GTB2、GTB3 共 6 个节段的卸车、吊装采用单机旋转法：即使用 2000 吨履带起重机整体吊装，在结构处于完全水平稳定后，由起重机将结构垂直吊起，并通过回转将结构放置在指定位置，完成吊装工作
第二种	GTA4~11、GTB4~11、合龙段共 17 个节段的卸车、吊装采用双机抬吊提升递送吊装工艺：整体吊装设备，即使用 2000 吨履带起重机为主起重机吊结构的上部，使用溜尾起重机吊结构的下部，两台起重机先将结构抬起，主起重机负责提升，溜尾起重机负责送递，实现结构由平卧状态逐渐过渡到接近就位状态，完成结构的安装姿态，然后辅助起重机摘钩，由主起重机将结构垂直吊起，并回转将结构放置在安装位置上，固定完成吊装工作
第三种	GTA12~15、GTB12~15、合龙段共 8 个节段的卸车、吊装采用多机抬吊提升递送吊装工艺：整体吊装设备，即使用 2000 吨履带起重机为主起重机起吊结构的上部，使用多台辅助起重机起吊结构的下部，三台起重机先将结构水平翻转一定角度后由两台起重机将结构抬起，主起重机负责提升，溜尾起重机负责送递，实现结构由平卧状态逐渐过渡到接近就位状态，完成结构的安装姿态，然后辅助起重机摘钩，由主起重机将结构垂直吊起，并回转将结构放置在安装位置上，固定完成吊装工作

（3）吊耳的设计方式分析

①常规设计方式。依照节段重量及吊装方式确定单吊耳的最大受力后，依照标准选用吊耳尺寸。依照节段设计图估算节段重心位置。参照重心位置布置吊耳位置及形式。

②项目特点。索塔结构形式新颖、造型别致，其整体结构体系构造十分复杂。吊装节段为空间异型结构，吊装难度巨大。

③项目采用的设计吊耳。因结构的造型特点，二维图纸无法充分表达结构形状。在吊耳设计中，常规的设计方式仅限于相对规整结构的设计。基于该桥的设计特点，常规的设计方式不能保证吊耳位置的准确性和吊耳结构的合理性。

该项目针对节段的吊耳构造特点采用三维设计。使用 CATIA 软件在节段三维图上进行吊耳的设计分析。

（4）基于 BIM 技术的吊耳设计

设计要求：

①依照节段结构特点，确定吊耳的形式主要为板式吊耳，吊耳与结构的连接为焊接或栓接。

②板式吊耳的设计要求见图 7–34。

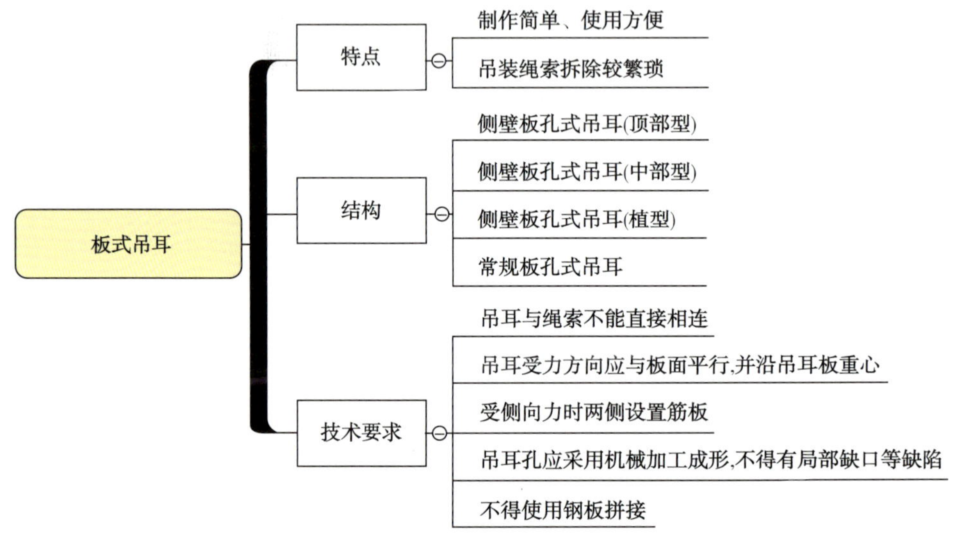

图 7–34 板式吊耳的设计要求

③吊点处设计要求。

a. 吊耳的设计中优先考虑减少节段外表面焊接量，保证安装后塔体的外观完整性。

b. 充分利用节段自身结构特点，避免节段材料的面受力。

④吊耳本体设计要求，见图 7–35。

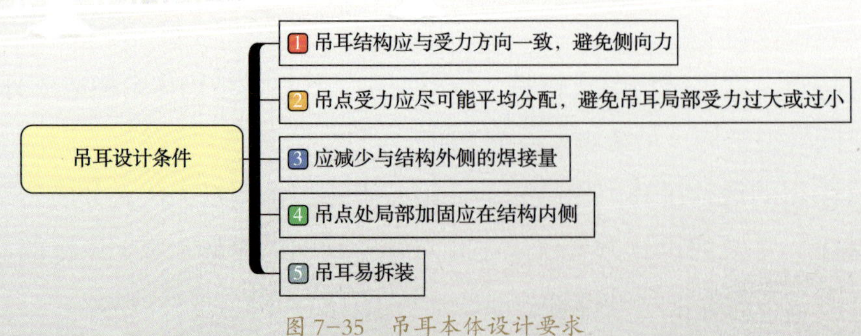

图 7–35 吊耳本体设计要求

设计思路：

a. 吊耳受力方向应与设备运输放置状态时的重心方向相同。

b. 设备在翻转、调整、就位过程中，两侧吊耳依照重心对称。

c. 吊耳尺寸参考（HG/T 21574—2008）《化工设备吊耳及工程技术要求》中 AP-100 进行计算。

d. 吊耳材质与节段材质相同，采用 Q420qE。

e. 第一种吊装方式（以 GTN1 段为例）。

应用 CATIA 创建节段的重心点，见图 7-36。

通过重心点绘制 *XY* 平面上定位草图。草图中上下侧 8 个点为吊耳孔心的投影点。投影点距节段腹板的距离为 20mm。草图绘制见图 7-37。

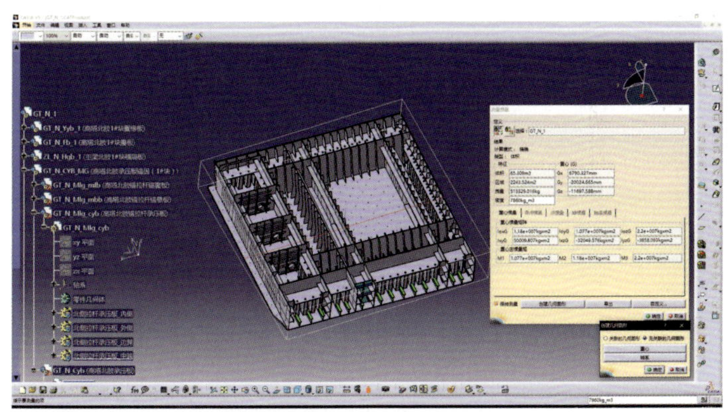

图 7-36 创建节段重心点

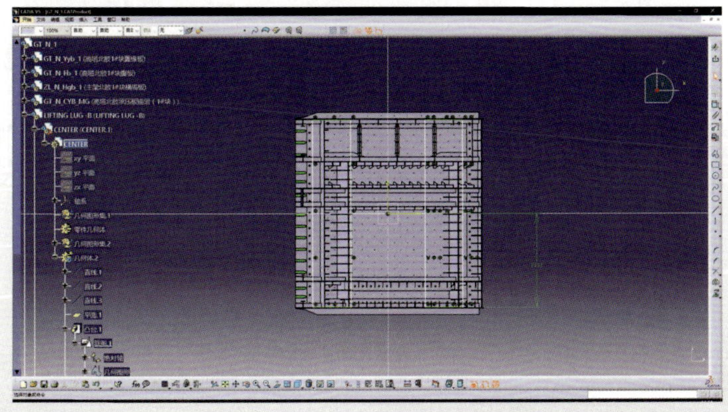

图 7-37 草图绘制

创建实体。位于腹板侧的 8 个点为吊耳的孔心位置。通过改变实体参数可对吊耳的位置进行变更。创建实体见图 7-38。

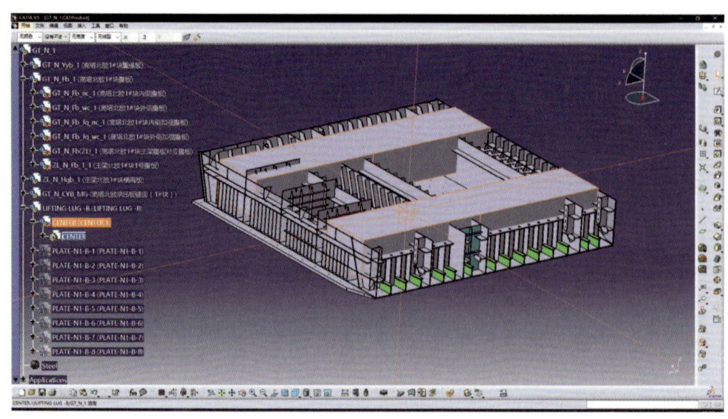

图 7-38 创建实体

建立定位草图绘制吊耳，见图 7-39。

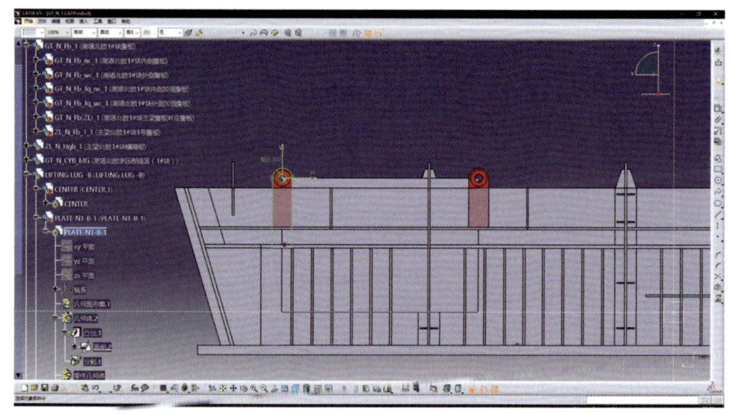

图 7-39 建立定位草图绘制吊耳

绘制吊耳后，对吊耳与腹板的接触进行微调，并确定吊耳的最终设计位置。吊耳模型见图 7-40。

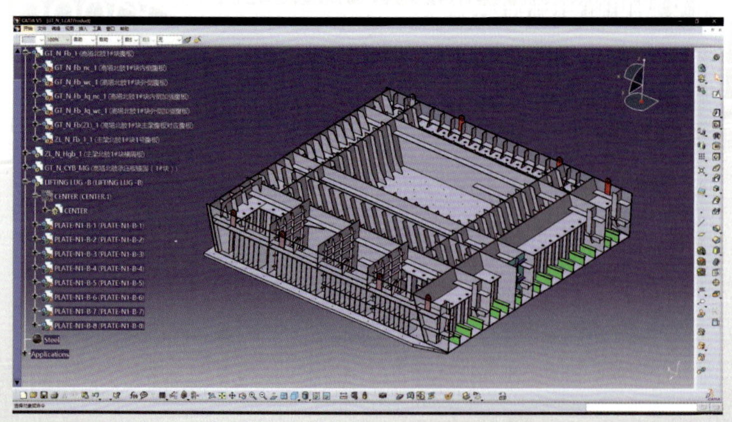

图 7-40 吊耳模型

吊耳的设计完成后进行有限元受力分析，依照分析结果反复调整吊耳的位置、尺寸、加固方式等，直至满足受力要求。

f. 第二种吊装方式（以 GTN8 段为例）。

应用 CATIA 创建节段的重心点，见图 7–41。

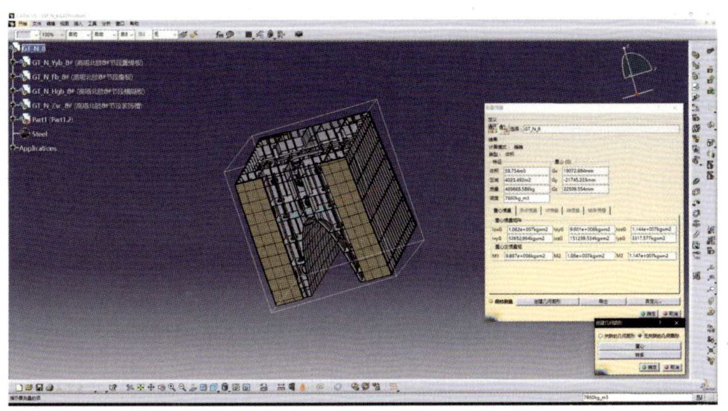

图 7–41 创建节段的重心点

确定节段起吊时的状态，确定平衡梁的方向。节段起吊时状态见图 7–42。

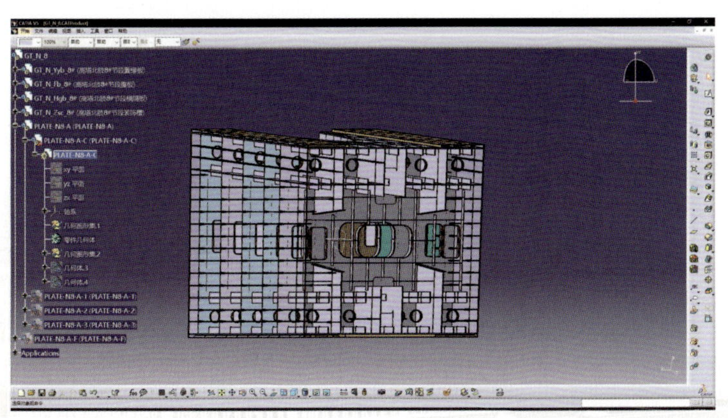

图 7–42 节段起吊时的状态

通过重心点绘制 *XY* 平面上的定位草图。草图垂直于平衡梁方向。草图两点为吊耳孔心的投影点。草图绘制见图 7–43。

创建实体，四点为主吊吊耳孔心位置。通过改变实体参数可对吊耳的位置进行变更。主吊吊耳孔心位置见图 7–44。

建立定位草图，绘制主吊吊耳。主吊吊耳草图绘制见图 7–45。

绘制吊耳后，对吊耳与腹板连接方式及加固形式进行调整。并确定主吊吊耳的最终设计状态。主吊吊耳模型见图 7–46。

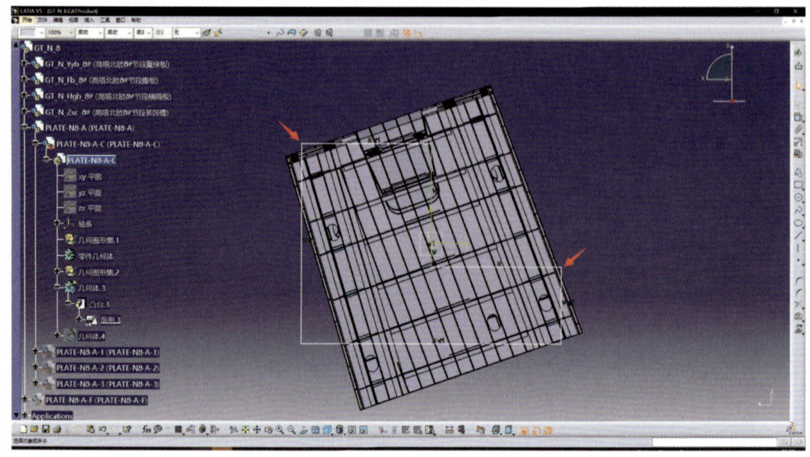

图 7-43 草图绘制

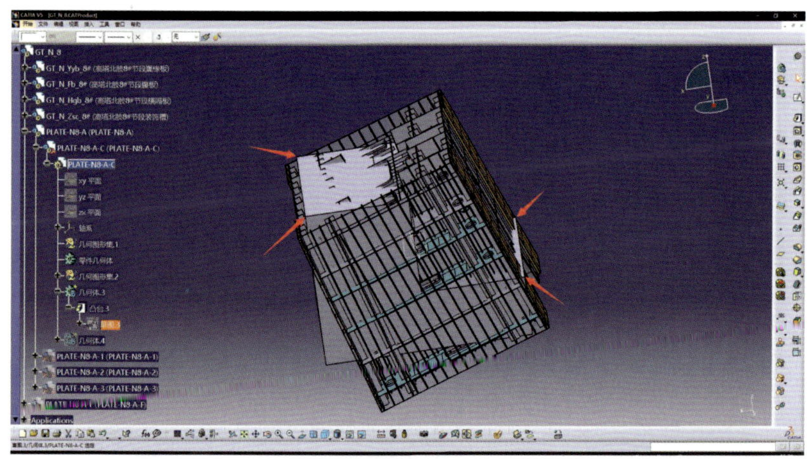

图 7-44 吊耳孔心位置

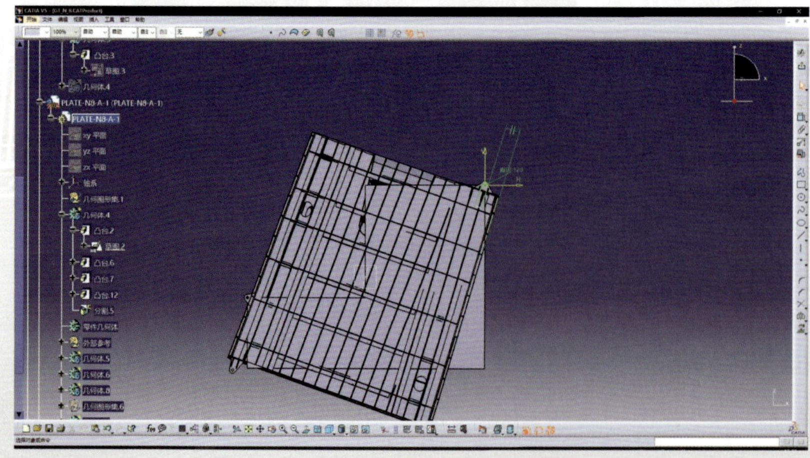

图 7-45 主吊吊耳草图绘制

依照主吊吊耳的位置及节段起吊时的状态创建溜尾吊吊耳。方式与主吊吊耳相同。溜尾吊吊耳模型见图 7–47。

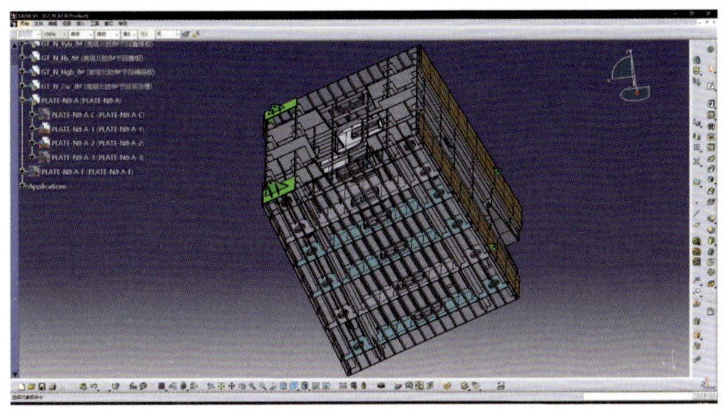

图 7–46　主吊吊耳模型

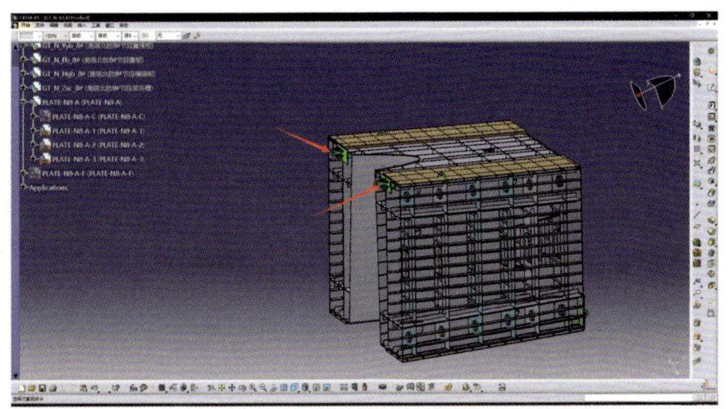

图 7–47　溜尾吊吊耳模型

吊耳的设计完成后进行有限元受力分析，依照分析结果反复调整吊耳的位置、尺寸、加固方式等，直至满足受力要求。

g. 第三种吊装方式（以 GTN15 段为例）。

应用 CATIA 创建节段的重心点，见图 7–48。

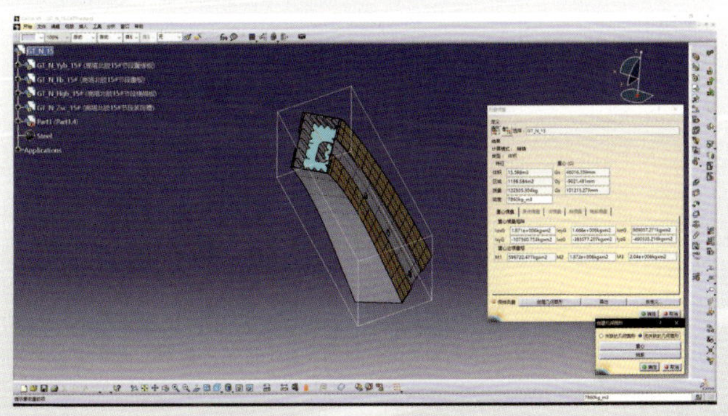

图 7–48　创建节段的重心点

确认节段的就位状态。在就位状态时平衡梁的合理方向。节段就位状态见图 7–49。

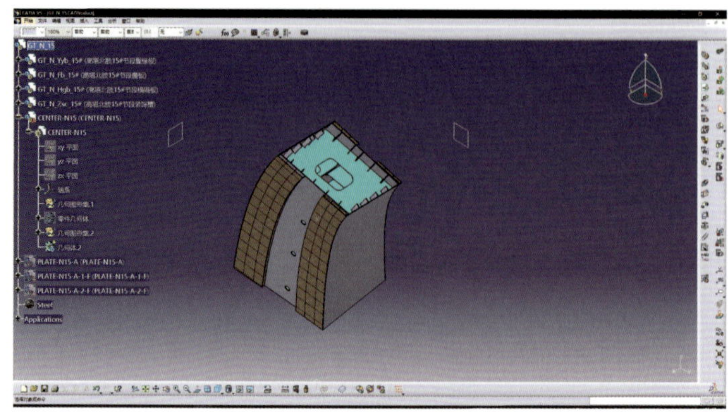

图 7–49　节段就位状态

通过重心点绘制定位草图。草图垂直于平衡梁方向。草图两点为吊耳孔心的投影点。草图绘制见图 7–50。

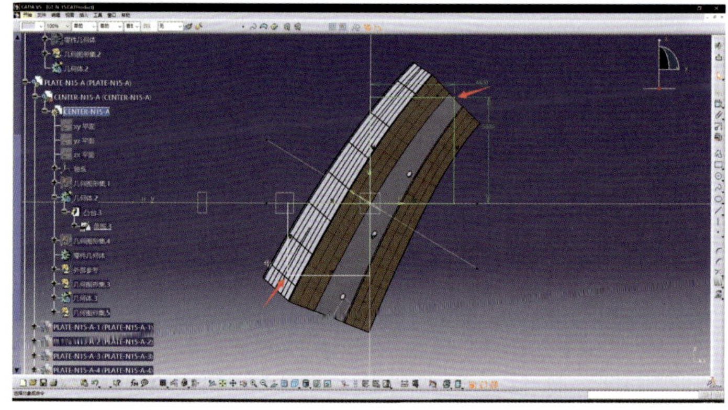

图 7–50　草图绘制

创建实体，四点为主吊吊耳孔心位置。通过改变实体参数可对吊耳的位置进行变更。主吊吊耳孔心位置见图 7–51。

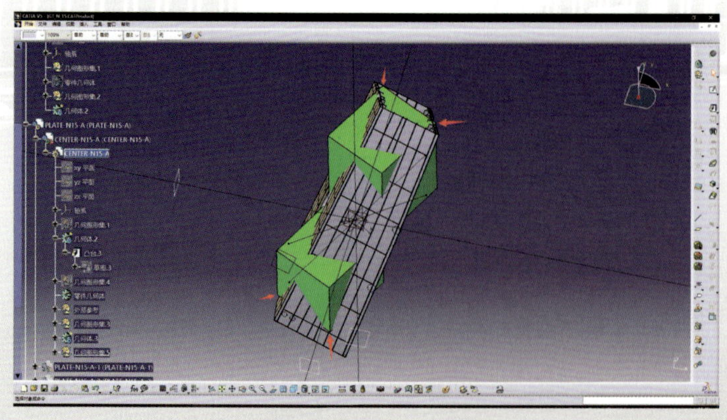

图 7–51　吊耳孔心位置

建立定位草图，绘制吊耳。主吊吊耳草图绘制见图 7–52。

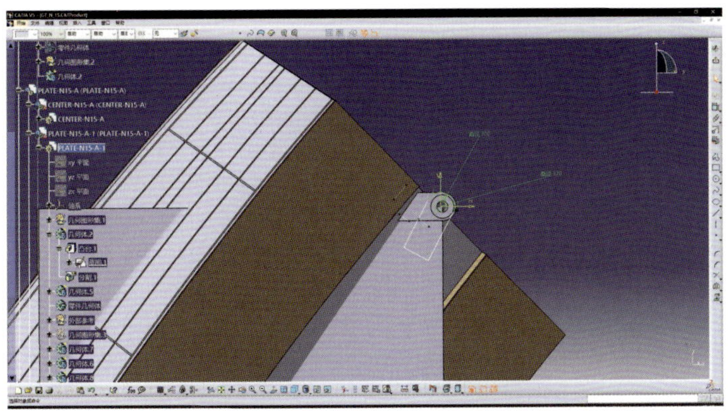

图 7–52　主吊吊耳草图绘制

绘制吊耳后，对吊耳与腹板连接方式及加固形式进行调整，并确定主吊吊耳的最终设计状态。主吊吊耳模型见图 7–53。

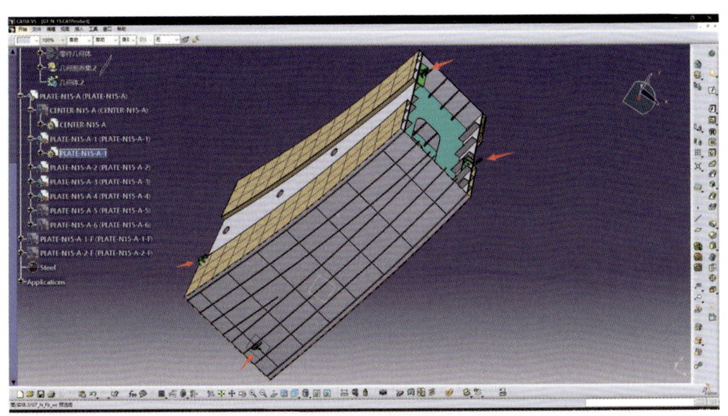

图 7–53　主吊吊耳模型

依照主吊吊耳对称重心确定结构由水平至竖直状态时溜尾吊耳的位置。溜尾吊吊耳方向确定见图 7–54。

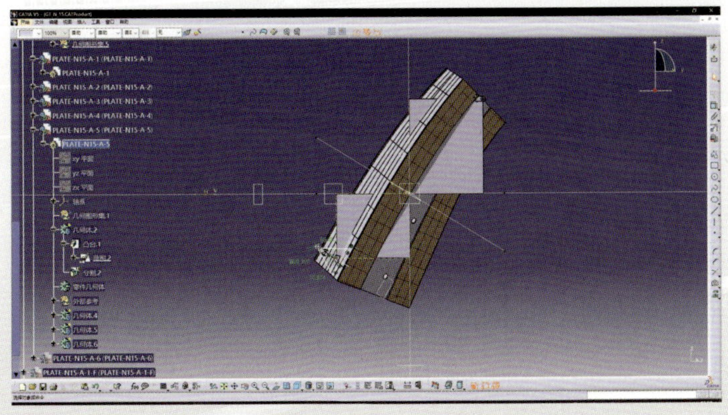

图 7–54　溜尾吊吊耳方向确定

绘制吊耳后，对吊耳与腹板连接方式及加固形式进行调整，并确定溜尾吊吊耳的最终设计状态。溜尾吊吊耳模型见图 7–55。

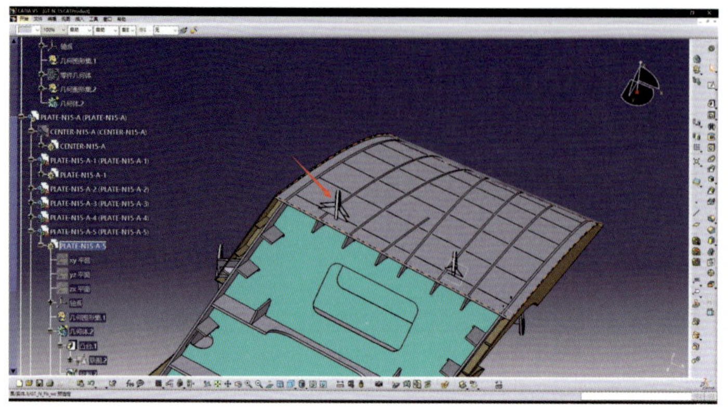

图 7–55 溜尾吊吊耳模型

确认节段运输状态。节段运输状态见图 7–56。

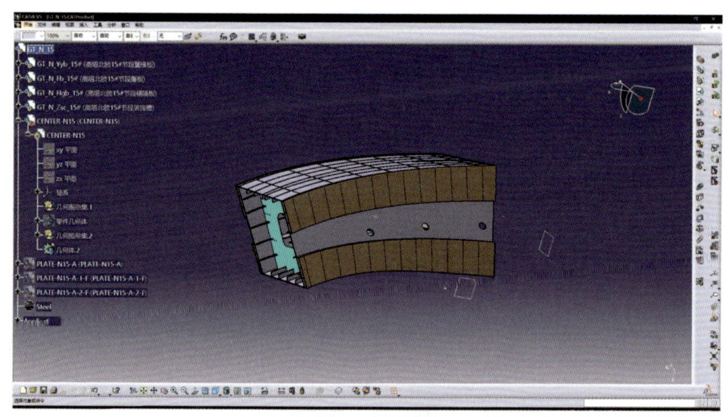

图 7–56 节段运输状态

依照运输状态，确定翻转吊耳的位置。翻转吊耳草图绘制见图 7–57。

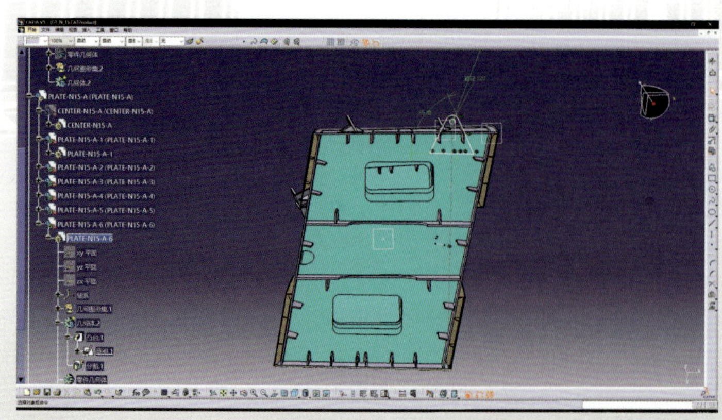

图 7–57 翻转吊耳草图绘制

绘制吊耳后，对吊耳与腹板连接方式及加固形式进行调整，并确定翻转吊耳的最终设计状态。翻转吊耳模型见图 7–58。

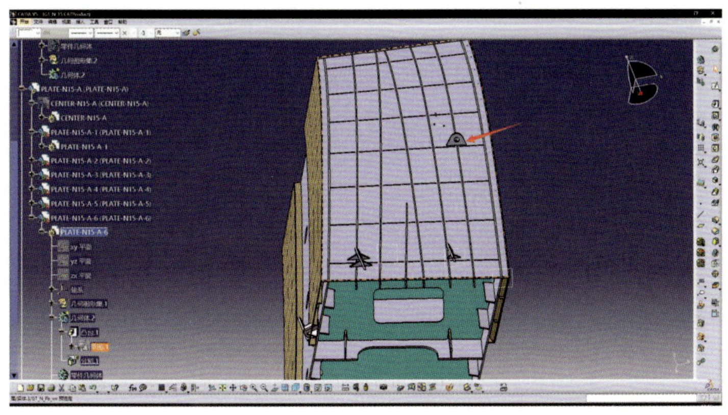

图 7–58　翻转吊耳模型

吊耳的设计完成后进行有限元受力分析，依照分析结果反复调整吊耳的位置、尺寸、加固方式等，直至满足受力要求。

（5）设计校核

利用 CATIA 的分析与模拟模块对节段设计后的吊耳进行粗算。依照计算的应力云图对吊耳的加固进行修改。经粗算满足要求后使用 ANSYS 进行节段吊装过程的有限元分析，确定最终结果。

①利用 CATIA 进行有限元分析的过程。

a. 划分网格，见图 7–59。

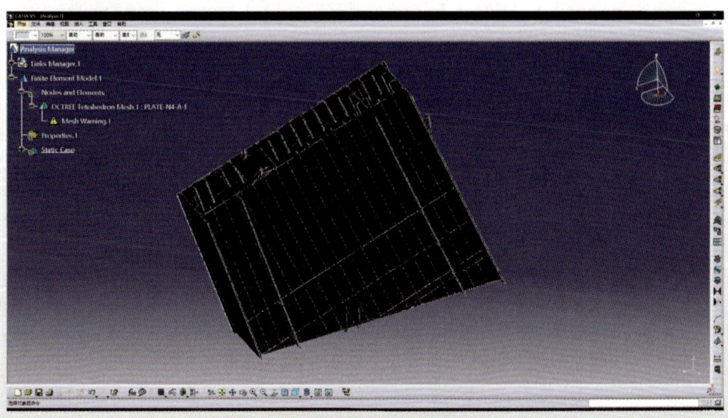

图 7–59　划分网格

b. 对节段进行重力加载，考虑 1.65 倍的放大系数，重力加载见图 7–60。

c. 固结结构分析状态下的吊点，吊点固结见图 7–61。

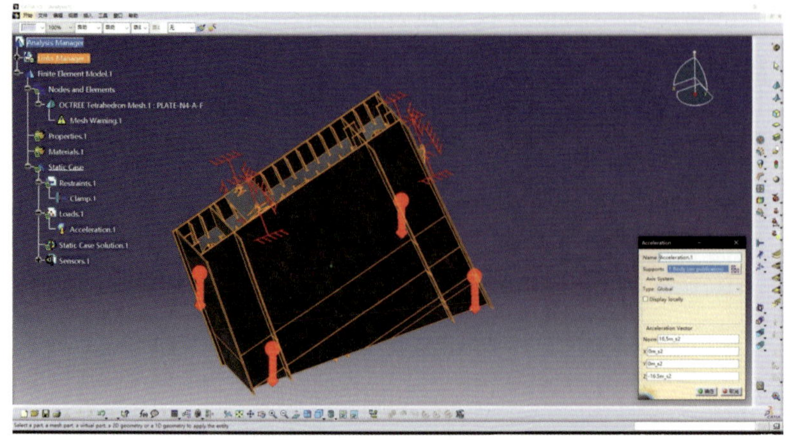

图 7-60　重力加载

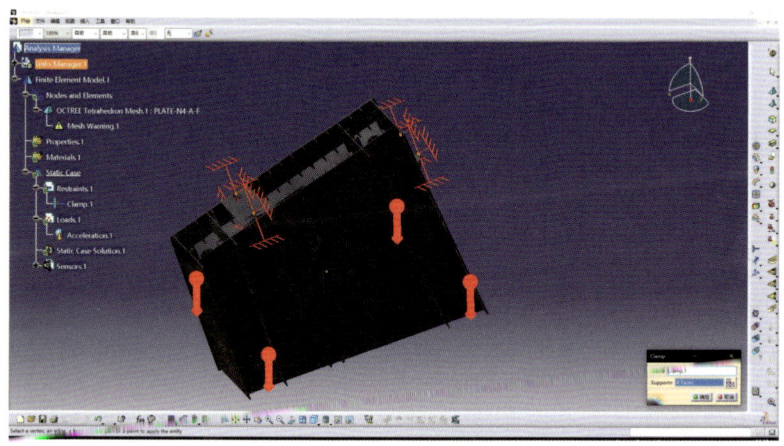

图 7-61　吊点固结

d. 进行有限元计算分析，分析结果见图 7-62。

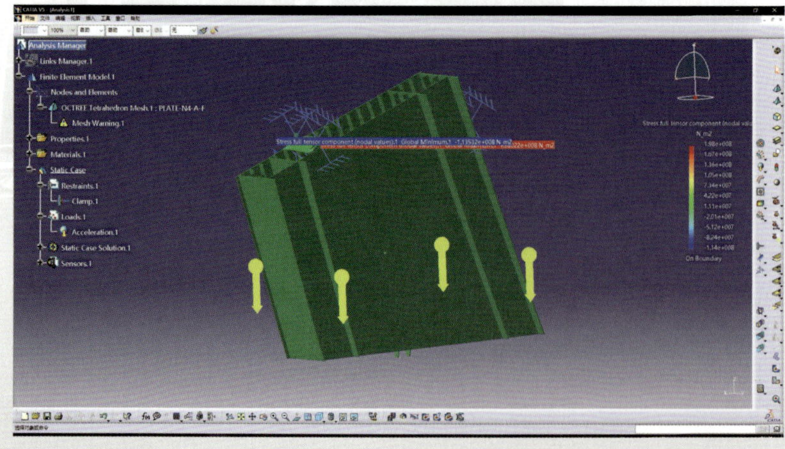

图 7-62　有限元计算分析

②依照计算结果进行吊耳修改。

应用 CATIA 有限元进行粗算，满足设计要求后，使用 ANSYS 进行有限元分析，形成最终精确结果。

（6）基于 BIM 技术进行吊耳设计的效益

吊耳设计之前必须对节段从节段的卸车到安装就位的整个吊装施工步骤有明确认识。依照节段重量确定吊耳的基本形式。通过 CATIA 的制图步骤保证吊耳的设计满足施工要求。应用 CATIA 进行吊耳的设计，相对于以往常规的吊耳设计更为精确，准确的三维模型使吊耳的构造、受力达到最优化。

2. 数字仿真技术

（1）基于 BIM 技术的吊装仿真

①数据轻量化处理。

由于施工过程中，施工涉及的主塔模型数据、机械模型数据和场地模型数据较大，为更加精确地控制与实际工况进行比对，方便进行后续的吊装仿真模拟，将过程已定型的产品进行轻量化处理，处理过程举例说明如下：

a. 数据拆分。将机器模型数据以相对过程静止划分到同一个部件中，再以约束命令进行相对位置的驱动，这样便于在施工每一个主塔节段时，可以快速调整，形成机械模型数据的骨架参数化模型（见图 7–63 所示）。同理，将场地模型数据按照不同的种类进行绘制，便于后期在相对位置进行调整时，可能简单通过调整约束即可达到快速调整模型的办法。

b. 批量数据处理。将参数化模型按照设定好的文件夹形式通过软件的批量处理功能（见图 7–64 所示）转化为轻量化 CGR 格式数据，便于后续的数据使用，这样避免技术人员转化数据时人为转化操作失误的情况，同时也提高转化数据的效果和速度。

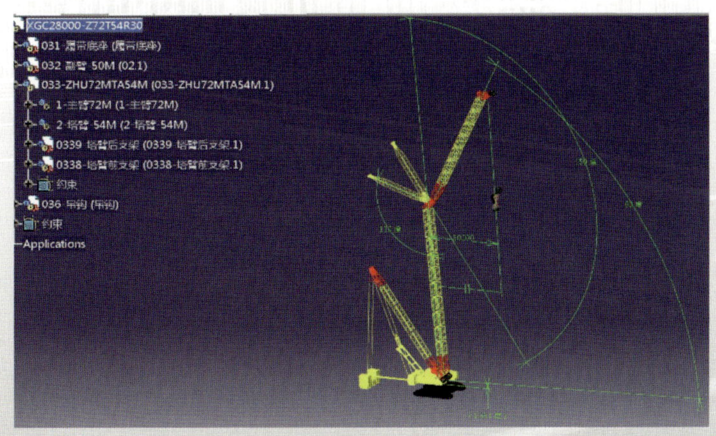

图 7–63　机械模型数据的骨架参数化模型

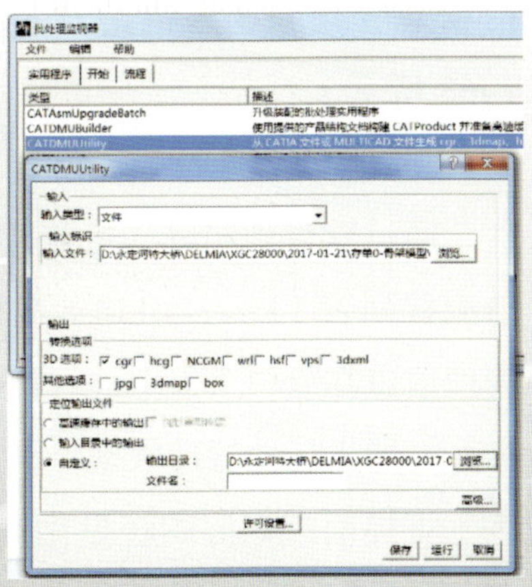

图 7–64　通过软件的批量处理功能

②数据结构划分。

仿真软件中通过流程列表、产品列表和资源列表（Process List. Product List. Resources List）对数据内容进行有效划分（见图 7-65 所示），为后续数据组织提供很好的依据。根据工程的特点，将仿真模拟的命令有序地存放在流程列表中；将本工程的设计模型放置在产品中；将其他过程资源放置到资源列表中。

③吊装仿真数据创建。

a. 进程库（Process Library）创建

在软件中的进程库（见图 7-66 所示）创建主要用于进行在流程中对分布分项工程的管理划分和人、机、工程和场地等数据节点进行提前规划命名，形成一整套项目过程的规划记录，便于项目内吊装事宜信息统一管理。

图 7-65　对数据有效的划分

图 7-66　进程库

b. 录入分部分项工程划分信息和管理信息

录入分部分项工程时，采取以下规则对每个分部分项工程进行命名："分部工程代号"-"分部工程"-"子分部工程代号"-"子分部工程"-"分项工程"（见图 7-67 所示）。

具体每个分项工程中的项目管理主要为：人员管理，设备管理和场地管理（包括场地变化和场地内的材料管理），用于分别统筹分项工程中的资源管理（见图 7-68 所示）。

c. 嵌入进程库

通过软件中的嵌入进程库（Insert Activity Library）（见图 7-69 所示）使得进程库与流程列表（Process List）进行关联。同理也将进程库的人员管理、设备管理和场地管理信息在分项工程中进行相关的管理设定。

d. 导入场地管理数据

将提前规划好的轻量化规划场地模型通过插入资源（Insert Resources）导入至资源列表（Resources List），形成场地资源模型（见图 7-70 所示）。

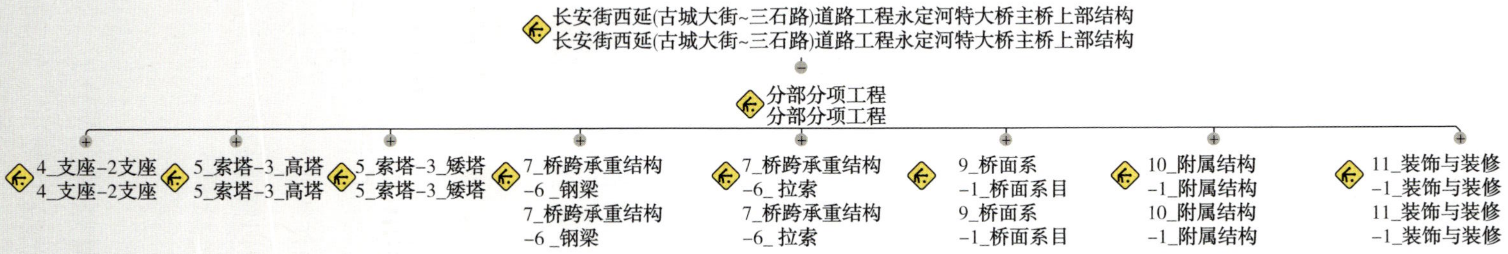

长安街西延(古城大街~三石路)道路工程永定河特大桥主桥上部结构
长安街西延(古城大街~三石路)道路工程永定河特大桥主桥上部结构

分部分项工程
分部分项工程

4_支座-2支座
4_支座-2支座

5_索塔-3_高塔
5_索塔-3_高塔

5_索塔-3_矮塔
5_索塔-3_矮塔

7_桥跨承重结构
-6_钢梁
7_桥跨承重结构
-6_钢梁

7_桥跨承重结构
-6_拉索
7_桥跨承重结构
-6_拉索

9_桥面系
-1_桥面系目
9_桥面系
-1_桥面系目

10_附属结构
-1_附属结构
10_附属结构
-1_附属结构

11_装饰与装修
-1_装饰与装修
11_装饰与装修
-1_装饰与装修

图 7-67　命名流程

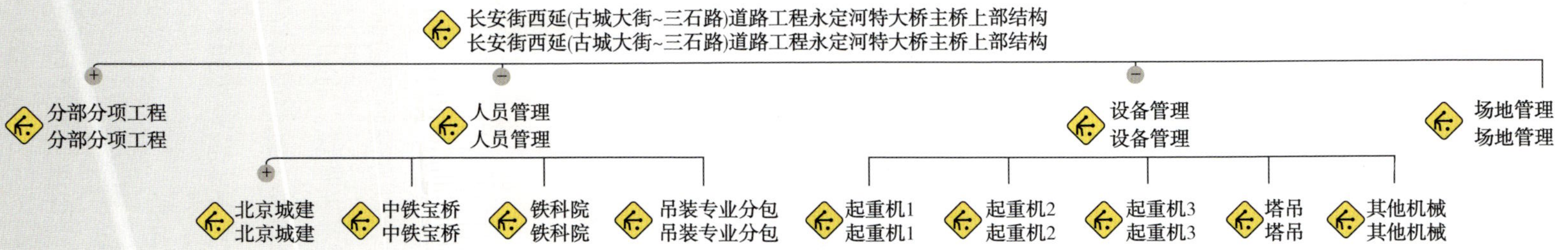

长安街西延(古城大街~三石路)道路工程永定河特大桥主桥上部结构
长安街西延(古城大街~三石路)道路工程永定河特大桥主桥上部结构

分部分项工程
分部分项工程

人员管理
人员管理

北京城建
北京城建

中铁宝桥
中铁宝桥

铁科院
铁科院

吊装专业分包
吊装专业分包

设备管理
设备管理

起重机1
起重机1

起重机2
起重机2

起重机3
起重机3

塔吊
塔吊

其他机械
其他机械

场地管理
场地管理

图 7-68　分项工程中的资源管理

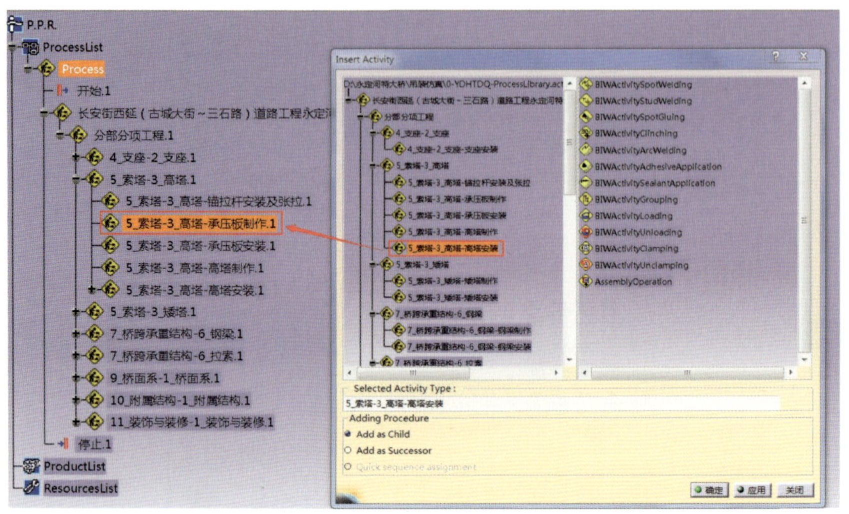

图 7-69　通过软件中的嵌入进程库

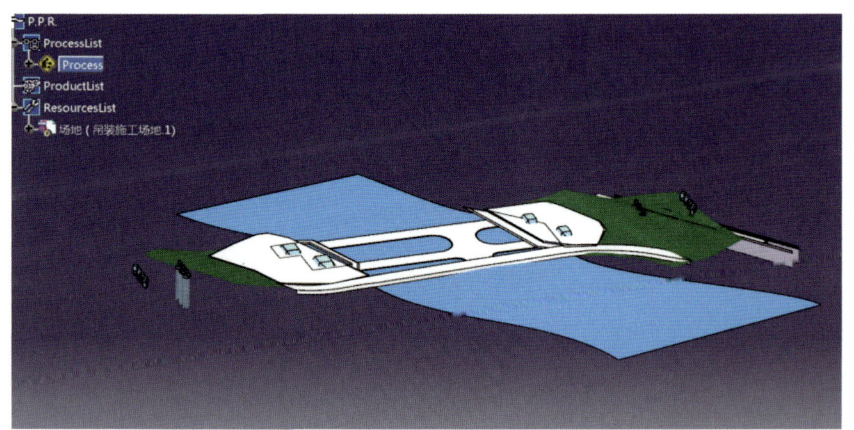

图 7-70　形成场地资源模型

e. 导入机器设备模型

通过设备建立（Device Building）功能，将过程中所需的关键设备轻量化模型先建立机器设备模型，以方便后期的命令设定和快速关联性操作。注意在操作过程中有些吊装节点使用到了平衡梁。在机器中平衡梁起到的作用类似于机器抓手工具，软件在这里设计时机器抓手工具可以传递机器的动作，可以降低机器设定的繁琐程度。再将机器设备模型依次导入至资源列表（Resources List）。

f. 导入工程主体

将参数化的工程主体模型按照分部分项工程计划进行划分后，导入至产品列表（Product List），结合项目进度后形成主体工程的进度关联模型。如高塔导入情况见图 7-71 所示。

图 7-71　高塔导入

（2）吊装仿真模拟及优化

①形成初版吊装仿真模拟方案。

图 7-72 所示为吊装仿真的进度计划与理论模型姿态的对比。在该工程的实际吊装过程中，由于主塔每段重量较大，最重的节段达到了 600 多吨，且每段的形状为不对称的六面体，对于吊装关心的重心问题，可以使用软件先进行动作模拟分析，提前对起重机站位问题和每节段吊装时的合理姿态进行提前分析，从而达到对吊装过程的初步控制。

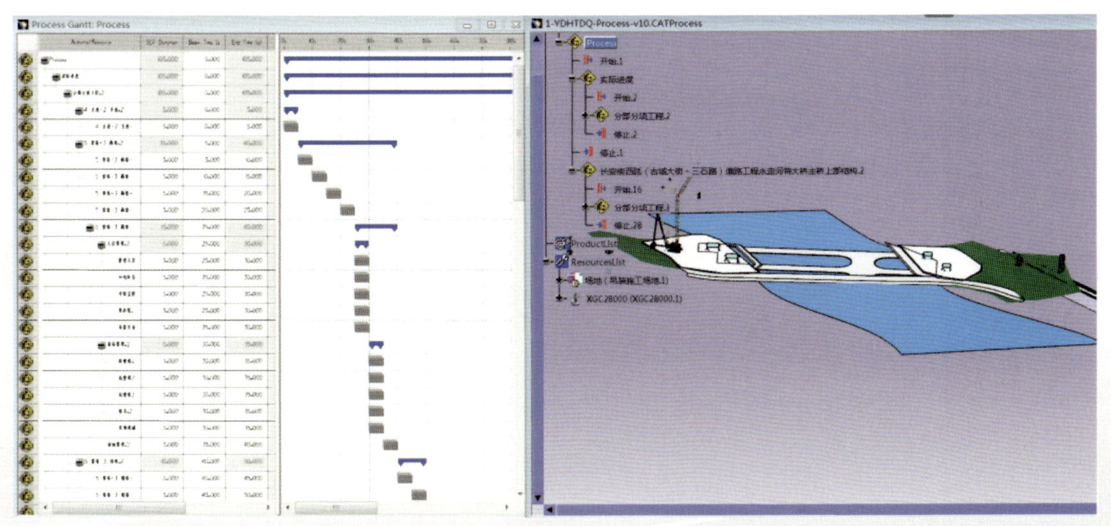

图 7-72　吊装仿真的进度计划与理论模型姿态的对比

在起重机站位合理的情况下，可以对运输主塔节段的运量轴线车的运输路线进行提前规划，结合轴线车实际工况下的速度，提前确定运输每节段主塔所需的时间，并为后续运输过程中安全员的风险辨识提供一定依据。

由于该工程的吊装属于重点危险风险源，结合相关的安全管理规定，可以通过模拟提前对危险区域进行区分，这样便于在施工时，提前进行场地内的风险标识规划。

②优化调整吊装仿真方案。

由于工程实施过程中有一些不确定的问题，导致实际的吊装安排计划不能完全按照初版吊装仿真方案进行，此时要结合现场的实际情况，有序地对吊装所需的资源进行梳理，及时对每个阶段的布置任务进行及时调整，以达到最佳的吊装条件，从而对吊装过程进行有效的控制和资源的利用。

利用软件对已经设定好的计划进行实际进度的编制，形成实际进度和计划的对比，从而直观地反映出吊装过程中各个阶段任务的安排情况，达到资源的有效合理利用。

第八篇　新首钢大桥主桥科技攻关篇

概 述

科技是国之利器，国家赖之以强，企业赖之以赢，人民生活赖之以好。中国要强，中国人民生活要好，必须有强大的科技。

该篇章详细记载了新首钢大桥主桥的建设过程，字里行间充满着科技的力量，读来令人振奋。

新首钢大桥主塔为空间扭曲变截面箱形结构，其整体、局部构造及受力均异常复杂。斜桥布置使各结构构件空间受力特征突出，在结构设计、制造和架设等方面，均面临诸多前所未有的新挑战。

大桥主塔的变截面空间扭曲造型使用现有的设计手段几乎无法表达清楚；总体及局部的复杂受力，导致设计相关的计算分析和结构优化工作难度和工作量都异常艰巨；大桥扭曲面厚钢板的加工难度巨大；桥位钢塔只能采用节段吊装架设方案。由于塔柱的不规则变截面扭曲，无法确切定义塔柱的轴线，如何进行安装以及精度控制等，都成为棘手的难题。

行业常规的设计手段、加工工艺、设计分析方法等，均难以解决这些难题。面对项目初期多位业内专家的质疑，北京市市政工程设计研究总院有限公司项目组迎难而上，以解决空间扭曲面设计为突破点，大胆引入航空航天工业设计软件 CATIA，从 2013 年开始，历时多年深入研究，并与项目各参建方协同探索，借助先进的三维数字技术，成功解决了大桥设计实施过程中的诸多技术难题，并且分毫不差地将设计方案变成了巍然屹立在永定河上的大桥，处处彰显着工程师们的智慧和科技的力量。

一、施工建设难点的解决

（一）钢结构制造工艺试验研究

1. 曲板成型工艺试验

为了保证永定河特大桥顺利施工，在中铁宝桥（扬州）有限公司，根据大桥钢塔结构特点，选取高塔靠近塔顶部位具有代表性的非一致曲率曲板作为试验件，按照项目钢塔板单元预定工艺制作，以验证曲板单元工艺、工装、验收标准的可行性，参见图 8-1。

图 8-1 钢塔曲线板单元制作试验

2. 曲线节段制造工艺试验

为了确保永定河特大桥钢塔曲线节段制造精度，在中铁宝桥（扬州）有限公司，选取钢塔上塔柱局部结构进行曲线节段试制试验，以验证曲线节段制作工艺、工装、精度标准的可行性，参见图 8-2。

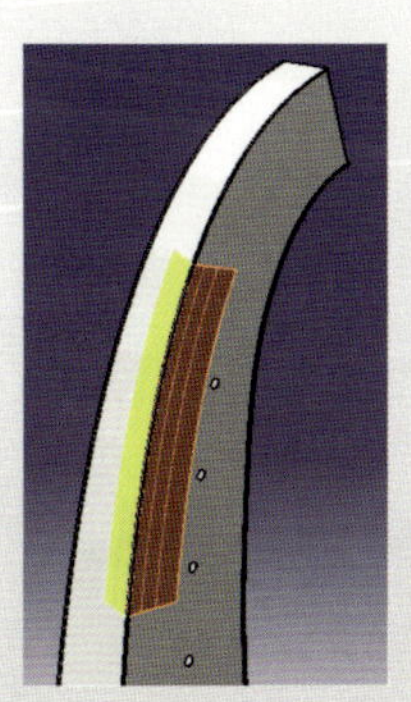

图 8-2 钢塔曲线节段组拼试验

3. 钢结构焊接工艺评定试验

在中铁宝桥（扬州）有限公司，根据永定河特大桥钢塔、钢梁结构接头形式，共确定了 44 组焊接工艺评定试验项目，通过精心组织，严格管理与质量管控，在试验基础上确定了各类接头形式的施焊工艺要求，确保了项目焊接质量的稳定，参见图 8-3。

图 8-3　钢结构焊接工艺评定试验

4. 工厂涂装配套性工艺试验

2016 年 6 月，在中铁宝桥（扬州）有限公司打砂涂装厂房内，根据项目涂装体系，选择国际著名的冷涂锌品牌与著名环氧油漆品牌进行配套性工艺试验，根据工艺试验结果，初步确定冷涂锌与环氧漆可配套的油漆品牌，参见图 8-4。

图 8-4　工厂冷喷锌涂装配套性试验

5. 现场涂装配套性工艺试验

2017 年 7 月，在中铁宝桥北京总拼场地打砂涂装厂房内，在工厂涂装配套性工艺试验基础上，选取无锡华东锌盾、比利时冷涂锌涂料，选取国内外著名环氧油漆品牌进行现场配套性工艺试验，并委托专业检测机构对配套性进行试验检测（锌含量、电位差、柔韧性试验、耐盐雾性试验、抗滑移系数试验等），参见图 8–5。

图 8–5　现场冷喷锌涂装配套性试验

（二）钢塔钢梁制造关键技术攻关

1. 大尺寸超厚板焊接技术

永定河特大桥钢塔承压板结构尺寸大（约 150mm × 15m × 16m），是以往工程用超厚板面积的数倍，其加工整体平整度设计要求不超过 ± 5mm，施工难度非常大。在以往工程超厚板焊接经验的基础上，采取合理划分单元、设计对接坡口形式、试验确定施焊工艺、规划组拼顺序、制定焊缝施焊顺序、设置预变形控制值及翻身方案，使其焊接变形达到预期目标。通过多措并举的实施，承压板拼焊后未经热矫正，整体平面度均达到 ± 3mm，实现了设计标准要求，参见图 8–6。

图 8–6　大尺寸超厚承压板焊接与检测

2. 零件激光数控划线技术

为了保证空间曲线钢塔节段组装基准呈现在同一平面内，达到施工精度的要求，采用三维软件展开技术生成二维曲线基准线，并在零件制作时采用激光数控设备划出曲线基准线。激光数控设备施划基准线，能够实现任意曲线基准线的施划，确保基准线施划的准确度和精度，参见图 8–7。

图 8–7　激光数控机床划线

3. 空间曲板成型技术

大尺寸空间曲板加工是目前钢桥梁制造中的最大难点，目前国内外无专用空间曲板加工设备，也无成熟的制造技术可供参考。通过曲板成型试验研究，针对空间曲板线形，计算出纵向最小曲线，采用辊板机或压力机进行预弯处理，并设置一定的反弹量；根据每个曲板特征点的线形，设计专用冷压成型工装，对曲板上各特征点进行精确约束，使其达到设计要求的线形；在采用多点冷压成型后，曲板局部线形无法达到设计要求，或者特征点之间区域过渡不匀顺部位，应采用热矫正措施进行修正，使其达到施工精度要求，参见图 8–8。

图 8–8　空间曲板单元制作

4. 空间曲线钢塔节段制造技术

空间复杂扭曲异型钢塔节段制造属国内首创，尚无先例可循。通过对复杂扭曲异型钢塔节段试验研究，采用专用胎型作为节段组拼的外胎，精加工的横隔板作为节段组拼的内胎，布设于各板单元上的曲线基准线作为组拼的对位基准，采用分步组拼、分步监测的控制手段，确保空间复杂扭曲异型钢塔节段制造精度符合设计标准，参见图 8-9。

图 8-9　空间曲线钢塔节段制造

5. 空间曲线钢塔节段整体检测技术

空间复杂扭曲异型钢塔节段，采用传统钢尺、全站仪、水准仪等可对结构的单一尺寸进行检测评价，很难进行节段整体线形、尺寸的综合检测与评价。为此，采用国内先进的三维扫描测量技术，对空间曲线钢塔节段进行辅助分析，综合判断节段制造线形及尺寸精度，为项目产品质量保驾护航，参见图 8-10。

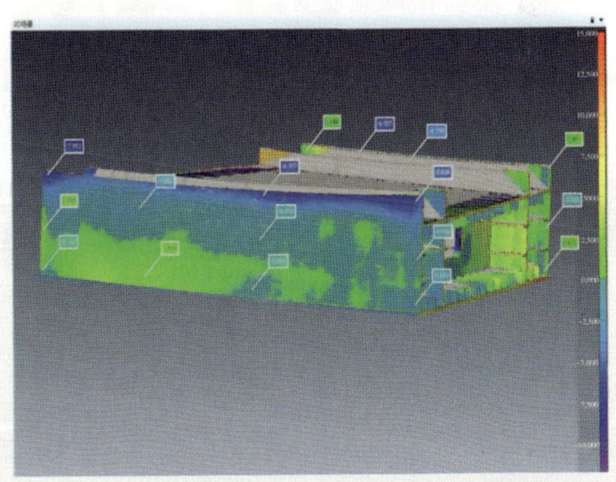

图 8-10　空间曲线钢塔节段检测

6. 大尺寸钢塔节段下河运输方法

项目钢塔节段结构形式复杂，断面尺寸大（最大长宽 22m，最大高度 11m）、重量重（单段重量达 670t），且从总拼场地运输至安装区需通过 5% 斜坡的下河马道。针对复杂的施工运输环境，结合项目钢塔节段的起重要求，选择两台德国产 480 吨多轴液压移梁平车进行钢塔节段的下河运输，参见图 8-11。

图 8-11　大尺寸钢结构件现场运输

7. 大尺寸变截面钢梁组拼技术

本项目中跨大尺寸 (高度 10m × 宽度 12m) 变截面钢梁，在钢梁制造专用胎型上，采用分步组拼形成整体节段的制造方案，有效解决了结构线形控制难、高空施工作业安全、结构精度控制难等关键问题，参见图 8-12。

图 8-12　大尺寸变截面钢梁组拼施工

8. 厚板单面焊双面成型技术

本项目厚板（厚度 30~52mm）接宽采用单面焊双面成型工艺，预设焊接反变形，背面贴陶质衬垫，气体保护焊打底、埋弧自动焊盖面。焊缝间隙控制在 4~6mm，打底焊缝焊接两层，厚度控制在 8~10mm；埋弧自动焊填充时控制线能量和层间温度，确保焊缝性能，盖面时采用两道盖面，控制余高和焊缝外观成型，有效加快了板单元对接效率，参见图 8-13。

图 8-13　厚板单面焊双面成型施工

二、监控难点的解决

（一）大型空间异形钢塔斜拉桥施工监控

21 世纪以来，伴随我国城市化快速发展的进程，城市桥梁建设规模与日俱增，除满足基本的交通功能外，被赋予更多的象征功能和文化内涵，桥梁美学需求更加突出，通过对常规桥梁的简单装饰已难以满足人们对景观功能的需求，具有复杂空间造型美学感染力的大跨度斜拉桥受到广泛关注。在该类斜拉桥建造中必然需要对测控的理论方法及遇到的新的技术问题进行更为深入研究和探讨，以期丰富和发展斜拉桥施工控制技术。

1. 施工监控解决的关键问题

（1）提出钢塔、主梁几何形态监控的完整技术路线

具体涉及施工各环节的总体方法、目标。包括对支架变形、现场调控动作、焊接变形控制等方面的控制要求及指标分解、验证。

（2）监控钢结构预拼装阶段的几何误差

监控钢塔和钢梁节段预拼装几何形态及重要精度指标是否满足各方共同参与制定的《永定河特大桥主桥钢结构建造精度标准》和设计要求。

（3）监控钢结构架设几何形态

索塔和钢梁的架设过程中，其结构特征点、特征截面的三向位移、三向转角在不

断变化，需要实时监控其三维姿态及受力情况，分析各种施工偏差对结构应力、变形的敏感度。同时针对已建成节段与理论计算模型之间可能的超限误差，提出下一节段架设的调整纠偏方案，调整前应对塔梁支架的安全事先核算，并进行过程监控；监测支架上设置的姿态调整措施是否合理、有效；确保最终合龙成桥的索塔及钢梁线形满足设计要求。

（4）监控结构安全

对施工全过程桥梁结构的位移、应力和稳定性进行监测、分析、控制，进行结构安全预警，提出控制方案，确保大桥施工过程安全。此外，对塔、梁施工支架方案提出合理化建议。

（5）监控斜拉索索力

确定拉索的张拉顺序，监控施工各阶段的张拉索力及成桥索力。

（6）监测温度、风力等影响因素

对桥位现场的气象环境进行监测，以便必要时提出临时措施或停止施工的决策。监测设备按监测单位要求由施工单位采购，数据采集和指令下发由施工监控单位完成。

2. 斜拉桥建造全过程仿真计算

斜拉桥建造全过程仿真计算主要由合理成桥状态确定、结构复核验算、全过程仿真计算分析、参数敏感性分析等部分组成，参见图 8–14 和图 8–15。

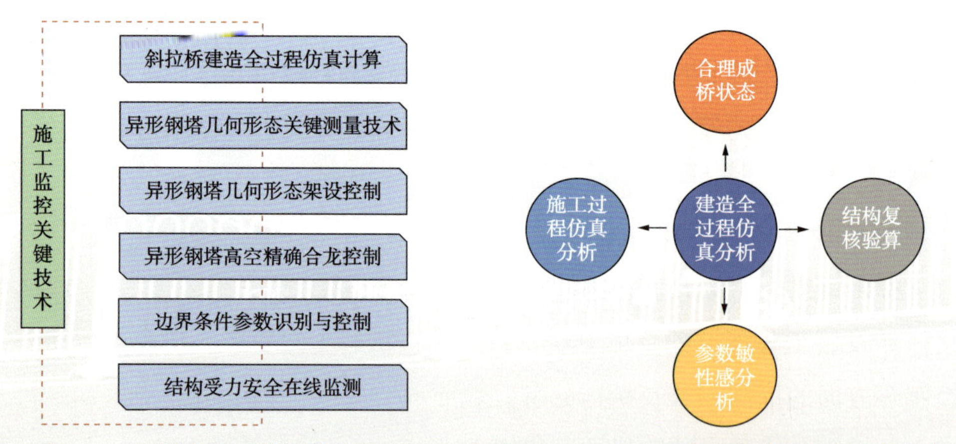

图 8–14　斜拉桥施工监控关键技术　　图 8–15　斜拉桥建造全过程仿真分析组成

针对大桥采用变截面钢箱塔，钢塔具有双肢非一致倾斜、空间呈“跨步”扭曲造型的特点，传统基于平截面假定的梁单元有限元模型在模拟此类密集加劲肋变截面箱形截面时无法精确考虑剪力滞后效应、约束扭转效应、剪切变形等因素造成的应力偏差，进而无法为现场基于构件局部区域的应力监测提供依据，为此在对大桥开展几何形态控制计算研究时，对钢塔建立了全板壳单元模型，主梁采用梁单元模型，拉索采用桁架单元，即全桥几何形态控制采用板壳单元（钢塔）+ 梁单元（主梁）+ 桁架单元（拉索）的混合有限元模型。

基于通用有限元计算分析软件 ANSYS 建立混合有限元模型，模型概貌见图 8-16。

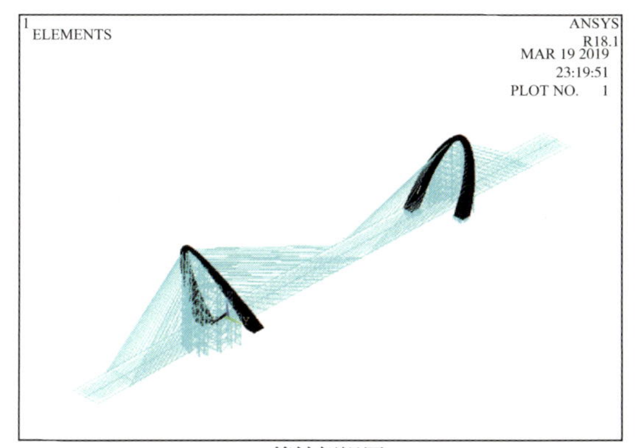

a)等轴侧视图

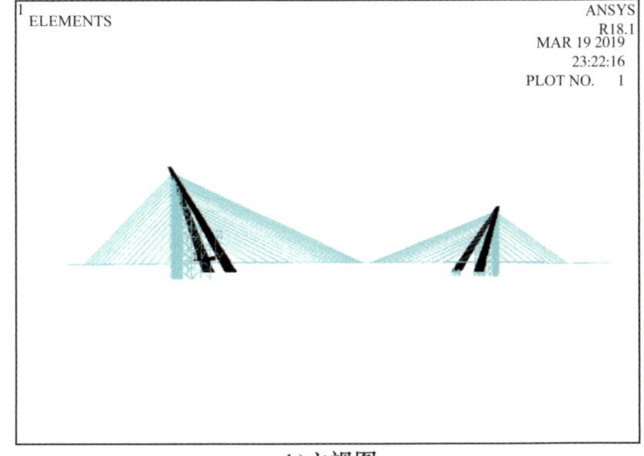

b)立视图

c)车行方向视图

d)高塔局部放大图

图 8-16　ANSYS 混合有限元模型整体状况

为便于对大桥开展参数敏感性分析、拉索调索计算，提高计算效率，对大桥同步建立了杆系单元模型。

针对扭曲型钢塔斜拉桥的特点，建立板壳单元与梁单元混合的三维空间有限元模型，依据生死单元技术基于正装计算获取索塔制造几何形态，基于棱线长度给出索塔节段制造修正量和基于全过程分析给出索塔各阶段架设几何形态控制信息，考虑索塔主梁制造几何形态及车道荷载预拱度的影响，计算拉索无应力长度，参见图 8-17~ 图 8-20。

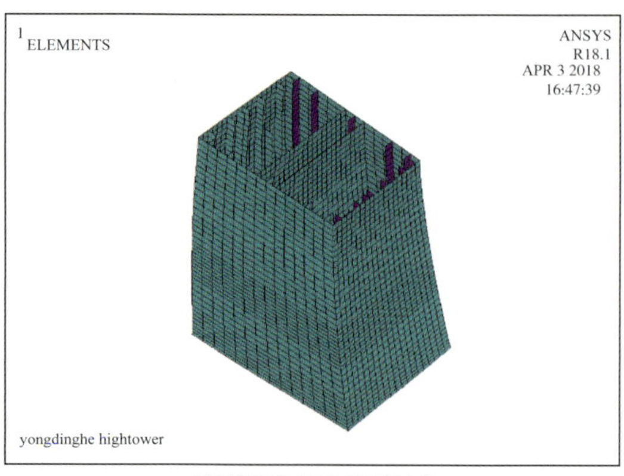

a)钢塔节段板壳单元细节

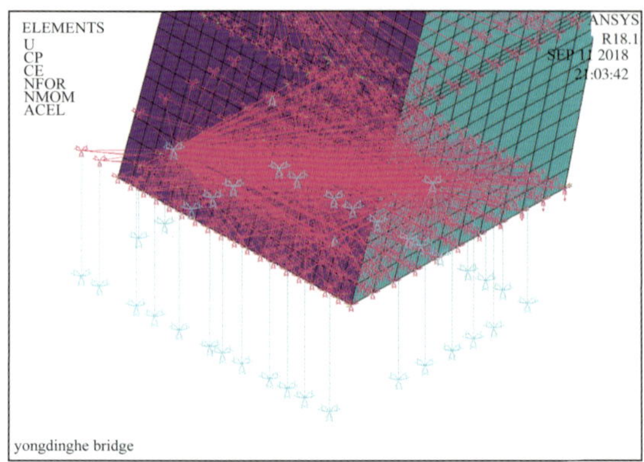

b)矮塔临时固结处模型细节

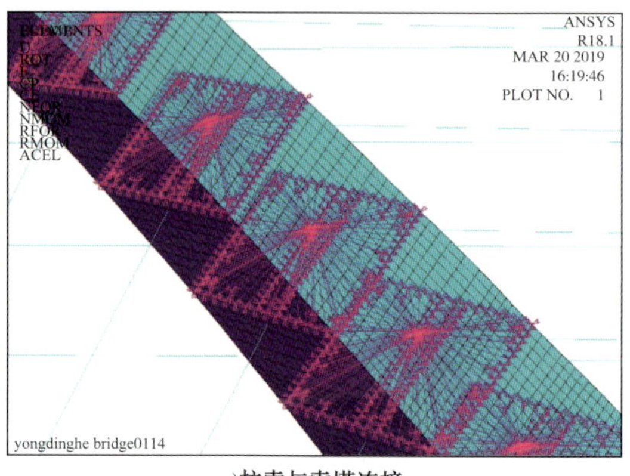

c)拉索与索塔连接

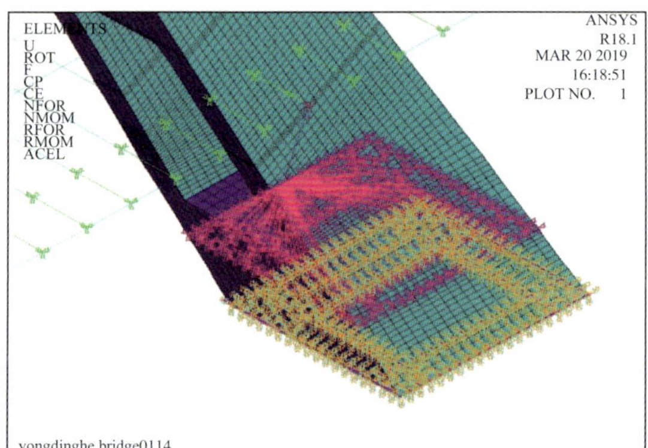

d)主梁与索塔连接

图 8-17 ANSYS 混合有限元模型细节

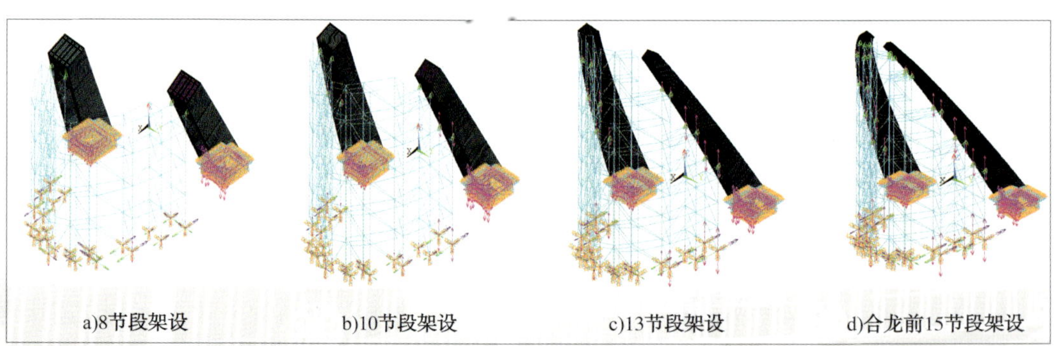

a)8节段架设　b)10节段架设　c)13节段架设　d)合龙前15节段架设

图 8-18 钢塔逐节段架设模型

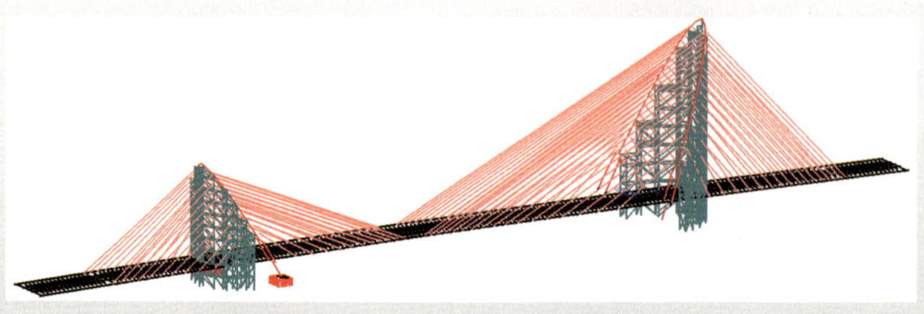

图 8-19 大桥杆系单元模型

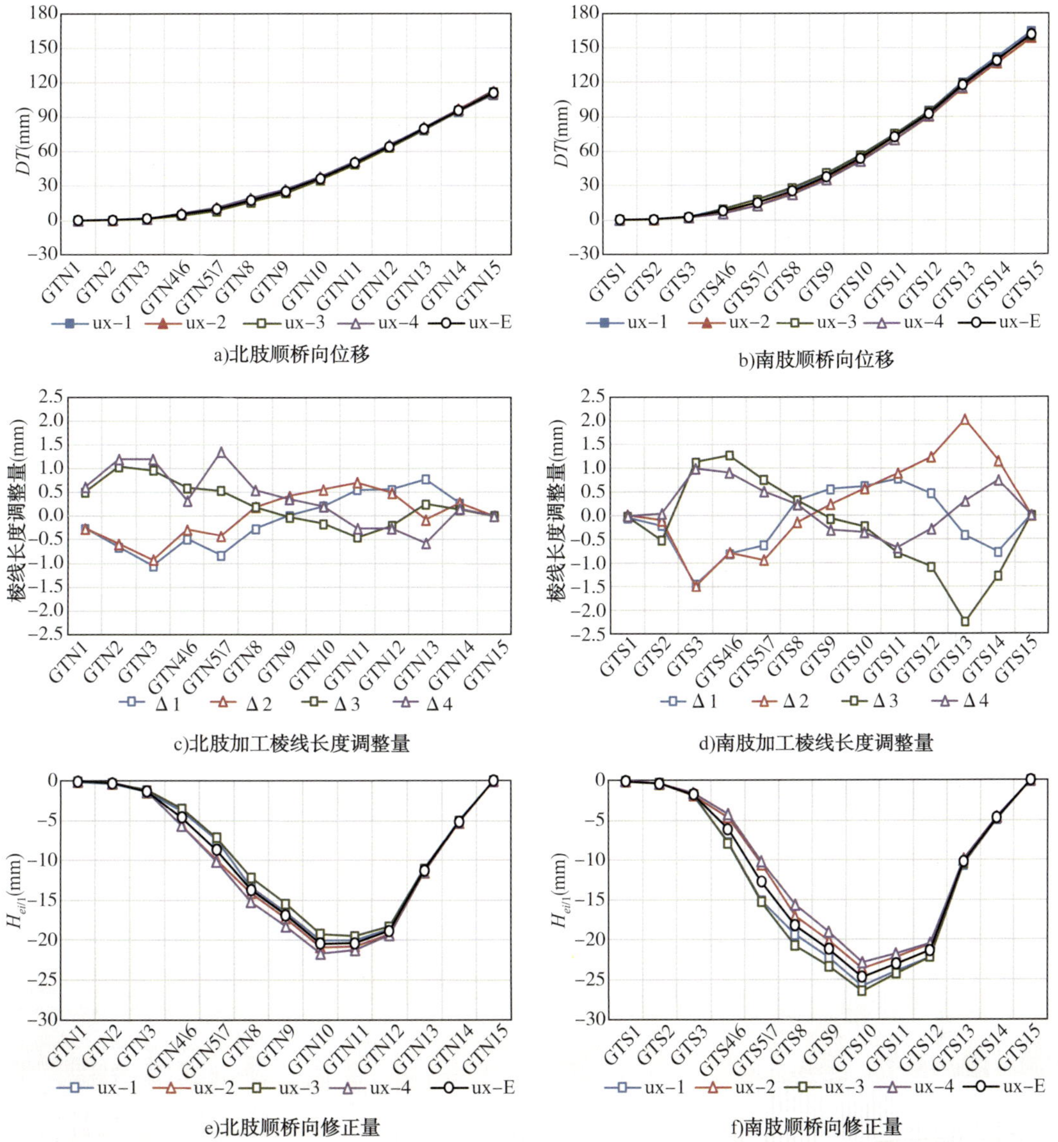

a)北肢顺桥向位移

b)南肢顺桥向位移

c)北肢加工棱线长度调整量

d)南肢加工棱线长度调整量

e)北肢顺桥向修正量

f)南肢顺桥向修正量

图 8-20 高塔几何形态部分计算结果

3. 异形钢塔几何形态关键测量技术

（1）测量控制网建立

按照大桥钢结构现场架设精度需求，结合大桥规模及桥址环境，建立大桥施工监控专用控制网，控制网采用平高同测的方法建立各个控制点的三维坐标，平面控制网坐标采用高精度全站仪边角网测量的方法测量边长和角度，并经过严密平差计算得到；高程则采用水准测量的方法并检核平面控制网三角高程测量的高程值，以水准测量成果为准。考虑到控制网中控制点标墩基础沉降和变形会影响到控制点坐标的变化，每季度对控制网进行复测，控制网在经过平差计算后最弱点平面和高程中误差小于 2mm，二级加密控制网最弱点平面和高程中误差小于 3mm。

经过现场踏勘，选取 6 个点作为施工控制网基准点，其中施工监控中主要利用 *A*、*B*、*C*、D4 个控制点，*E*、*F* 点分别位于大桥西侧和东侧已建成的引桥桥墩，且 *EF* 全长 675m，为整个控制网最长边，可作为整个控制网的基准线，6 个控制点作为独立控制网测量完成后，采用 GPS 静态测量的方法将 *EF* 点联测到北京市地方坐标，根据 *EF* 的北京坐标将其余各点坐标转化到北京坐标，保证控制点坐标与大桥设计坐标体系一致，参见图 8-21~ 图 8-24。

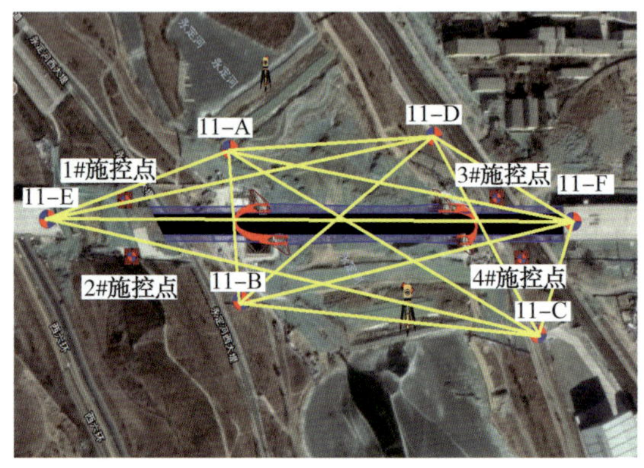

图 8-21　平面控制点布局及网形

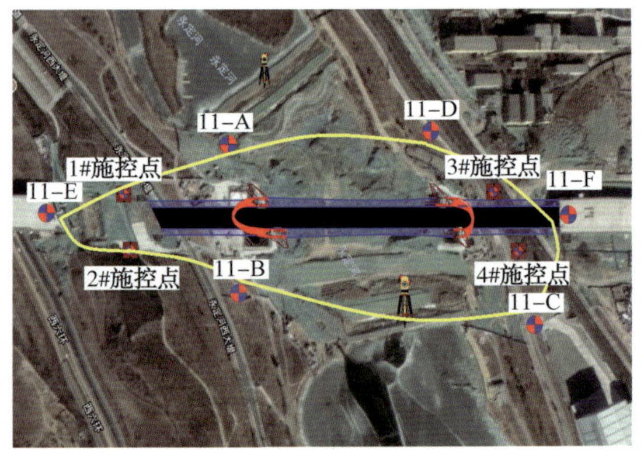

图 8-22　水准控制点及观测线路

图 8-23　带有强制归心标盘的平面控制网观测墩

永定河大桥施工首级控制网测量

技 术 报 告

中国测绘科学研究院
2017 年 12 月

平面网平差结果包括基本精度表、点位精度表和点间精度表；高程网平差结果包括基本精度表、点位精度表和点间精度表，利用三角高程测量数据平差得到的高程坐标仅供参考，以水准测量数据为准；输出数据文件。

全站仪观测结果处理后，得到了高精度的平面控制网，控制网平面点坐标如表 8 所示。

表 8 控制网平面坐标及精度

点名	坐标/m		精度/mm		
	X	Y	x	y	s
A	304582.2196	482186.9782	0.1	0.2	0.2
A1	304544.0831	482234.0712	0.1	0.1	0.1
B	304377.6123	482203.0475			
B1	304363.8419	482460.113	0.2	0.1	0.2
C	304332.9096	482658.7264	0.1	0.4	0.4
C1	304391.3309	482624.3798	0.1	0.3	0.3
D	304599.8337	482499.5575	0.3	0.1	0.3
D1	304704.0329	482362.8329	0.1	0.3	0.3
E	304489.5661	482056.2196	0.2	0.1	0.2
F	304464.6278	482055.5111	0.2	0.1	0.2
G	304461.6585	482690.3142	0.4	0.1	0.4
H	304490.6556	482691.2067	0.4	0.1	0.4

3.2.2 水准网平差

由于水准测量的两个闭合环是分别进行的，因此在进行水准测量

3.3 达到的主要技术指标

为了控制大桥施工的精度，以下对整个测量及数据处理过程进行不确定度分析。

全站仪按照二等控制网测量技术要求进行施测，采用仪器为 Leica TDRA6000 全站仪测距标称精度为 0.6mm+1ppm，测角标称精度为 0.5″。采用控制网平差软件处理全站仪观测结果，全站仪三维控制网平差结果如表 8 所示。

平差结果中，平面网中最弱点为 G，点位中误差为 $\sigma_{max} = \pm 0.42mm$，两个高程网平差最弱精度为 $\sigma_{Hmax} = 0.5mm$，均达到亚毫米级精度。

四、 展望

针对首级控制网中控制点基准墩基础沉降和变形会影响到控制点坐标变化的问题，在首级控制网初次测量完成后，需要定期复测首级控制网。复测的方法与首次测量方法一致，获得多组不同期首级控制网点坐标，采用数理统计中假设检验方法，对控制点位移量做显著性检验，判定控制点的变化情况。根据形变结果的分析，制定相应的观

图 8-24　控制网测量结果

（2）关键测量设备及软件

在钢结构节段制造完毕后对其几何形态进行数据采集，分析其制造加工精度，以便能够为预拼装及误差调整提供依据。钢结构节段制造几何形态采用索佳 Net 05 型高精密全站仪近场测量，配套的电子手簿能够通过蓝牙与全站仪进行通信，电子手簿

所采集的钢结构几何形态数据能够直接导入专项开发的钢结构制造几何精度分析软件。为能够表征钢结构节段几何特征的边缘或棱角处特征点进行坐标采集，分别引入了人工照准 Half 靶片、焊缝坡口补偿靶片、转站用多向靶标、隐蔽点引伸靶标等多项专用辅助测量配件。钢结构节段桥址架设过程中基于 Leica TS60 高精密全站仪进行几何形态测控，见图 8-25 和图 8-26。

针对大桥钢结构节段三维特征突出的特点，专门开发了融合 BIM 模型的节段制造精度分析评定软件 IN-ANALY 及用于模拟预拼装的 IN-ASSEM 软件，实现了基于多特征点的节段制造加工精度评定与虚拟预拼装，参见图 8-27。

桥址处钢结构几何形态监控测量结果平差采用 Leica Dam Analysis 多测回数据分析系统（图 8-28），持续变形监测采用 Leica AutoMoS 自动化监测系统（图 8-29）。

a)索佳Net05型高精密全站仪

b)全站仪配套电子手簿

c)Leica TS60全站仪

图 8-25　钢结构主要测量仪器

a)人工照准Half靶片

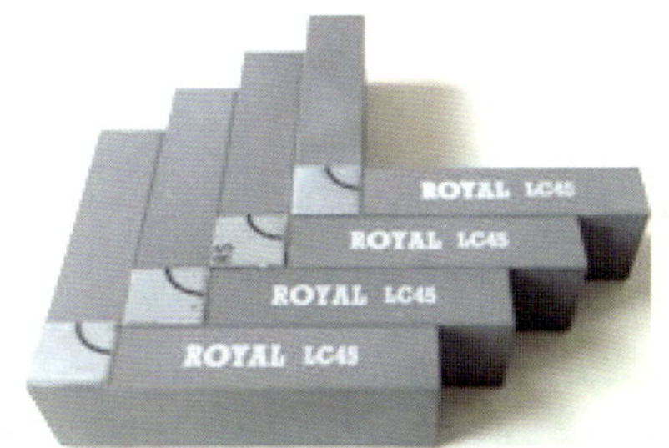

b)焊缝坡口补偿靶片

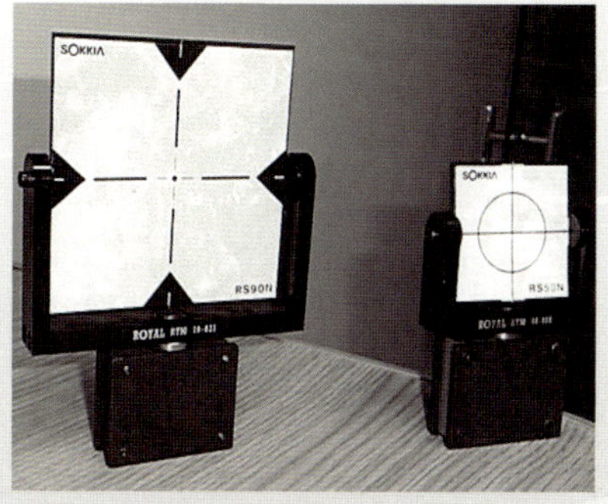

c)转站用多向靶标

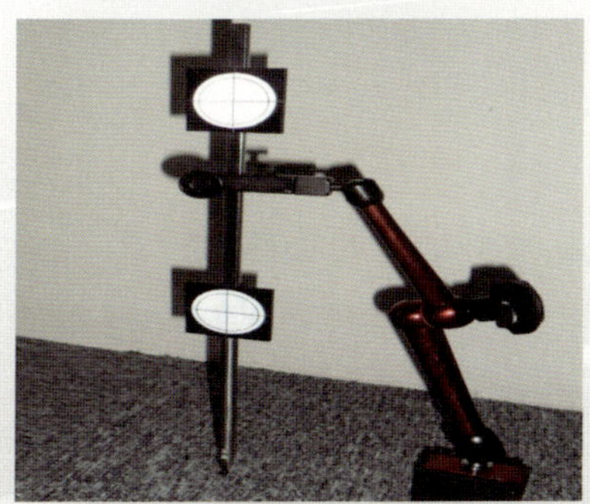

d)隐蔽点引伸靶标

图 8-26　钢结构特征点坐标近场辅助测量配件

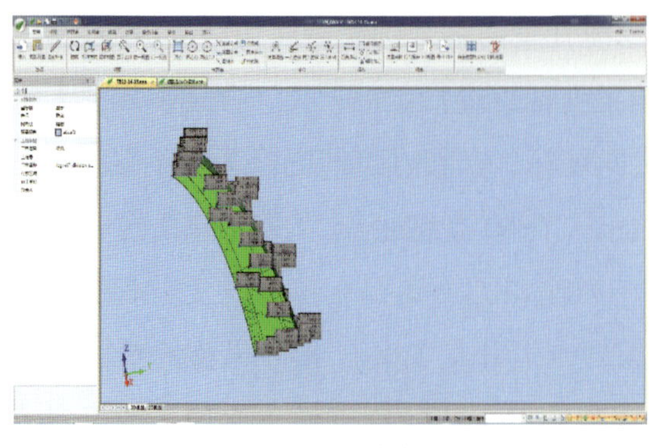

a)IN-ANALY软件

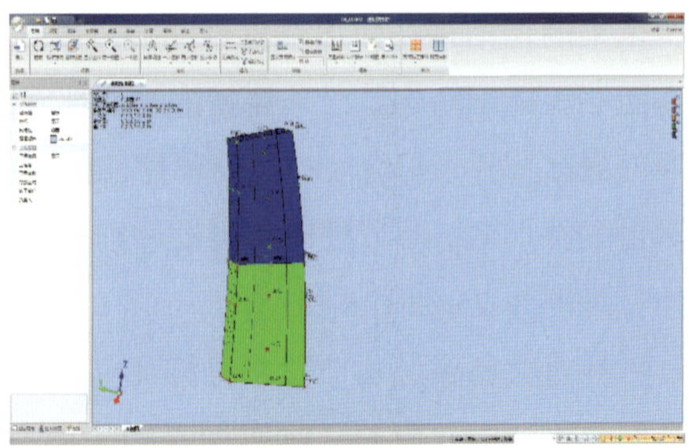

b)IN-ASSEM软件

图 8-27　融合 BIM 模型的钢结构制造精度及虚拟预拼装软件

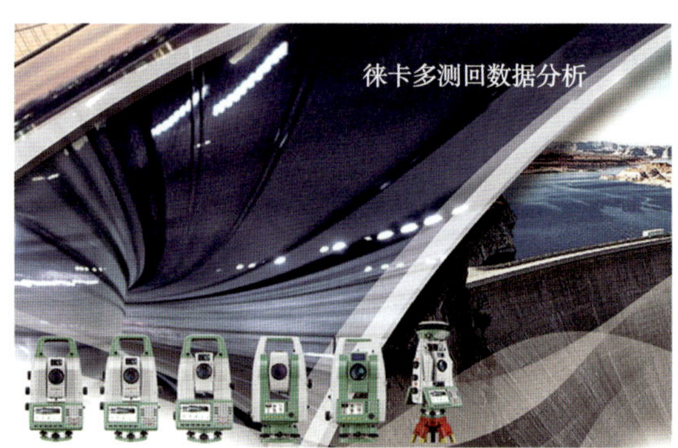

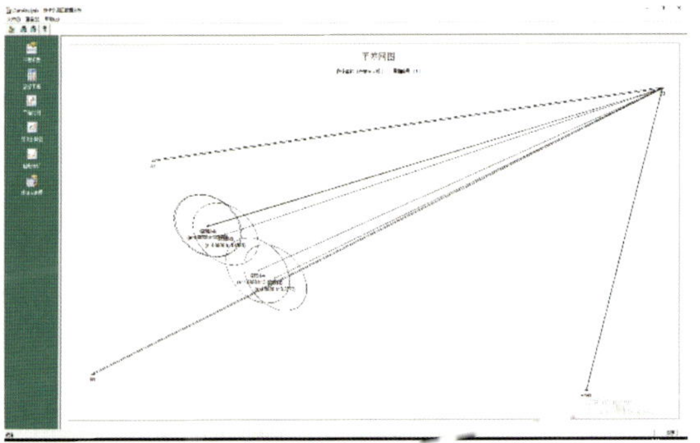

图 8-28　Dam Analysis 软件及其平差网图

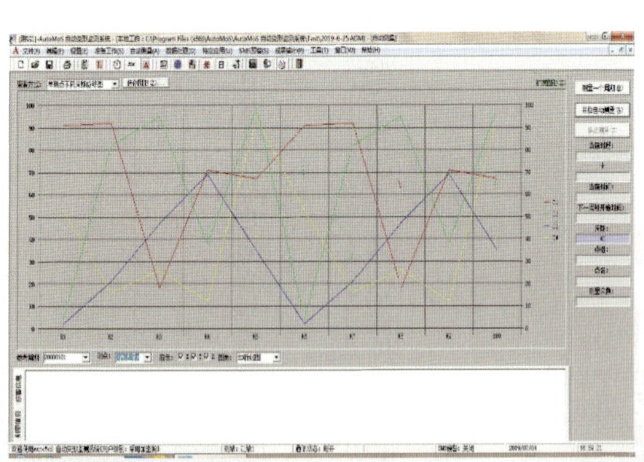

图 8-29　AutoMoS 自动化监测软件及其在线监测数据

（3）桥址异形钢塔高程测量技术

桥塔高程精密测量是索塔几何形态的重要控制指标，针对永定河特大桥钢塔节段端口倾斜、相对高差较大的特点，基于高程传递思路研究开发了“地面全站仪竖向高程传递 + 端口正负压力变送器高差测量”倾斜端口高程精密测量技术，该技术具有测量便捷、测量效率高的优点，并提出了采用测量已知高差对温度影响进行误差消除的机制，该技术在 200m 高差范围内测量标准偏差为 1.64mm，能够满足异形钢塔端口高程快速精准的测量需求，该技术目前发明专利已受理，参见图 8-30 和图 8-31。

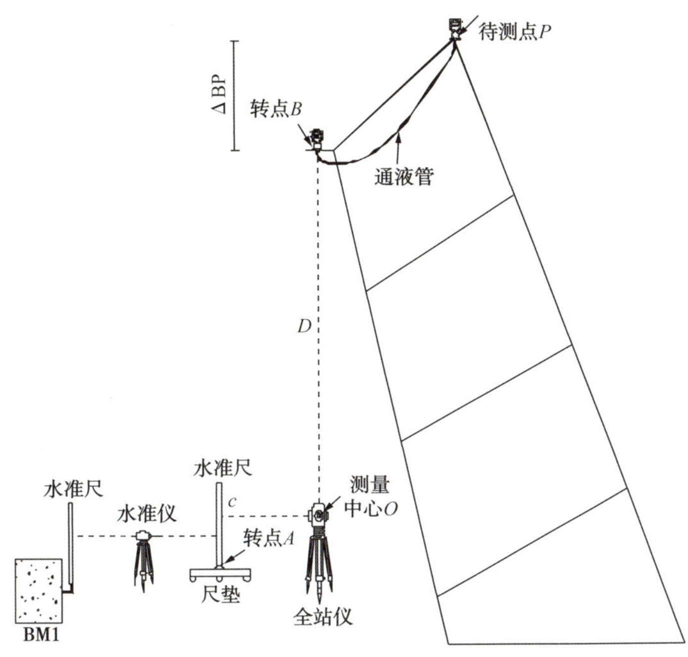

图 8-30　“地面全站仪竖向高程传递 + 端口正负压力变送器高差测量”倾斜端口高程精密测量技术

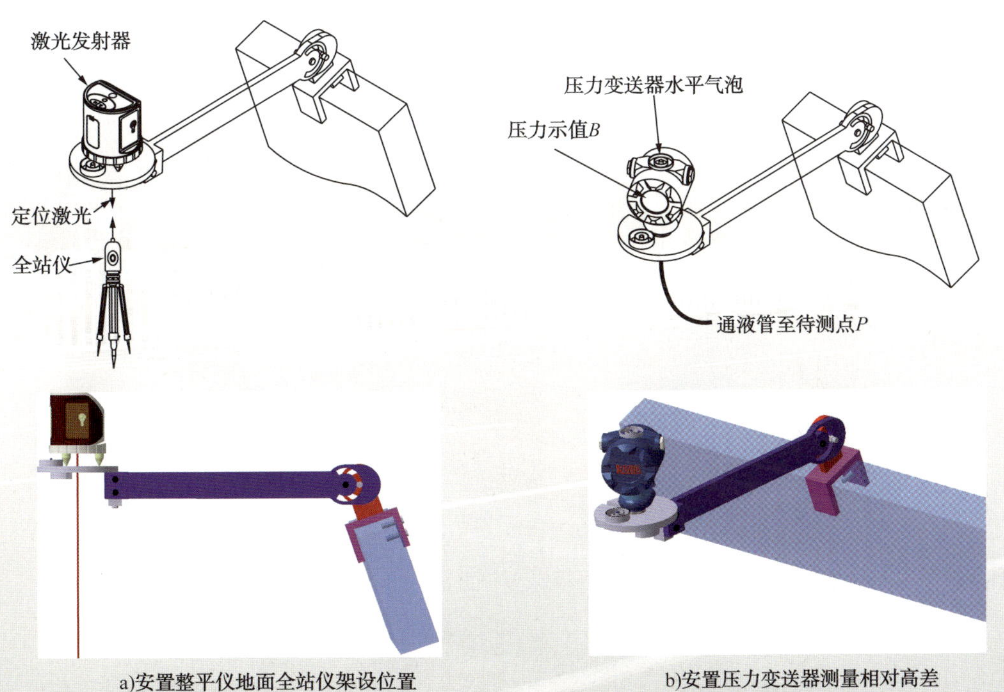

a)安置整平仪地面全站仪架设位置　　b)安置压力变送器测量相对高差

图 8-31　倾斜端口高程精密测量主要步骤

（4）桥址异形钢塔表面坐标远距离测量技术

针对传统的棱镜式或反射片式靶标均无法直接适用于大型异形结构表面坐标远距离采集场合，结合背景桥梁钢塔几何形态控制需求，研究提出了一种适用于异形结构表面坐标采集的靶标装置及坐标计算方法，该方法基于三点空间共线的思路设计了“双棱镜”的远距离异形构件表面坐标测量靶标，具有角度适应性强、特征点捕捉范围广的优点，采取该靶标间接推算待测点坐标额外附加标准偏差为 0.94mm，能够满足异形钢塔表面坐标远距离精密测量需求，目前该方法发明专利已受理并公布，参见图 8-32 和图 8-33。

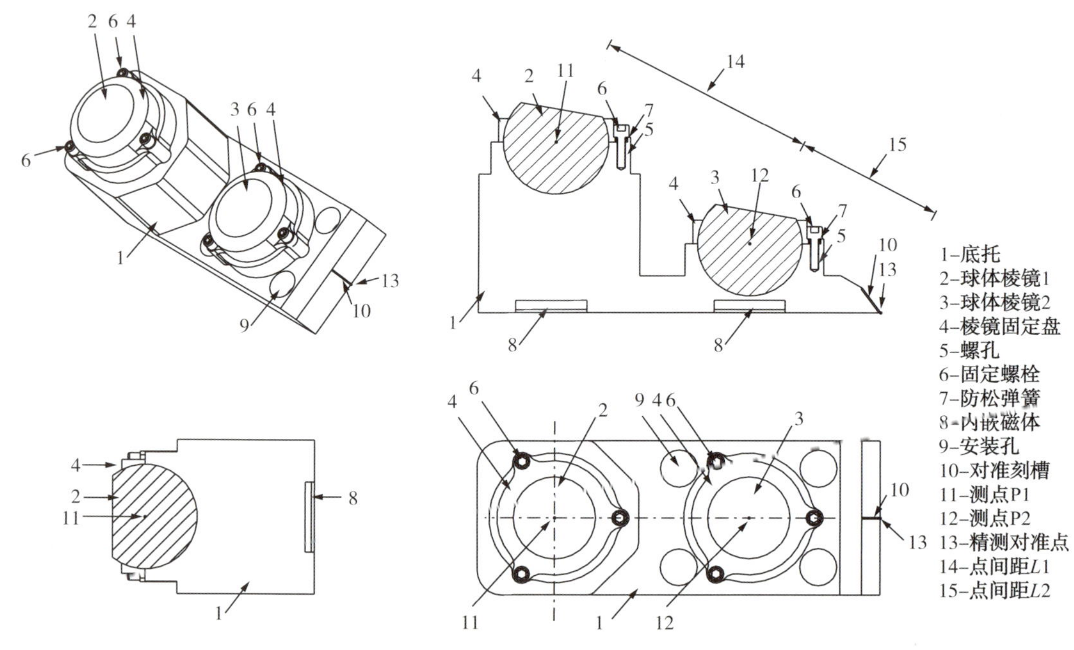

图 8-32　测量靶标构造

a)国内某桥钢塔测量靶标

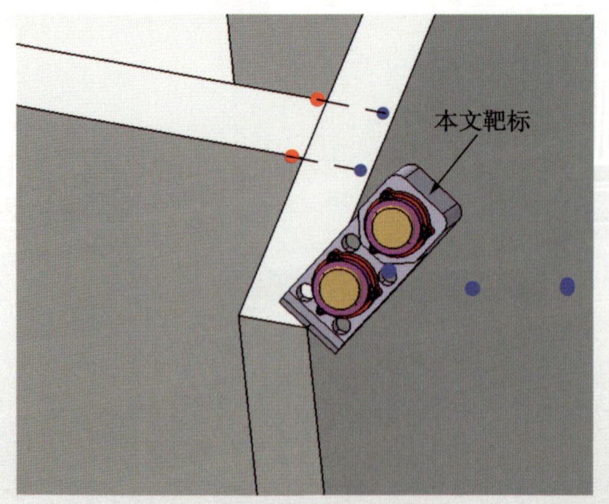

b)永定河特大桥钢塔测量靶标

图 8-33　钢结构表面坐标远距离测量应用

（5）桥址异形钢塔快速定位技术

永定河特大桥钢塔端口呈倾斜状态，采用内控法对特征点坐标进行采集实施难度大，又因其所呈现的空间扭曲造型导致需要变换不同测站方能完成上端口坐标的采集进而影响其测量精度及效率，针对背景桥梁钢塔空间造型特点，基于构建局部坐标系的方法提出了三点法节段姿态定位技术，实现节段厂内与架设现场坐标传递与姿态衔接，该技术便于现场架设过程中的快速定位与姿态测量，提高了钢塔架设测控效率；基于测量误差椭圆曲线及随机分布特性，对三点法异形索塔定位技术的误差影响因素进行了对比分析研究，优化点位布局后，推算点位差与三点最大位差比值为1.5，永定河大桥测控网形下，推算点位差绝对值为5.3mm，满足钢塔高空定位精度需求，该技术目前处于专利申请阶段，参见图8-34和图8-35。

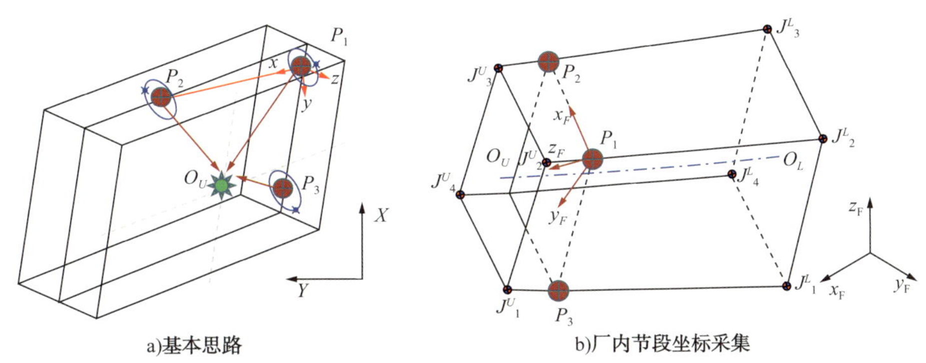

图8-34 三点法钢结构节段快速定位

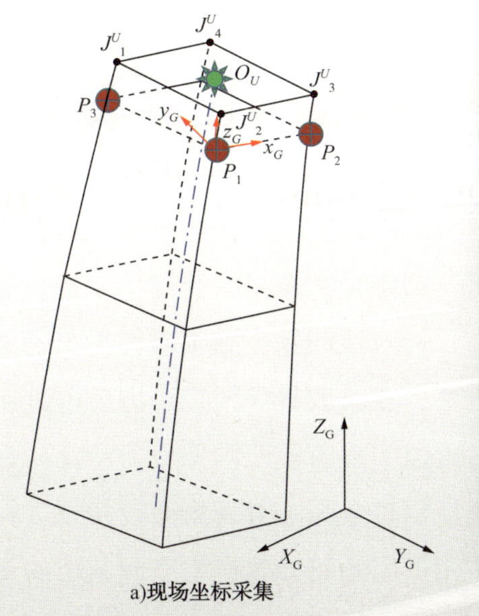

b)永定河大桥钢塔三点实际布局

图8-35 钢塔节段三点法现场应用

4. 异形钢塔制造精度控制

背景桥梁单肢钢塔顺桥向投影为一变截面线性倾斜的轮廓，横桥向投影为一变截面椭圆轮廓，节段轴线为由顺桥向倾斜直线与横桥向的椭圆曲线组成的复合空间曲线，各节段端口面为与此处空间曲轴线切线垂直的平面，在大地坐标系下端口平面为一空间倾斜平面。几何形态特征点的选择应反映索塔节段的三维特征，且基于特征点能够对节段上下端口的制造加工状态进行评定，另外轴线的偏离度是衡量索塔制造架设的一个综合指标，即几何形态控制点还需包括节段上下端口的轴心线点，单个节段几何形态控制点共计 13 个，见图 8-36。

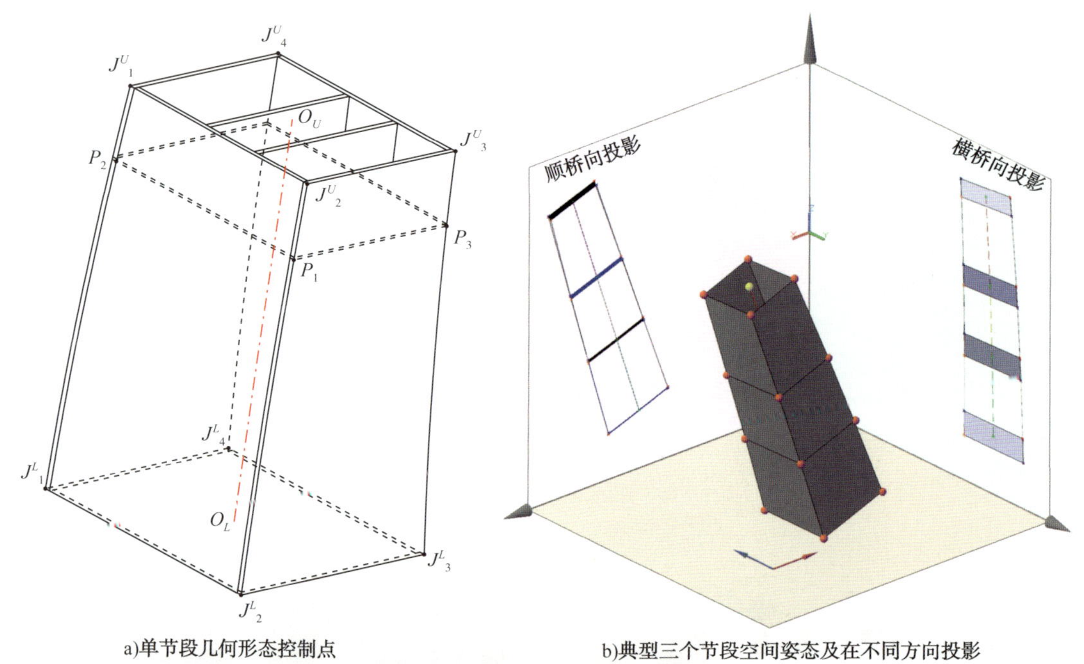

a)单节段几何形态控制点

b)典型三个节段空间姿态及在不同方向投影

图 8-36 几何形态控制特征点布局

钢塔单个节段由四周壁板、横隔板、锚箱等单元在胎架上组焊而成，焊接完成后按制造几何形态需对端口进行加工处理，消除工艺余量，受焊接变形、加工偏差的影响，节段总是与制造几何形态存在偏差，针对该问题，施工监控提出了考虑制造偏差的钢塔节段最优架设姿态的优化分析方法，在获取最优架设姿态后可进一步开展虚拟预拼装，该方法引入了变形修正模块，可以实现节段厂内无应力状态与现场架设状态的衔接，避免了仅考虑无应力状态的虚拟预拼装无法对现场架设状态进行预测的缺陷，该工作对于类似背景桥梁这种自重作用下因倾斜导致产生空间偏位的钢塔尤为重要，参见图 8-37~ 图 8-39。

5. 异形钢塔几何形态现场架设控制

不同于栓接式钢塔，永定河大桥钢塔架设几何形态受制造误差、焊接收缩变形等因素影响较大，施工监控提出了融合待架节段制造与已架节段安装误差的几何姿态动态预测与误差优化调整测控技术方法，实现了钢塔成型后轴线偏差小于 $H/4000$、高程偏差不大于 20mm 几何姿态控制要求。该方法全程由三维模型驱动，有效避免了传统塔、梁的一维或二维指标几何形态控制方法在复杂异形构件中运用的不足，考虑已架节段实际误差的待架设节段几何姿态预测可指导节段加工调整，参见图 8-40~ 图 8-43。

图 8-37　单节段现场测量

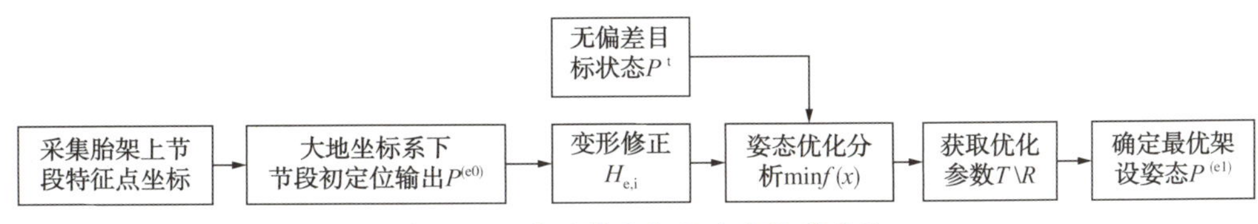

图 8-38　节段最优架设姿态计算步骤

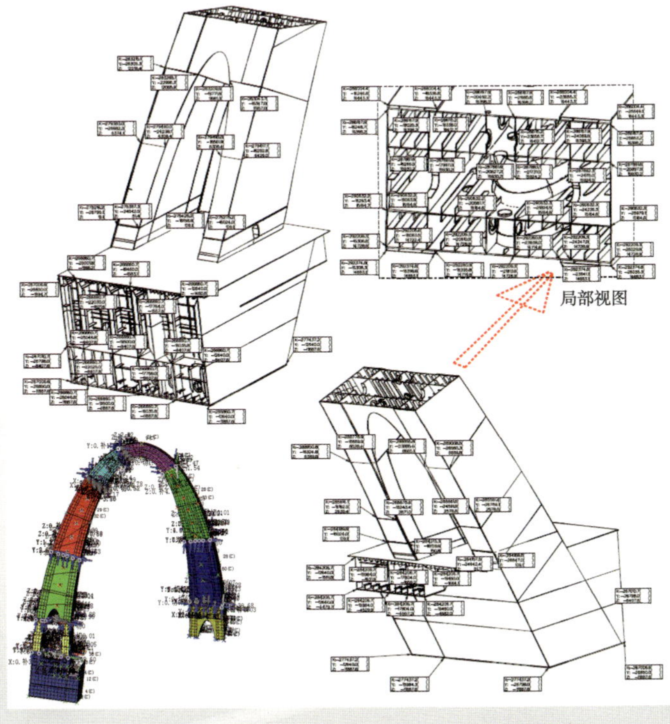

图 8-39　基于 IN-ASSEM 软件的虚拟预拼装

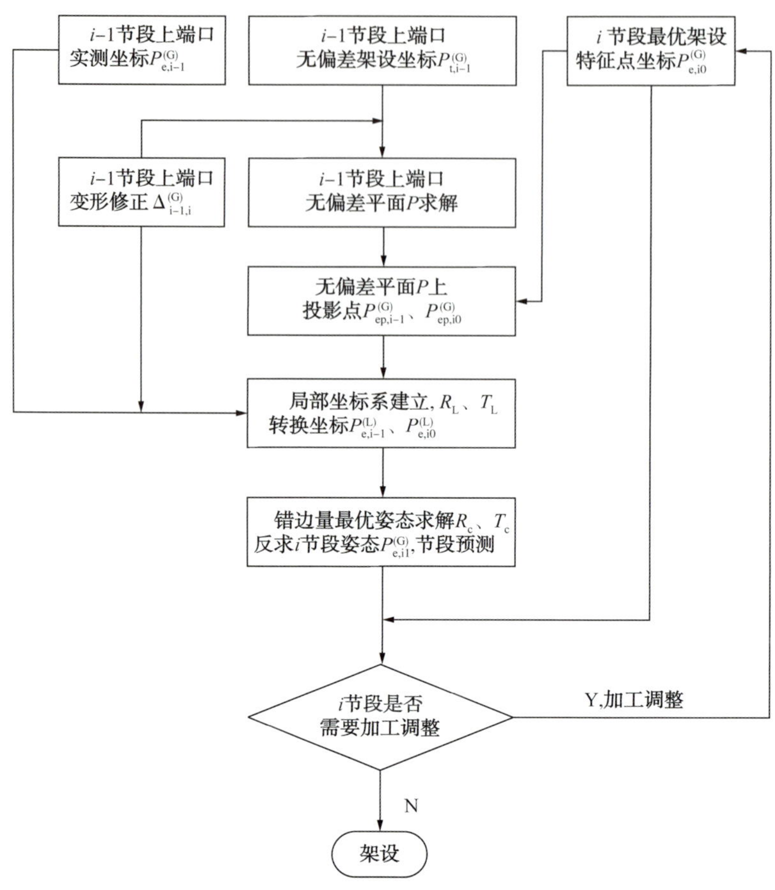

图 8-40 融合待架节段制造与已架节段安装误差的几何姿态动态预测与误差优化调整控制技术

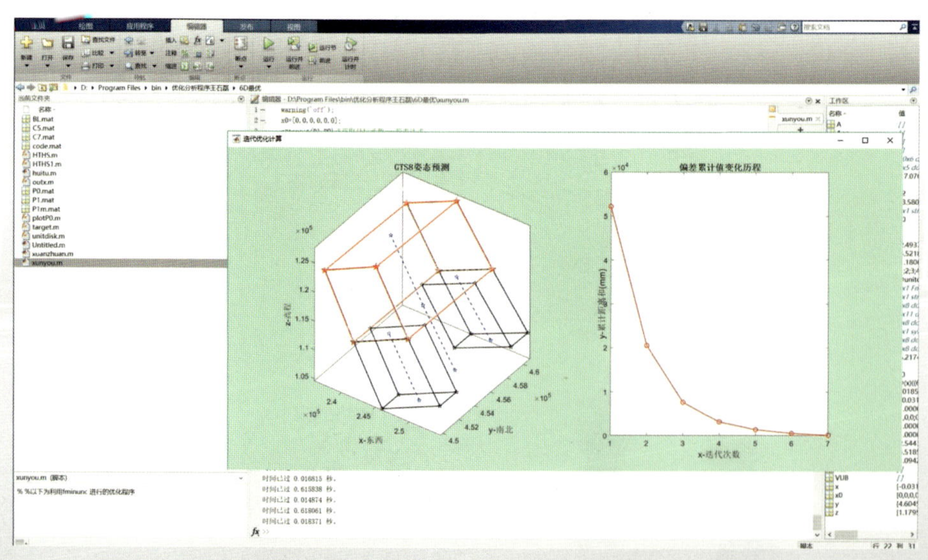

图 8-41 几何姿态动态预测优化迭代软件

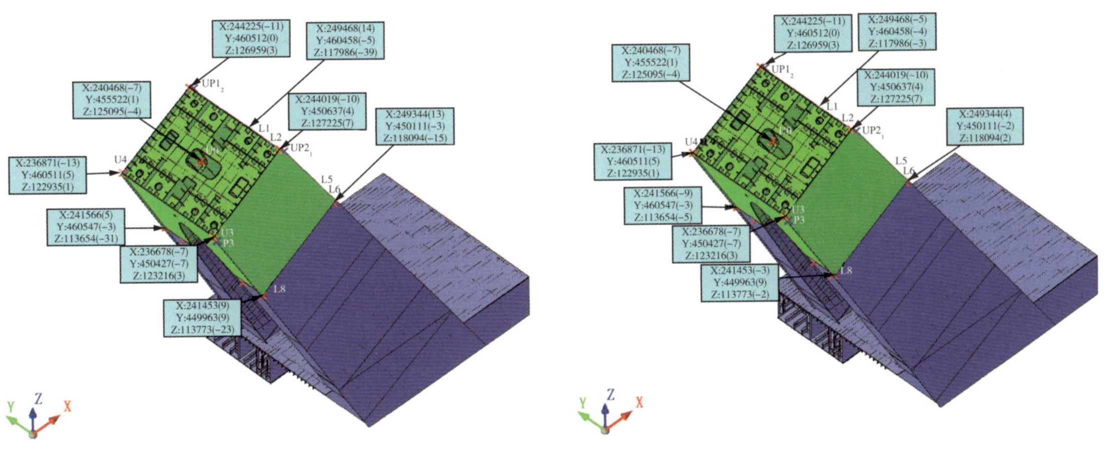

a)节段加工调整前　　　　b)节段加工调整后

图 8-42　几何姿态动态预测优化实例

铁科院 CARS

永定河特大桥主桥第三方施工监控联系单

表 JCLXD01	发文日期：2018/7/10	编号：
主题	关于高塔南肢 TB8 节段切削量事宜	
工序名称	高塔南肢 TB8 节段切削量	
主送	中铁宝桥永定河大桥项目部	签收：　　日期：
抄送	铁科院(北京)工程咨询有限公司永定河特大桥监理部	
	北京市市政工程设计研究院	
	北京城建集团 8#标段	

为确保永定河大桥高塔南肢 TB8 节段定位顺利进行，进行了如下计算（详细见附件 1）得出下端口切削量。

	位置	推算错边量		削切量
下端口切削量	GTS5 东南	10.1	-0.7	-17.2
	GTS5 西南	-1.8	9.1	-12.2
	GTS5 西北	7.1	8.6	-2.2
	GTS5 东北	17.3	-7.3	-23.2
	GTS7 东南	2.1	-2.2	-31.2
	GTS7 西南	-1.7	0.7	-5.4
	GTS7 东北	11.0	-3.6	-41.4
	GTS7 西北	-4.6	-1.8	-19.5

监控单位	中国铁道科学研究院施工监控工作组		
	经办	复核	审核

注：本表一式四份，送设计、监理、施工各一份，自存一份。

（印章：中国铁道科学研究院 永定河特大桥主桥施工第三方监控项目组）

图 8-43　GTS8 监控指令

索塔分节段架设过程中焊接变形、支架刚度参数、支架可能的非弹性变形等因素均会对节段几何姿态产生影响，当累积影响量已超过允许或不加干涉后续安装节段产生较大偏离时，则需要对新安装节段空间姿态调整，通过调整待架设节段下端口角点的高程，即塞垫不同厚度的薄钢片，减少或纠正待架设节段轴线的偏离，永定河大桥桥梁钢塔为空间异形结构，端口呈倾斜状态，无法简单地通过几何尺寸比例关系精确求解垫片厚度，施工监控结合钢塔的特点，基于实测节段架设偏差分析，提出了适用于异形钢塔姿态调整的下端口四角点垫脚量的数学解析算法，该方法不但可以实现新安装节段上端口轴心的水平偏位的调整，同时可实现对高程的调整，参见图 8-44。

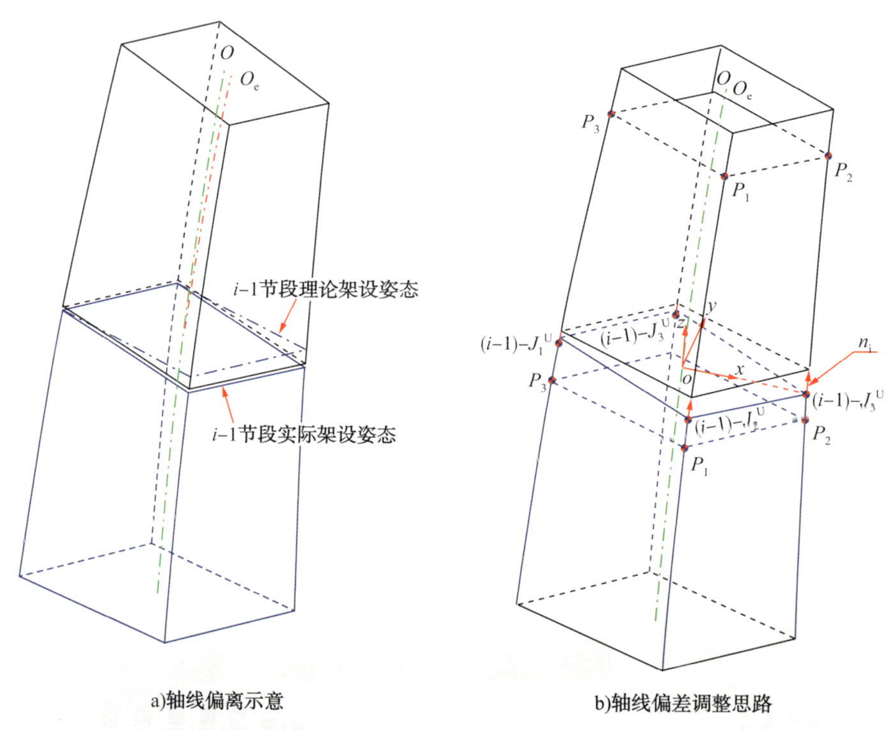

图 8-44　轴线偏差与调整

6. 异形钢塔高空精确合龙控制

合龙是桥梁实现结构体系转换的重要环节，受体系受力变形行为难以精准模拟、施工控制存在误差等因素的影响，合龙口成形时几何形态与目标状态存在一定的偏差，加之合龙前两侧合龙口距各结构体系温度位移零点位置距离较远，合龙口形态受环境温度及温度场影响较大，使得合龙是桥梁建设过程进行质量控制的重点与难点，尤其对于合龙段为厂内预制的钢结构而言由于合龙段长度已不具备调整条件及合龙口焊接工艺的严格要求，该问题更加突出。永定河大桥钢塔合龙口距塔根垂直距离约为

120m，环境温度及温度场对合龙口空间姿态影响复杂，合龙段呈空间扭曲造型、合龙口呈现较大空间夹角的几何特点为合龙段精确配切量的计算带来较大困难，施工监控结合桥梁钢塔几何特点，对合龙段具有空间扭曲型特征的钢塔合龙控制技术进行了研究，基于该研究成果背景桥梁钢塔实现了在合龙段自身满足架设偏差约束条件下的零附加应力自然合龙，见图 8-45。主要成果如下。

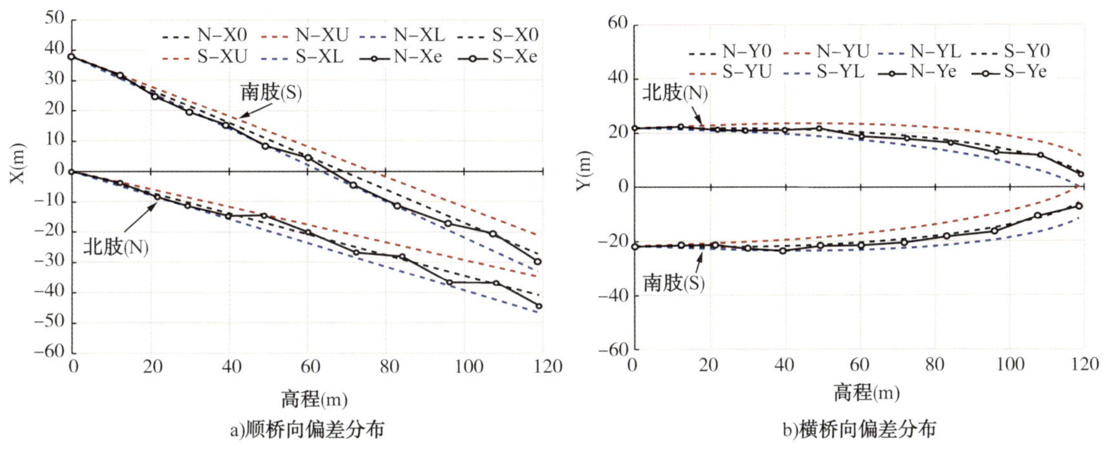

图 8-45　高塔合龙后轴心线偏差分布

①提出了考虑已成合龙口架设偏差的空间扭曲型合龙段配切量精确计算方法，该方法遵循合龙段与已成合龙口各壁板错变量最优的原则，采用已成合龙口特征点至合龙段端口多点拟合的局部棱线距离构造目标函数，以合龙段自身姿态处于架设误差范围内设置约束条件，驱动优化模型获取合龙段最优安装姿态，获取合龙段各棱线的精确配切量。

②以钢塔合龙口变形敏感性分析为基础，指出钢塔合龙可利用合龙口变形受温度场作用较为敏感的特点，选择间隙相对较小时进行合龙口姿态采集确定合龙段配切的基准，选择合龙口间隙较大时进行吊装，待环境温度到达合龙口姿态采集时刻时进行码固焊接，相对强制顶推，该方案可以减少合龙口的附加应力，确保受力安全。

③连续 72 小时的合龙口变形及结构温度场监测结果表明，单侧合龙口未发生扭转变形，合龙口南北向最大相对变形为 31mm，东西向最大相对变形 14.7mm，高程相对变化不明显，肢间南北向温场差是影响合龙口间隙的主要因素，相似天气状况下合龙口间隙呈以日为单位的周期性变化规律，基于该特点确定了合龙口姿态及合龙段吊装的时机。

④基于环境温度与结构温度场关联分析，指出相似天气状况下不同监测日间分肢

场温差前锋点与环境温度最大值近似呈线性分布，基于该特点及天气预报，对合龙当日温度场进行了预测，指出在以采集的合龙口姿态数据为基准进行配切量计算时，应考虑气温变化导致的南北向额外 8mm 修正。

⑤依据上述研究成果，完成钢塔合龙口及合龙段姿态采集，开展了合龙段配切量的精确计算，并考虑了合龙当日与姿态采集当日温度差异引起的修正，确保了背景桥梁钢塔零附加应力精确自然合龙，参见图 8-46~ 图 8-49。

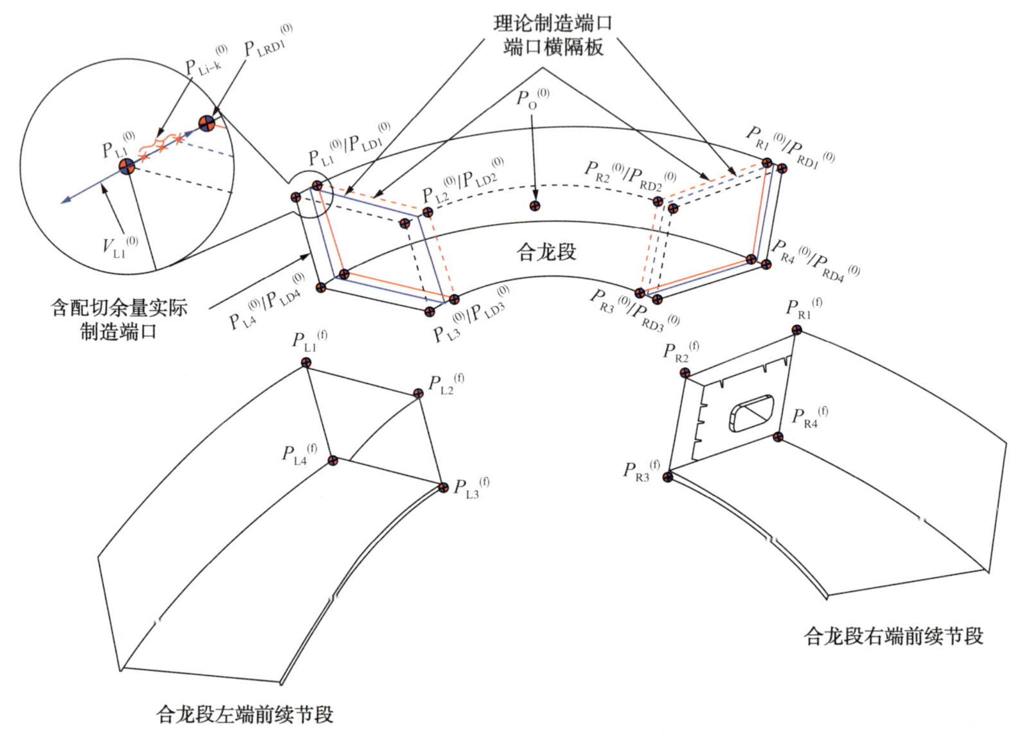

图 8-46 几何形态测量点规划

结构温度场与天气状况、日照、风等因素均相关，为此需研究分析温度作用下合龙口姿态的详细变化规律，方能选定合适时机采集合龙姿态、指导合龙段吊装，为此在正式合龙之前针对高塔合龙口姿态及高塔温度场进行连续同步监测，合龙口姿态基于 Leica TS60 全站仪采用 Leica Auto Mos 自动监测系统进行监测，南北肢合龙口各设置三个观测点，钢塔温度及温度场采用施工监控预埋的热敏电阻温度计及采集设备进行自动化监测，监测断面位于钢塔中部，高塔合龙口姿态及温度场同步监测时间为 2019 年 1 月 4 日 ~7 日，监测周期为 72 小时，采集时刻分别为整点及整点半时刻，同时联系桥址附近气象观测站获取该站记录的整点气温、风速等气象资料，参见图 8-50。

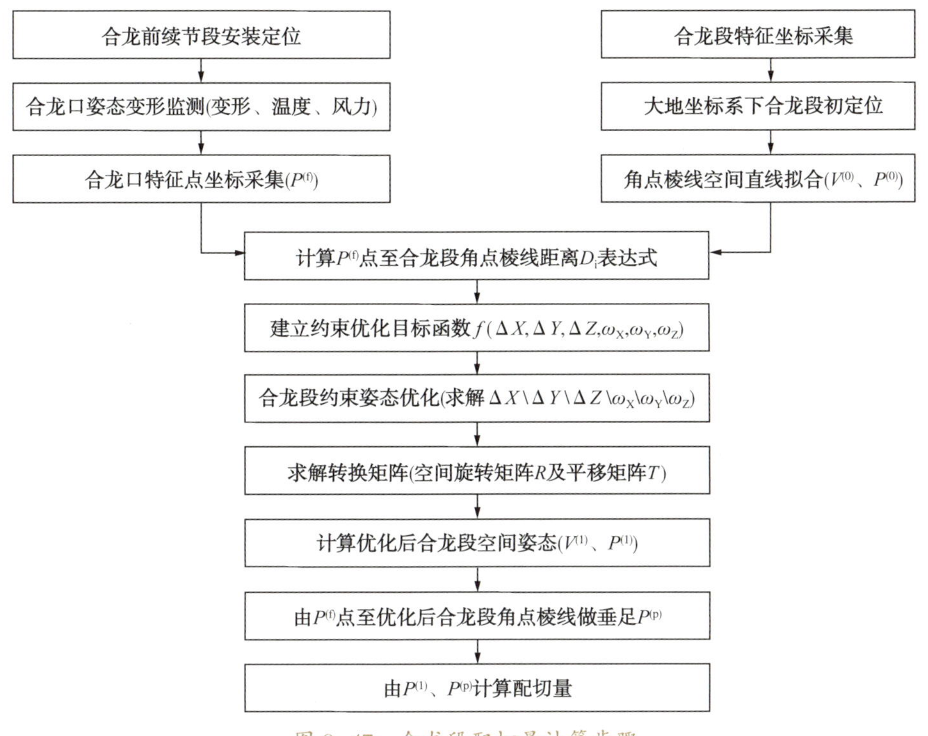

图 8-47　合龙段配切量计算步骤

图 8-48　合龙口变形监测

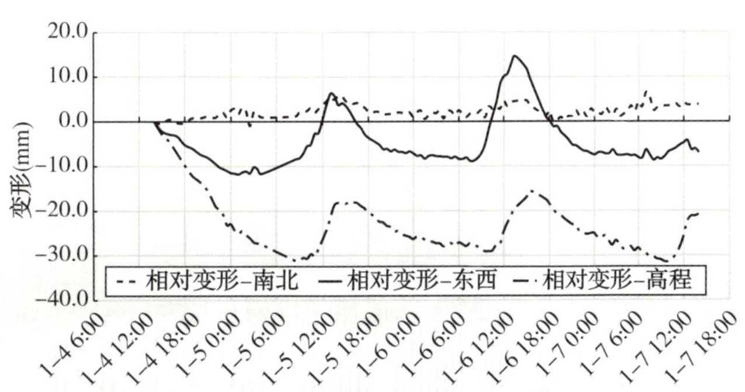

图 8-49　合龙口相对变形历程

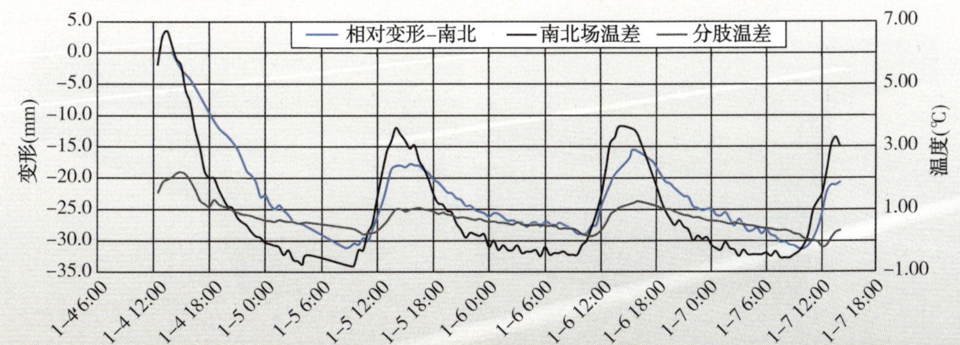

图 8-50　温度与合龙口南北向间隙变化历程

1 月 8 日下午 14:00~15:00 对合龙口姿态进行了采集，相对目标架设状态各测点坐标偏差见图 8-51，角点最大偏差为 29mm，合龙口轴心平面最大偏差为 18mm，高程最大偏差为 16mm，架设允许平面偏差为 30mm（*H*/4000），高差允许为 20mm，合龙口架设姿态满足要求。

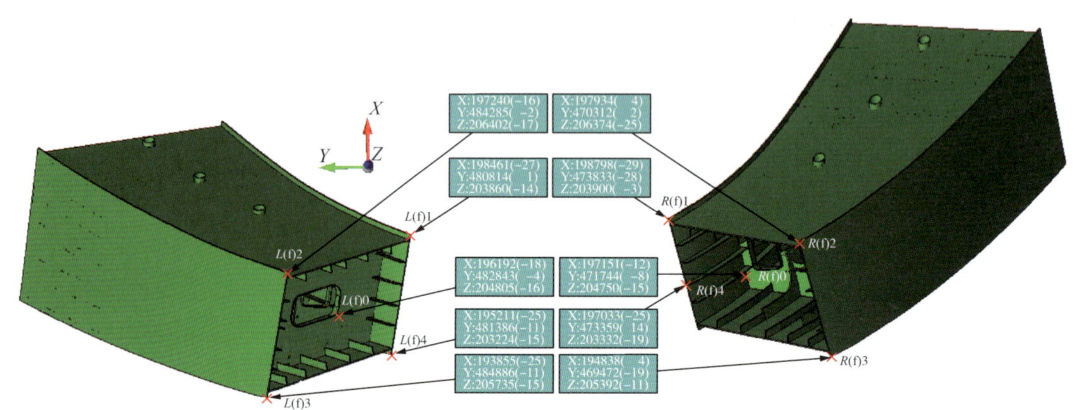

图 8-51 合龙口特征点坐标及架设偏差分析

按照合龙段特征点布局方案，对厂内合龙段姿态进行测量，除采集合龙段棱线端角点外，各角棱线自端角点向内 250mm 范围内的坐标进行了采集，采集点间隔为 50mm，单个角棱线共设置了 6 个坐标采集点，整个合龙段共设置了 48 个坐标采集点。按照合龙配切计算方法对合龙段各棱线配切量进行计算，计算过程中考虑合龙口测量时机与吊装时机温差带来的修正，参见图 8-52~ 图 8-56。

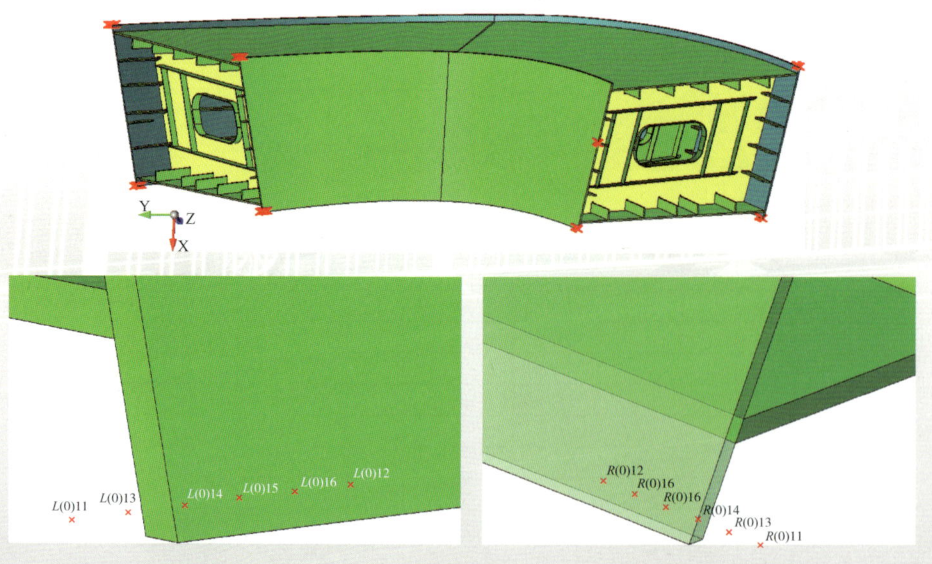

图 8-52 合龙段棱线特征点布局

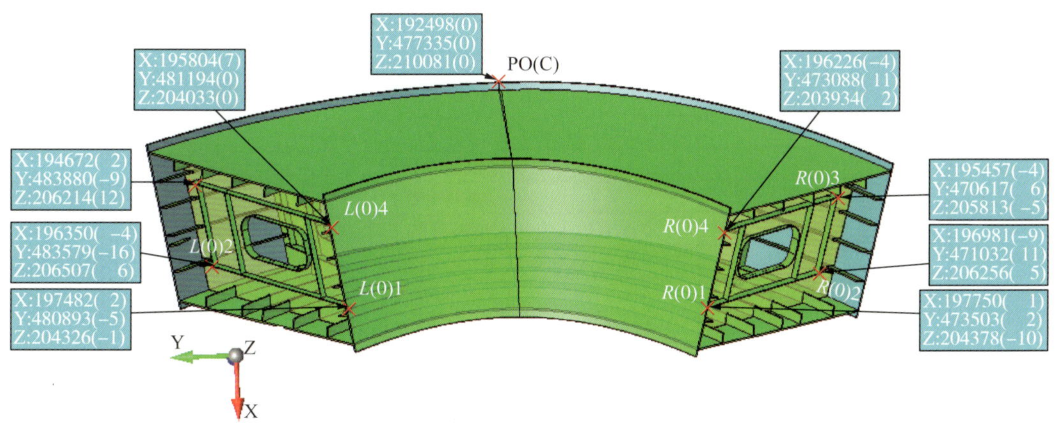

图 8-53　合龙段架设姿态优化后特点偏差

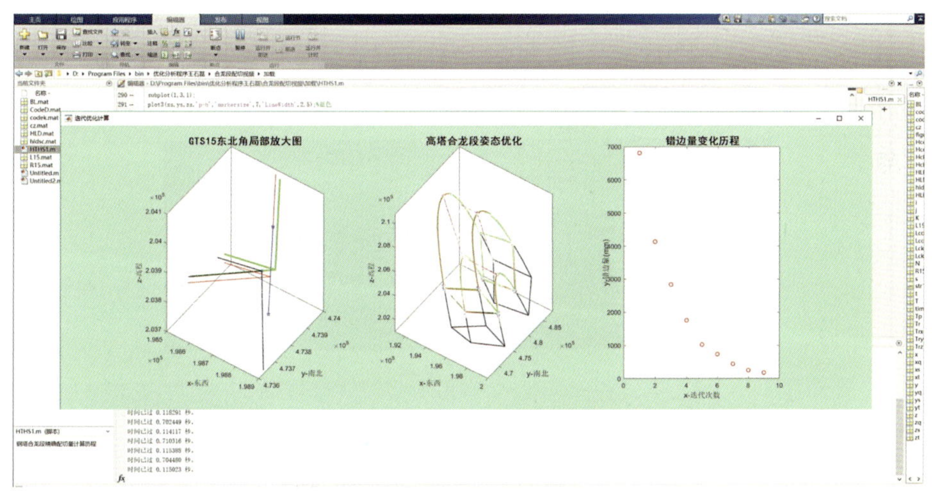

图 8-54　合龙段配切量计算动态优化迭代软件

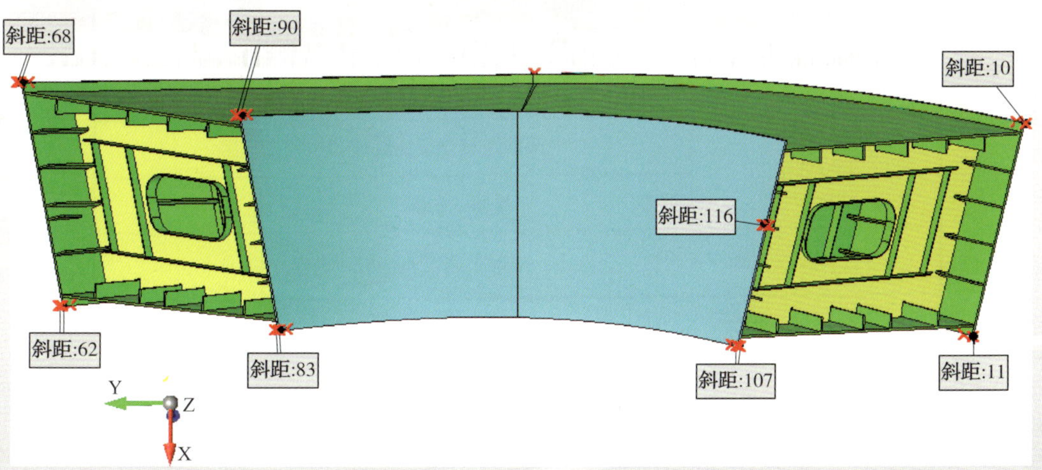

图 8-55　合龙段理论配切量分布

CARS 铁科院

永定河特大桥主桥第三方施工监控联系单

表 JCLXD01	发文日期：2019/1/9	编号：
主题	关于高塔合拢段切削量事宜	
工序名称	高塔合拢段切削量	
主送	中铁宝桥永定河大桥项目部	签收：　　日期：
抄送	铁科院(北京)工程咨询有限公司永定河特大桥监理部	
	北京市市政工程设计研究院	
	北京城建集团 8#标段	

为确保永定河大桥高塔合拢段定位顺利进行，经计算优化分析得出南北端口切削量。

端口	桥位方向	切削量（mm）
南肢	东北	114
	东南	0
	西北	123
	西南	17
北肢	东北	81
	东南	86
	西北	84
	西南	90

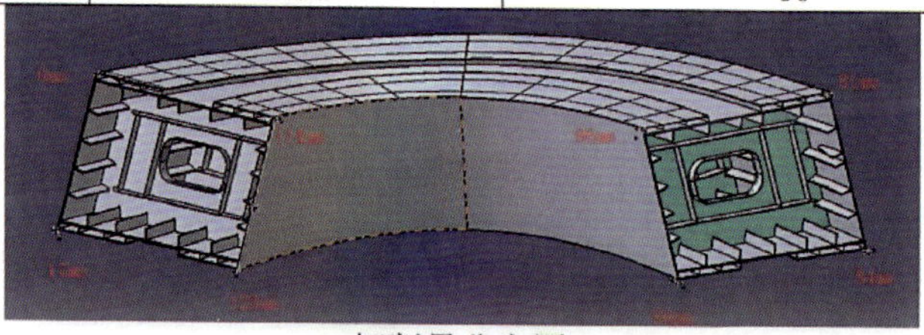

切削量分布图

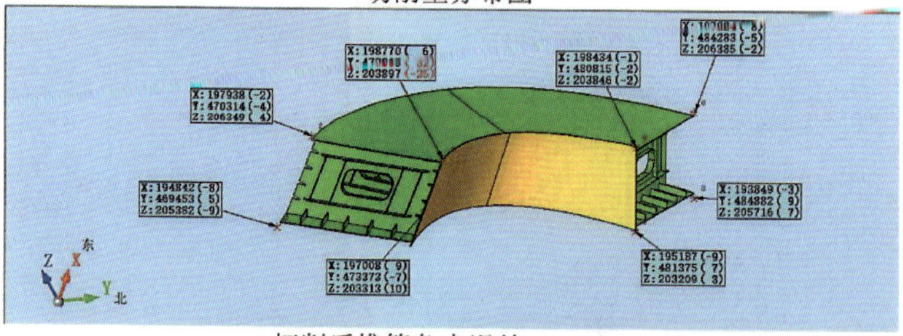

切削后推算角点误差（mm）

监控单位	中国铁道科学研究院施工监控工作组		
	经办	复核	审核

注：本表一式四份，送设计、监理、施工各一份，自存一份。

图 8-56　合龙段配切施工监控指令

高塔合龙段于 1 月 10 日 6:00 起吊，3 个小时后即顺利就位，就位后合龙段实际吊装后各壁板匹配状态见图 8-57，实际就位状态各壁板特征点最大错边量为 13mm，优于推测的偏差，依托本文技术背景桥梁高塔实现了零附加应力自然合龙。

a)合龙段吊装

b)就位后壁板匹配状况

c)就位后壁板匹配状况

图 8-57 合龙段实际吊装状况

7. 边界条件参数识别与优化控制

永定河大桥采用斜拉刚构连续梁组合体系，高塔处塔梁墩固结，矮塔处设置纵向活动支座，矮塔架设及前后主梁拼装过程中塔根设置由“支座 + 砂箱 + 锚拉杆”组成的临时固结系统，监测表明锚拉杆施工过程受力变化行为与预期状态存在偏离。

矮塔南北肢架设至 AT7 节段时，锚杆力相对初始张拉 1600kN 状态，实测锚拉力最大损失为 975kN，最大增量为 438kN，在钢塔自重作用下临时固结系统中承担锁定功能的锚杆力变化明显偏离了理论计算预期状态，导致实测与理论计算偏离的主要原因在于初始计算模型中未考虑永久支座及砂箱的压缩变形，因此临时固结系统支座及砂箱的压缩刚度识别是准确预测锚杆力变化的前提，是确保临时固结系统可靠的关键，参见图 8-58。

鉴于桥梁阶段监测结果所揭露的临时固结效果与边界条件参数的敏感性，受制于支座实体试验或有限元分析的限制，施工监控采用现场专项试验的方式对支座及砂箱刚度进行识别。结合背景桥梁钢塔架设进度，在倾斜较大的北肢于 ATN7 节段架设支架顶部设置反顶点，逐级施加竖向反顶力，对支座竖向压缩及转角、砂箱压缩、四角锚杆轴力及附近承压板竖向位移进行同步测试，见图 8-59~ 图 8-61。

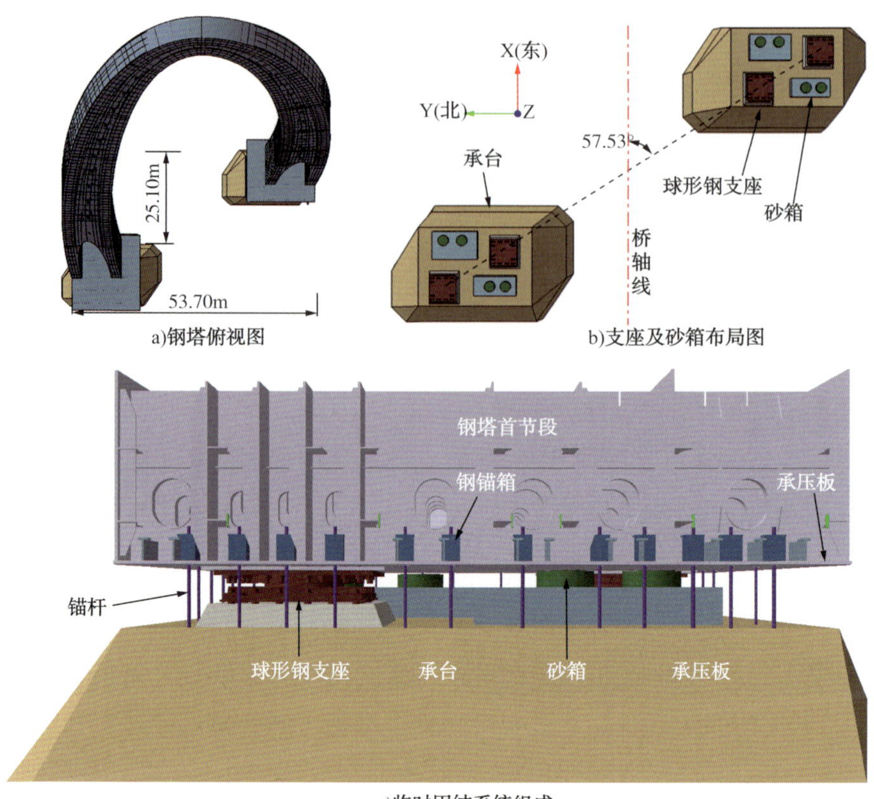

图 8-58 大桥钢矮塔临时固结系统

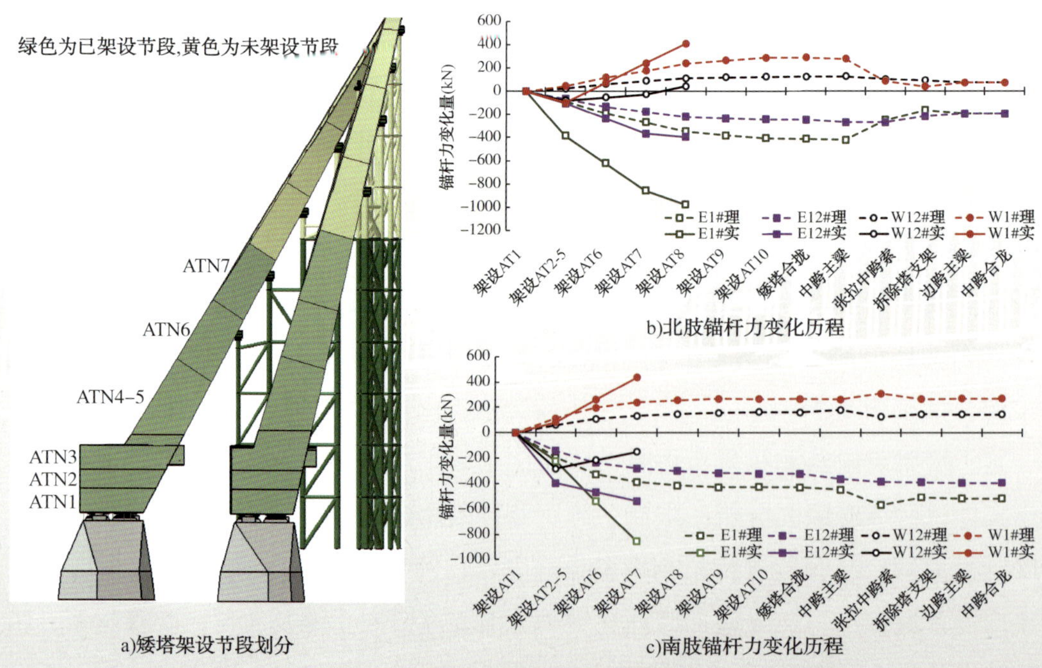

图 8-59 锚杆力变化历程

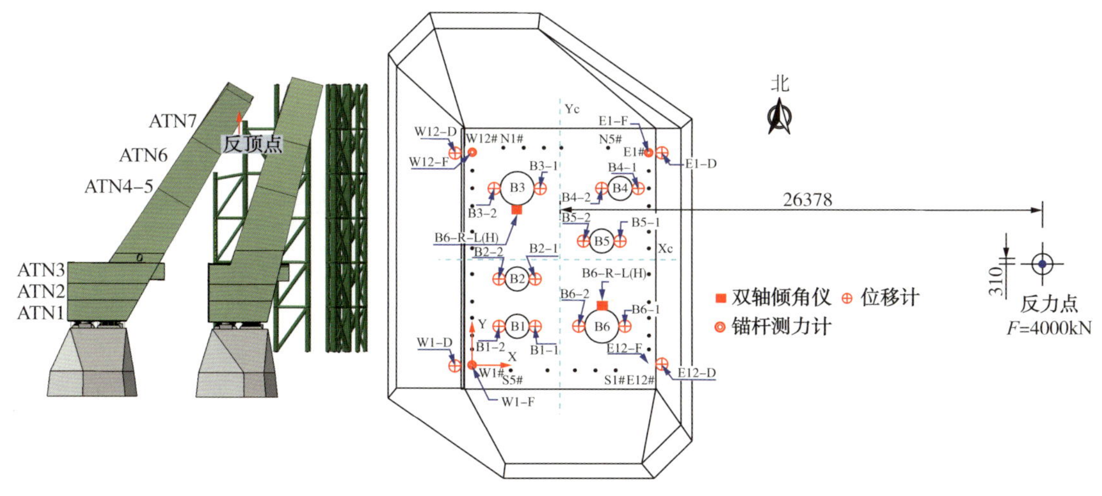

图 8-60 反顶加载及测点布局规划

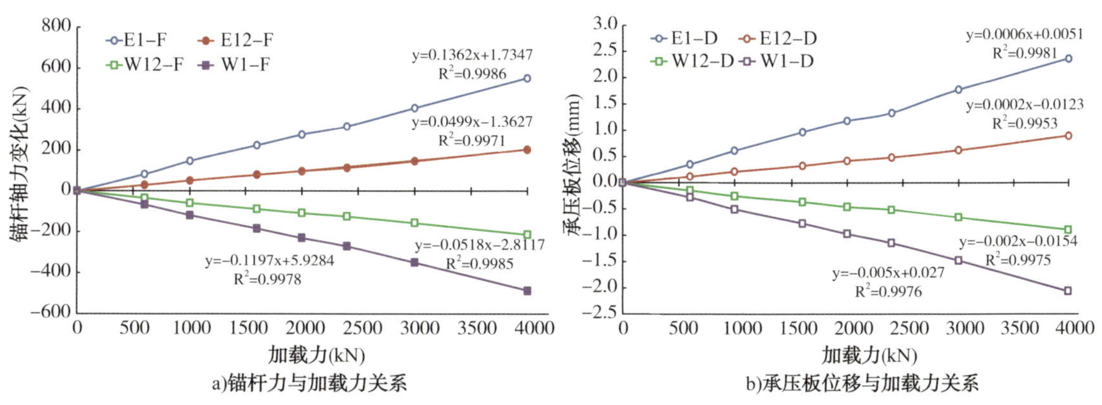

图 8-61 锚杆力及承压板位移与加载力关系

施工监控在对矮塔临时固结系统多元物理量进行专项测试的基础上，基于空间平截面假定与位移法构建平衡方程，开展了支座及砂箱竖向承压刚度的参数识别研究（图 8-62），分析了实际参数对索塔几何形态、拉索无应力索长、锚拉杆受力等关键控制指标的影响，优化调整了施工步序，确保了施工过程构件受力安全。识别结果表明球型钢支座压缩刚度为 30083kN/ mm，砂箱平均压缩刚度为 3370kN/mm，支座压缩刚度为砂箱的 8.92 倍，支座压缩弹性模量为 8278MPa，调研表明该结果是可信的。支座及砂箱刚度参数对临时固结系统中锚拉杆受力影响非常显著，为确保临时固结系统的可靠性，对背景桥梁施工步序进行了调整，实测及理论计算均表明该调整是必要和有效的。支座及砂箱刚度对背景桥梁拉索无应力索长的影响较小，处于拉索长度可调整范围内。为满足架设精度需求，对矮塔架设几何形态控制时应考虑支座及砂箱刚度对矮塔变形的影响。

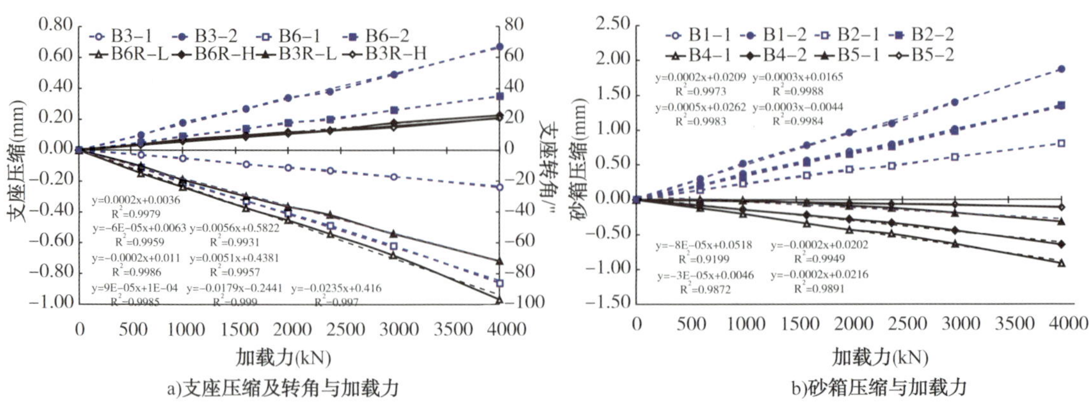

a)支座压缩及转角与加载力　　b)砂箱压缩与加载力

图 8-62　支座及砂箱变形与加载力关系

8．结构受力安全在线监测

施工监控主要涉及锚杆轴力、结构应变与温度、支座位移、转角等在线类关键物理量的监测。现场传感器兼顾后期长期健康监测系统的需求，选用进口的、长期性能工作稳定的传感器，采集设备核心芯片及控制系统均采用国外进口器件，基于物联网技术构建结构受力物理量在线监测系统，实现监测中心数据实时接收，满足结构状态监测与异常状态告预警功能，见图 8-63~ 图 8-65。

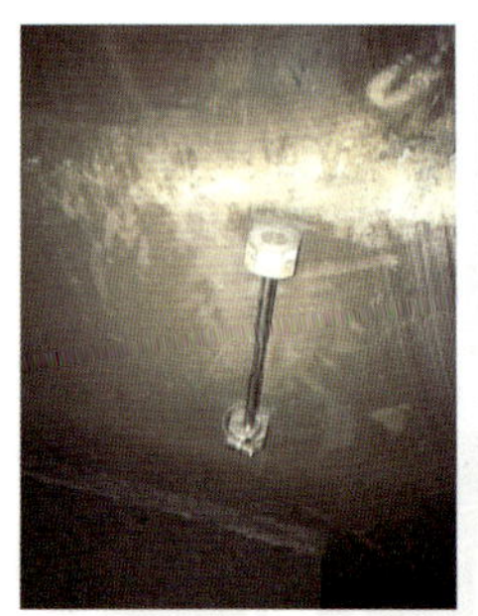
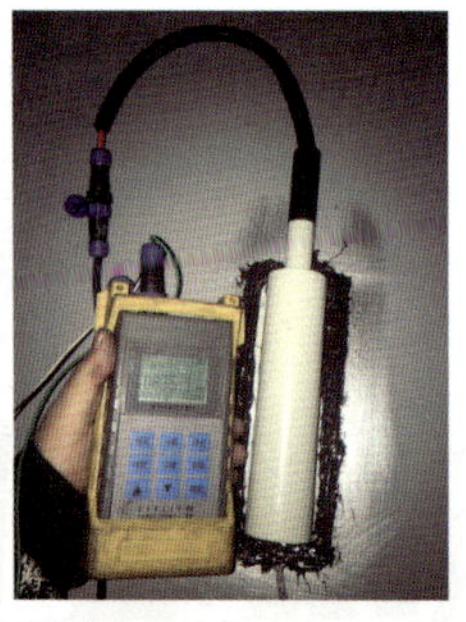

a)钢结构应变计安装与防护

b)钢塔承压板锚拉杆测力计

c)矮塔支座位移及转角监测

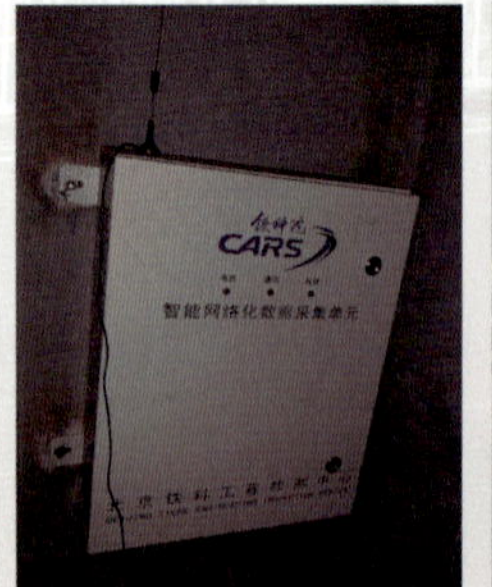

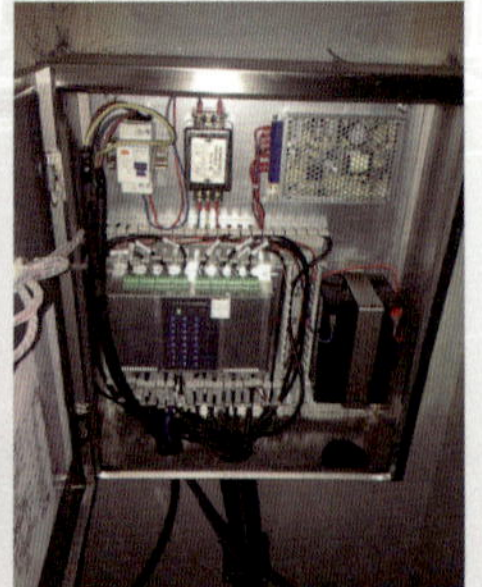

d)自动化数据采集单元

图 8-63　结构受力安全监测设备现场布设状况

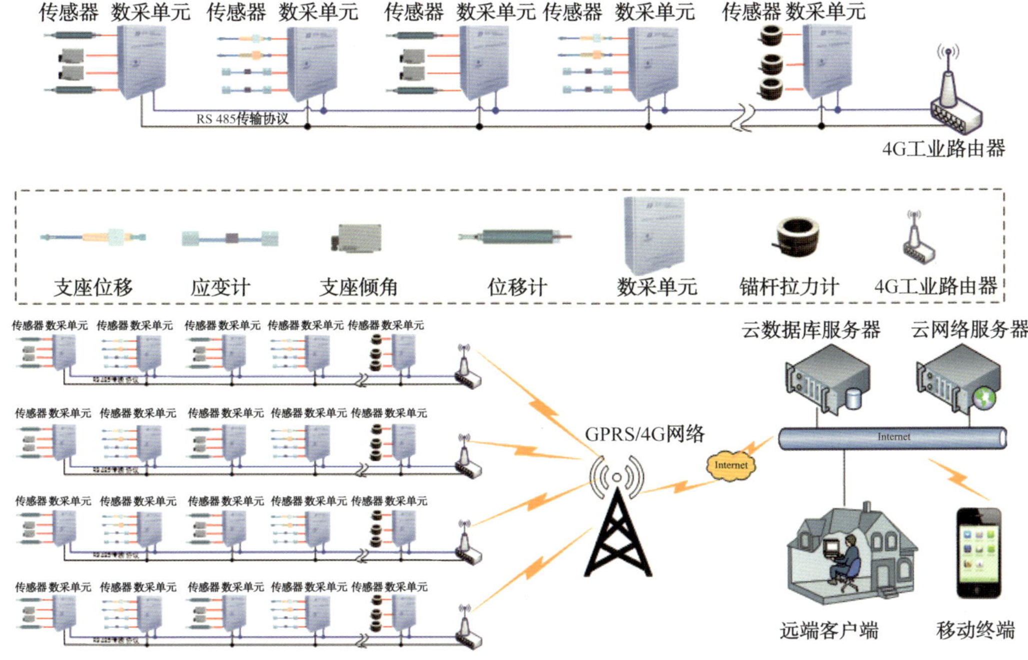

图 8-64　基于物理网技术的结构受力监测架构

图 8-65　永定河大桥结构受力在线监测平台

（二）永定河特大桥主桥健康监测

1. 健康监测系统功能定位

永定河特大桥主桥结构形式新颖、造型别致，其整体结构体系传力途径、局部结构构造及受力行为均十分复杂，与普通的斜拉桥、刚构桥或斜拉－刚构组合结构桥梁相比，其各结构构件空间受力特征更为突出，同时由于其主塔及加劲梁构件均为三维空间曲面外形布置，在设计、制造和架设等方面面临很多新挑战。永定河特大桥主桥健康监测是集结构监测、状态评估、安全预警、养护管理、BIM 技术应用于一体的综合性智能监测系统，是一种从大桥营运状态中获取、处理数据，并评估结构状态和安全性的有效手段。系统通过在桥区关键部位布置的传感器自动采集荷载源及结构响应数据，集合人工巡检等日常养护信息，得出反映桥梁健康状态的参数指标，作为桥梁安全预警、状态评估的参考依据，同时使用数理统计工具，分析获取的数据，及时发现桥梁病害，为制定主动、预见性的养护措施提供依据，达到辅助桥梁养护决策、确保结构安全、减少桥梁管养成本的目的。

大桥健康监测系统的几个主要功能体现为：

①有效集成大桥在建造及成桥荷载试验期间的结构受力及变形数据，为基于全寿命周期的桥梁结构状态感知提供支撑平台。

②通过各类传感器获取的实时监测数据，结合桥梁结构状态预警及评估策略，对桥梁的安全状态做出预警与评估。

③搭载专业数据分析模块，统计分析较长周期内结构健康监测系统获取的数据，得出结构性能的退化演变过程以及结构状态的发展趋势。

④健康监测系统本身也是对桥梁的足尺试验，并且试验项目全面，测试数据非常丰富，能监测真实荷载和真实环境本身，并同时得到各种真实响应，其得到的大量的长期监测数据将对完善大型桥梁结构的设计理论以及进行大型桥梁结构的相关科学研究具有极为重要的意义。

⑤实现智能化管理，基于为桥梁养护、维修、加固等工作的有效开展提供依据，全面掌握当前桥梁结构的真实状态，并预测未来结构的行为与状态，因而能够尽早地发现和预报桥梁结构的损伤，及时采取必要地养护维修方法，从而杜绝或减少桥梁安全事故的发生。

2. 健康监测系统内容规划

永定河特大桥作为在建桥梁，其监测重点主要包括针对影响结构安全的荷载源监测、表征大桥整体刚度的变形监测、代表大桥整体性能的动力监测、与本桥结构特点密切相关的结构局部受力行为监测，结合同类型桥梁监测的经验和永定河特大桥具体结构特点，为确保能够准确、及时、全面地对大桥做出安全预警和状态评估，为大桥的养护管理提供针对性的智能化监测平台，并综合考虑测试手段的可行性、分析方法的可靠性等因素，大桥健康监测系统内容规划如下（图 8-66）。

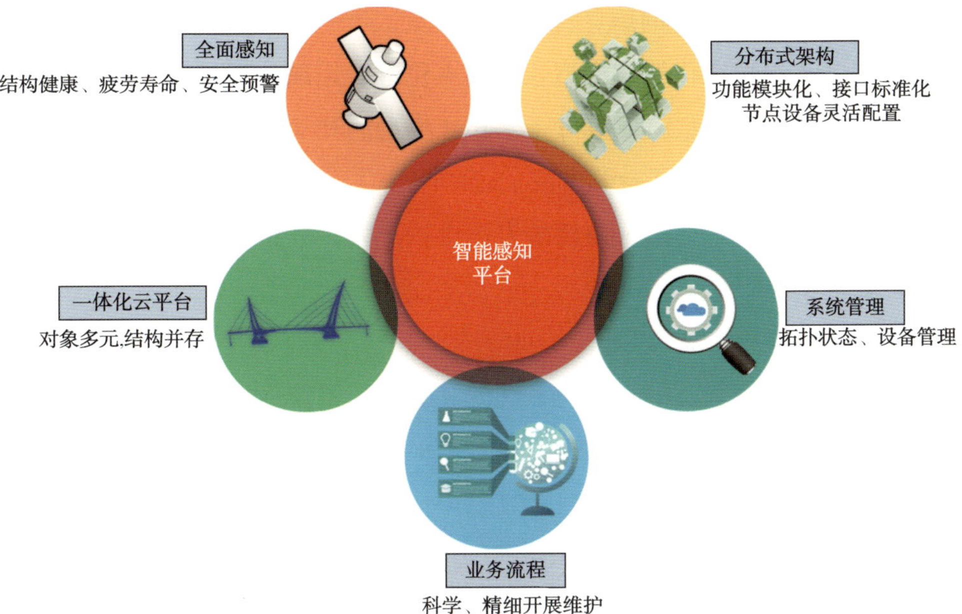

图 8-66 健康监测系统功能布局

（1）荷载参数监测

对温度场、湿度、风速风向、强地震动记录、交通量、轴重超重车轮压（重点重车道）进行监测。

（2）动力响应监测

对主梁及主塔动力响应（频率、模态）进行动力响应采集，对主纵梁刚度变化较大、横梁与主纵梁连接处等局部疲劳敏感区域进行应力幅采集。

（3）静力响应监测

主梁及索塔各整体控制截面应力，塔梁结合处、索塔门洞顶底、索塔处桥面板、拉索索力（选择典型拉索），矮塔塔底应力，高塔塔底锚固高强螺栓内力（选择典型螺栓）等监测。

（4）空间形态监测

①索塔偏位：钢塔塔顶偏位。

②主梁位移：主梁关键截面挠度、主梁平面偏位。

③支座位移：监测各支座各向位移，重点为矮塔处支座。

④基础沉降：辅助墩和分联墩每个墩柱各布置沉降测点，高塔及矮塔底基础需在四个角点布置测点。

（5）基于该桥 BIM 模型的信息管理平台开发

健康监测系统的数字化三维模型包括测点位置、用途、型号、生产厂家、设计寿命等参数，并能实现主要监控数据与三维 BIM 模型的互动传输。

（6）主桥病害专项管理平台开发

基于全寿命周期理念，结合该桥的专项维护计划，健康监测系统应包含主桥病害的专项管理平台。

（7）大数据融合技术应用

基于全寿命周期理念，健康监测系统应具备对施工建造、成桥荷载试验、定期检测、专项监测数据的衔接与融合功能，详见图 8–67 和表 8–1。

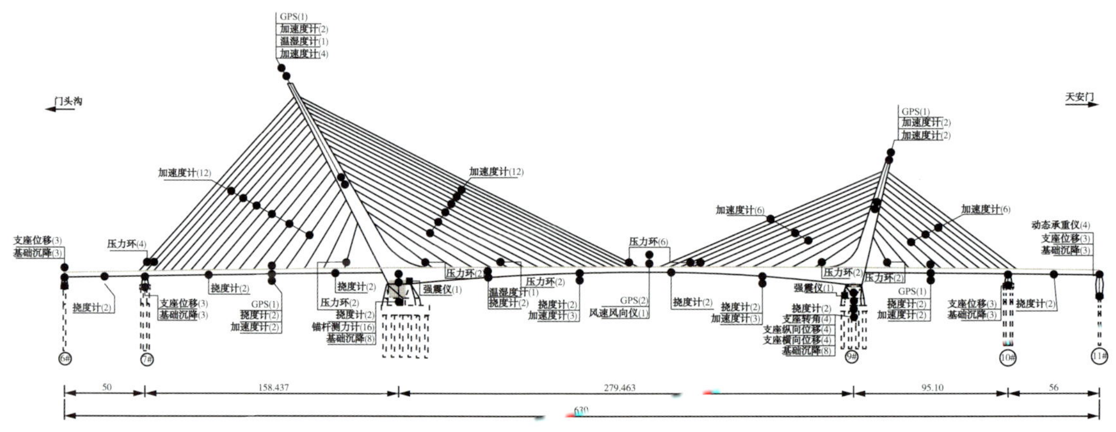

图 8–67　健康监测测点布局

健康监测测点规划　　表 8–1

监测类型	分项	传感器类型	测点数目
空气温湿度	桥面 \ 索塔 \ 主梁	温湿度一体化设备	4
风速风向	主梁	三向风速风向	1
交通荷载	西引桥重车道	压电式	4
地震动	高矮塔基座	力平衡式	6
振动	主梁竖向振动加速度	力平衡式	8
	主梁横向振动加速度	力平衡式	2
	索塔纵向振动加速度	力平衡式	6
	索塔横向振动加速度	力平衡式	4
变形	主梁挠度	压力变送器	24
	主梁横向变形	GPS	4
	塔顶偏位	GPS	2
位移	支座纵向位移	振弦式	16
	支座横向位移	振弦式	4

续上表

监测类型	分项	传感器类型	测点数目
转角	支座转角	MEMS	8
基础沉降	基础沉降	水准点	28
应变	主梁应变（含温度）	振弦式	120
	索塔应变（含温度）	振弦式	108
构件轴力	斜拉索	频谱法	36
	高塔锚杆	穿心振弦式	16
疲劳	斜拉索应力幅	穿心电压式	20
	纵横梁连接部位	可焊接应变片	12
	主梁连接区域	可焊接应变片	12

3. 健康监测系统物理架构

桥梁健康监测系统数据传输与控制模块包括感知层、采集层、传输层、数据处理层、应用层 5 个层面，综合应用工业控制、物联网、互联网、云存储架构等技术，架构应具有可扩充的、开放的、可持续发展特点，以便后期系统的综合维护（图 8-68）。

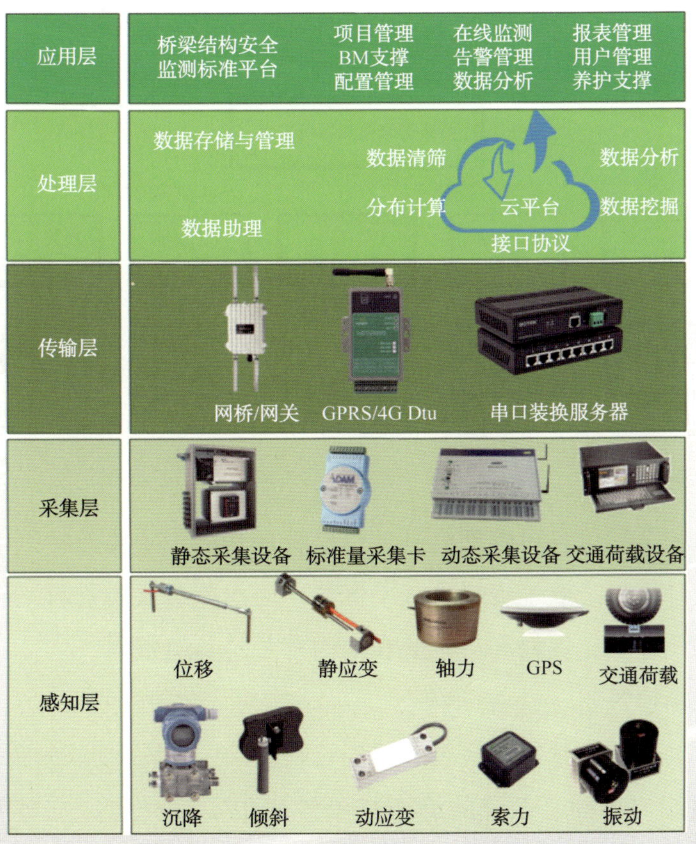

图 8-68 健康监测系统物理架构

4. 健康监测系统软件性能规划（图 8–69、图 8–70）

健康监测系统软件性能规划如下：

（1）监控系统主界面

基于 B/S 架构，通过 BIM 信息交互平台，展示本系统涵盖范围内结构物以及系统设备、附属物等信息，并可以实现查询、统计、分析、定位等功能。

图 8–69　健康监测软件性能特点

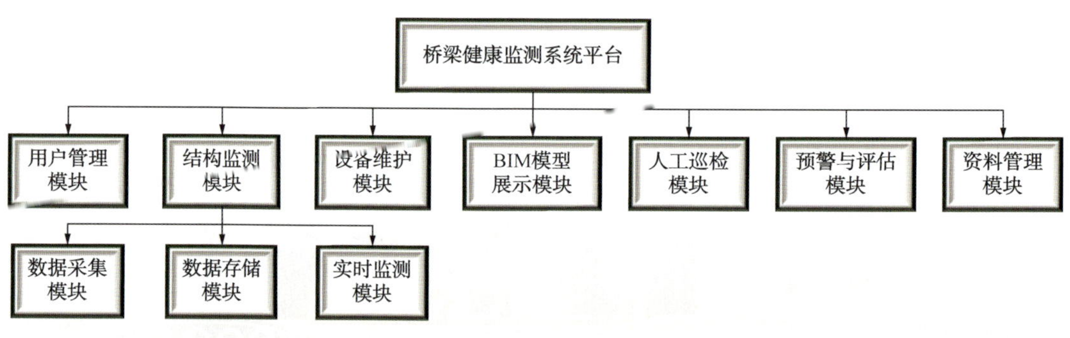

图 8–70　健康监测系统物理架构

（2）静态资料管理

提供和结构相关的信息可管理的静态信息管理功能，主要包括以下内容：

①结构的设计资料、施工资料、竣工资料、历次荷载试验资料。

②本系统的设计实施资料和与系统和结构有关的其他资料。

③桥梁历次巡检资料。

④基于桥梁健康监测预警、报表、报告资料。

该功能通过用户界面子系统的静态扩展模块中实现，通过友好的用户界面向用户展示各种信息，并提供数据查询功能，方便用户快速的查找和定位信息，静态资料的管理同时还为模型展示功能提供接口，可以方便地查看模型中找到的结构物的资料信息。

（3）实时数据与预警展示

提供数据的采集和实时展示的功能，通过接受数据采集和传输子系统上送的数据，实时解算并进行初步分析，对处理结果进行展示，主要包括实时数据的展示、与模型的关联、系统设备工作工况的查看以及监测系统提供的专业专题，比如温度场、变形等专题，该部分功能通过实时数据处理扩展模块进行实现通过接受上送的数据，用友好的用户界面展示出处理结果。

（4）历史数据管理与报告

用户界面子系统中提供查看和管理报表的应用程序调用接口，调用报表管理模块，实现对各种处理和分析结果的展示。

（5）辅助决策分析

基于桥梁结构状态评估技术，平台搭载与后台结构状态分析模块（如钢结构疲劳分析、数据管理分析、数据趋势分析、动力特性分析等模块）的接口，可实现人工选择区段数据的分析评估工作，并结合需求开展报表定制功能。

（6）用户管理

用户管理主要涉及用户类别管理、用户角色管理，及用户日志管理等功能。

永定河特大桥主桥健康监测系统已通过专家评审，目前正处于稳步推进阶段，拟于2019年年底上线运营，参见图8-71。

永定河特大桥主桥健康监测系统实施方案

专家评审意见

2019年6月23日，北京市公联公路联络线有限责任公司在长安街西延8#标（北京城建集团有限责任公司）项目部会议室召开了“永定河特大桥主桥健康监测系统实施方案”评审会。参加会议的有北京市政总院有限公司、北京城建集团、中铁宝桥、铁科院(北京)咨询有限公司、北京铁科工程检测有限公司等单位的代表，会议邀请了5名专家（名单附后），与会专家和代表听取了项目承担单位关于该桥主桥健康监测系统实施方案的汇报，经质询和讨论，形成评审意见如下：

一、总体评价

健康监测系统监测测点布局及设备选型合理，系统架构技术可行，软件功能规划满足桥梁状态分析及养护管理需求，方案完善后可作为下一步现场实施的依据。

二、意见和建议

1. 优化完善预警策略；

2. 根据结构敏感性优化应力及振动测点布置；

3. 尽快落实系统管理用地，以明确系统传输和管理方式。

组长：（签字）

2019年6月23日

图8-71　健康监测系统方案评审

（三）成桥荷载试验

2019 年 9 月 20 日至 25 日国家道路及桥梁质量监督检验中心（中路高科交通检测检验认证有限公司）对大桥开展了成桥荷载试验，试验内容及组织、桥梁状态评定按《公路桥梁荷载试验规程》(JTG/T J21-01—2015)、《城市桥梁检测与评定技术规范》(CJJT 233—2015）执行。荷载试验由静载试验和动载试验两部分组成。静载试验测试部位包括 14 个主纵梁截面、2 个索塔截面（8 肢）、2 个塔顶截面、10 根拉索、2 根横梁，测试物理量覆盖最不利荷载作用下的挠度、应力、索力、索塔偏位、支座水平位移、支座压缩、支座转角等参数。动载试验内容包括大桥模态（振型、频率、阻尼比）、冲击系数等动力性能。荷载试验结果表明大桥测试跨承载能力满足设计荷载等级（城 -A 级）的要求。大桥荷载试验现场组织状况见图 8-72、图 8-73。

图 8-72　大桥荷载试验现场组织状况（一）

图 8-73　大桥荷载试验现场组织状况（二）

（四）主要成果

围绕永定河特大桥主桥建设，施工监控在空间扭曲型钢塔制造及架设几何形态精密控制领域进行了技术攻关，取得了一系列创新成果，提交 7 项发明专利申请，目前已获授权 2 项，另外在《同济大学学报》（自然科学版）、《桥梁建设》发表两篇高水平科技论文（EI 检索），参见表 8-2 和图 8-74~ 图 8-76。

施工监控发明专利申请信息表 表 8-2

序号	专 利 名 称	专利类型	专利状态	申请号
1	一种异形结构的表面坐标远距离测量装置及方法	发明专利	已授权	2018101036668
2	一种异形塔固结系统支撑件刚度识别的方法	发明专利	已授权	201910960682.3
3	一种吊装节段轴线偏差支点调整量方法及装置	发明专利	已受理	201910190135.1
4	一种支架水平变形的监测方法、装置及系统	发明专利	已受理	201910189430.5
5	一种异形钢索塔高程的测量方法及测量装置	发明专利	已受理	201910395401.4
6	一种异形钢结构合龙段精确配切量的确定方法	发明专利	已受理	201910463745.4
7	一种异形钢塔节段姿态快速定位测量方法	发明专利	已受理	201910960675.3

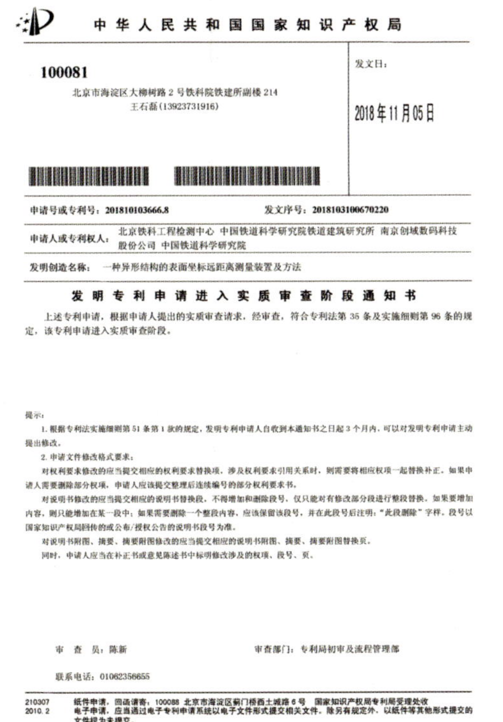
中华人民共和国国家知识产权局

100081
北京市海淀区大柳树路 2 号铁科院铁建所副楼 214
王石磊(13923731916)

发文日：
2018 年 11 月 05 日

申请号或专利号：201810103666.8 发文序号：2018103100670220

申请人或专利权人：北京铁科工程检测中心 中国铁道科学研究院铁道建筑研究所 南京创域数码科技股份公司 中国铁道科学研究院

发明创造名称：一种异形结构的表面坐标远距离测量装置及方法

发明专利申请进入实质审查阶段通知书

上述专利申请，根据申请人提出的实质审查请求，经审查，符合专利法第 35 条及实施细则第 96 条的规定，该专利申请进入实质审查阶段。

提示：

1. 根据专利法实施细则第 51 条第 1 款的规定，发明专利申请人自收到本通知书之日起 3 个月内，可以对发明专利申请主动提出修改。

2. 申请文件修改格式要求：

对权利要求修改的应当提交相应的权利要求替换项，涉及权利要求引用关系时，则需要将相应权项一起替换补正。如果申请人需要删除部分权项，申请人应该提交整理后连续编号的部分权利要求书。

对说明书修改的应当提交相应的说明书替换段，不得增加和删除段号，仅只能对有修改部分段进行整段替换。如果要增加内容，则只能增加在某一段中；如果需要删除一个整段内容，应该保留该段号，并在此段号后注明："此段删除"字样。段号以国家知识产权局回传的或公布/授权公告的说明书段号为准。

对说明书附图、摘要、摘要附图修改的应当提交相应的说明书附图、摘要、摘要附图替换页。

同时，申请人应当在补正书或意见陈述书中标明修改涉及的权项、段号、页。

审 查 员：陈新 审查部门：专利局初审及流程管理部

联系电话：01062356655

210307 2010.2 纸件申请，回函请寄：100088 北京市海淀区蓟门桥西土城路 6 号 国家知识产权局专利局受理处收
电子申请，应当通过电子专利申请系统以电子文件形式提交相关文件。除另有规定外，以纸件等其他形式提交的文件视为未提交。

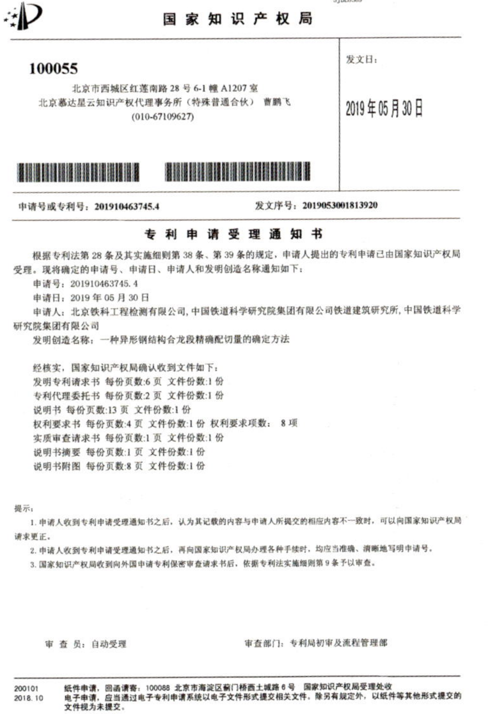
SJDL8389

国家知识产权局

100055
北京市西城区红莲南路 28 号 6-1 幢 A1207 室
北京慕达星云知识产权代理事务所（特殊普通合伙） 曹鹏飞
(010-67109627)

发文日：
2019 年 05 月 30 日

申请号或专利号：201910463745.4 发文序号：2019053001813920

专利申请受理通知书

根据专利法第 28 条及其实施细则第 38 条、第 39 条的规定，申请人提出的专利申请已由国家知识产权局受理。现将确定的申请号、申请日、申请人和发明创造名称通知如下：

申请号：201910463745. 4

申请日：2019 年 05 月 30 日

申请人：北京铁科工程检测有限公司，中国铁道科学研究院集团有限公司铁道建筑研究所，中国铁道科学研究院集团有限公司

发明创造名称：一种异形钢结构合龙段精确配切量的确定方法

经核实，国家知识产权局确认收到文件如下：

发明专利请求书 每份页数:6 页 文件份数:1 份

专利代理委托书 每份页数:2 页 文件份数:1 份

说明书 每份页数:13 页 文件份数:1 份

权利要求书 每份页数:4 页 文件份数:1 份 权利要求项数： 8 项

实质审查请求书 每份页数:1 页 文件份数:1 份

说明书摘要 每份页数:1 页 文件份数:1 份

说明书附图 每份页数:8 页 文件份数:1 份

提示：

1. 申请人收到专利申请受理通知书之后，认为其记载的内容与申请人所提交的相应内容不一致时，可以向国家知识产权局请求更正。

2. 申请人收到专利申请受理通知书之后，再向国家知识产权局办理各种手续时，均应当准确、清晰地写明申请号。

3. 国家知识产权局收到向外国申请专利保密审查请求书后，依据专利法实施细则第 9 条予以审查。

审 查 员：自动受理 审查部门：专利局初审及流程管理部

200101 2018.10 纸件申请，回函请寄：100088 北京市海淀区蓟门桥西土城路 6 号 国家知识产权局受理处收
电子申请，应当通过电子专利申请系统以电子文件形式提交相关文件。除另有规定外，以纸件等其他形式提交的文件视为未提交。

图 8-74 发明专利通知书（一）

SJDL8030

国家知识产权局

100055
北京市西城区红莲南路 28 号 6-1 幢 A1207 室
北京慕达星云知识产权代理事务所（特殊普通合伙） 曹鹏飞
(010-57109628)

发文日：
2019年05月14日

申请号或专利号：201910395401.4　　发文序号：2019051400023600

专利申请受理通知书

根据专利法第 28 条及其实施细则第 38 条、第 39 条的规定，申请人提出的专利申请已由国家知识产权局受理。现将确定的申请号、申请日、申请人和发明创造名称通知如下：

申请号：201910395401.4
申请日：2019 年 05 月 13 日
申请人：北京铁科工程检测有限公司，中国铁道科学研究院集团有限公司铁道建筑研究所，中国铁道科学研究院集团有限公司
发明创造名称：一种异形钢索塔高程的测量方法及测量装置

经核实，国家知识产权局确认收到文件如下：
说明书摘要 每份页数:1 页 文件份数:1 份
权利要求书 每份页数:2 页 文件份数:1 份 权利要求项数： 8 项
专利代理委托书 每份页数:2 页 文件份数:1 份
发明专利请求书 每份页数:6 页 文件份数:1 份
说明书附图 每份页数:9 页 文件份数:1 份
实质审查请求书 每份页数:1 页 文件份数:1 份
说明书 每份页数:10 页 文件份数:1 份

提示：
1. 申请人收到专利申请受理通知书之后，认为其记载的内容与申请人所提交的相应内容不一致时，可以向国家知识产权局请求更正。
2. 申请人收到专利申请受理通知书之后，再向国家知识产权局办理各种手续时，均应当准确、清晰地写明申请号。
3. 国家知识产权局收到向外国申请专利保密审查请求书后，依据专利法实施细则第 9 条予以审查。

审 查 员：自动受理　　审查部门：专利局初审及流程管理部

200101 2018.10　纸件申请，回函请寄：100088 北京市海淀区蓟门桥西土城路 6 号　国家知识产权局受理处收
电子申请，应当通过电子专利申请系统以电子文件形式提交相关文件。除另有规定外，以纸件等其他形式提交的文件视为未提交。

SJDL7070

国家知识产权局

100055
北京市西城区红莲南路 28 号 6-1 幢 A1207 室
北京慕达星云知识产权代理事务所（特殊普通合伙） 曹鹏飞
(010-57109628)

发文日：
2019年03月13日

申请号或专利号：201910190135.1　　发文序号：2019031301896440

专利申请受理通知书

根据专利法第 28 条及其实施细则第 38 条、第 39 条的规定，申请人提出的专利申请已由国家知识产权局受理。现将确定的申请号、申请日、申请人和发明创造名称通知如下：

申请号：201910190135.1
申请日：2019 年 03 月 13 日
申请人：北京铁科工程检测有限公司，中国铁道科学研究院集团有限公司铁道建筑研究所，中国铁道科学研究院集团有限公司
发明创造名称：一种吊装节段轴线偏差支点调整量方法及装置

经核实，国家知识产权局确认收到文件如下：
发明专利请求书 每份页数:6 页 文件份数:1 份
说明书附图 每份页数:4 页 文件份数:1 份
说明书 每份页数:8 页 文件份数:1 份
专利代理委托书 每份页数:2 页 文件份数:1 份
说明书摘要 每份页数:1 页 文件份数:1 份
权利要求书 每份页数:2 页 文件份数:1 份 权利要求项数： 8 项
实质审查请求书 每份页数:1 页 文件份数:1 份

提示：
1. 申请人收到专利申请受理通知书之后，认为其记载的内容与申请人所提交的相应内容不一致时，可以向国家知识产权局请求更正。
2. 申请人收到专利申请受理通知书之后，再向国家知识产权局办理各种手续时，均应当准确、清晰地写明申请号。
3. 国家知识产权局收到向外国申请专利保密审查请求书后，依据专利法实施细则第 9 条予以审查。

审 查 员：自动受理　　审查部门：专利局初审及流程管理部

200101 2018.10　纸件申请，回函请寄：100088 北京市海淀区蓟门桥西土城路 6 号　国家知识产权局受理处收
电子申请，应当通过电子专利申请系统以电子文件形式提交相关文件。除另有规定外，以纸件等其他形式提交的文件视为未提交。

图 8-75　发明专利通知书（二）

SJDL7062

国家知识产权局

100055
北京市西城区红莲南路 28 号 6-1 幢 A1207 室
北京慕达星云知识产权代理事务所（特殊普通合伙） 曹鹏飞
(010-57109628)

发文日：
2019年03月13日

申请号或专利号：201910189430.5　　发文序号：2019031301675520

专利申请受理通知书

根据专利法第 28 条及其实施细则第 38 条、第 39 条的规定，申请人提出的专利申请已由国家知识产权局受理。现将确定的申请号、申请日、申请人和发明创造名称通知如下：

申请号：201910189430.5
申请日：2019 年 03 月 13 日
申请人：北京铁科工程检测有限公司，中国铁道科学研究院集团有限公司铁道建筑研究所，中国铁道科学研究院集团有限公司
发明创造名称：一种支架水平变形的监测方法、装置及系统

经核实，国家知识产权局确认收到文件如下：
发明专利请求书 每份页数:6 页 文件份数:1 份
说明书摘要 每份页数:1 页 文件份数:1 份
说明书附图 每份页数:5 页 文件份数:1 份
实质审查请求书 每份页数:1 页 文件份数:1 份
说明书 每份页数:11 页 文件份数:1 份
专利代理委托书 每份页数:2 页 文件份数:1 份
权利要求书 每份页数:4 页 文件份数:1 份 权利要求项数： 9 项

提示：
1. 申请人收到专利申请受理通知书之后，认为其记载的内容与申请人所提交的相应内容不一致时，可以向国家知识产权局请求更正。
2. 申请人收到专利申请受理通知书之后，再向国家知识产权局办理各种手续时，均应当准确、清晰地写明申请号。
3. 国家知识产权局收到向外国申请专利保密审查请求书后，依据专利法实施细则第 9 条予以审查。

审 查 员：自动受理　　审查部门：专利局初审及流程管理部

200101 2018.10　纸件申请，回函请寄：100088 北京市海淀区蓟门桥西土城路 6 号　国家知识产权局受理处收
电子申请，应当通过电子专利申请系统以电子文件形式提交相关文件。除另有规定外，以纸件等其他形式提交的文件视为未提交。

证书号第 3669290 号

发明专利证书

发 明 名 称：一种异形塔固结系统支撑件刚度识别的方法

发 明 人：王石磊；刘伯奇；胡强；巴力；李林杰；严国兵；张勇；刘建磊
王凯；苏力；冯海龙；吴笑雷；宋楠；冯乾宽；王石磊；刘海涛

专 利 号：ZL 2019 1 0960682.3

专利申请日：2019 年 10 月 11 日

专 利 权 人：北京铁科工程检测有限公司
中国铁道科学研究院集团有限公司铁道建筑研究所

地 址：100081 北京市海淀区大柳树路 2 号

授权公告日：2020 年 01 月 17 日　　授权公告号：CN 110472376 B

国家知识产权局依照中华人民共和国专利法进行审查，决定授予专利权，颁发发明专利证书并在专利登记簿上予以登记。专利权自授权公告之日起生效。专利权期限为二十年，自申请日起算。

专利证书记载专利权登记时的法律状况。专利权的转移、质押、无效、终止、恢复和专利权人的姓名或名称、国籍、地址变更等事项记载在专利登记簿上。

局长
申长雨

国家知识产权局
2020 年 01 月 17 日

第 1 页 (共 3 页)

其他事项参见背面

图 8-76　发明专利通知书（三）

第九篇　环保篇

概 述

绿色施工是指工程建设中，在保证质量、安全等基本要求的前提下，通过科学管理和技术进步，最大程度地节约资源与减少对环境负面影响的施工活动，实现节能、节地、节水、节材和环境保护的“四节一环保”目标。

按照国家、北京市政府有关规定，各建设单位和标段，依据GB/T24001环境管理体系与GB/T28001职业健康安全管理体系的基本原理，对文明施工各管理要素实行“计划、实施、检查、优化”的动态循环管理，建设工程项目文明施工管理环境。

通过该篇章内容，可以看到长安街西延工程中，绿色环保的理念贯穿了整个建设的始终。如土建二标的水土保持、场地恢复和沿线生态环境维护等，都制定了详细的计划并执行到位。再如土建四标，重点控制扬尘和大气污染以及防止施工噪声和水污染等，将施工过程中可能产生的污染降低到最低，最大程度上保证了施工的绿色环保。

一、土建一标

绿色施工是在工程建设中，在保证质量、安全等基本要求的前提下，通过科学管理和技术进步，最大程度地节约资源与减少对环境负面影响的施工活动，实现“四节一环保”(节能、节地、节水、节材和环境保护)。绿色施工管理主要包括组织管理、规划管理、实施管理、评价管理和人员安全与健康管理五个方面。

(一)绿色施工组织管理

在绿色施工组织管理方面，项目部成立了以领导班子为首的绿色施工管理小组，形成了涵盖整个项目部成员及部分施工队管理人员的绿色施工组织结构，做到从上到下逐级定责、相互监督、通过现场管理和远程视频等措施实施监控，确保绿色施工的顺利进行。

(二)绿色施工规划管理

在绿色施工规划管理方面，项目部参考中华人民共和国住房和城乡建设部出台的《绿色施工导则》《建筑工程绿色施工评价标准》及兄弟单位的绿色施工先进经验，制订了符合项目部实际情况的绿色施工专项方案、施工应急预案，并经过了公司安全技术部门的审批。

方案依据绿色施工方针的“四节一环保”确定了具体内容，包括：

①节材，在保证工程安全与质量前提下，制定节材措施。

②节地与施工用地保护，施工总平面布置规划及临时用地节地措施等。

③节水，根据本地水资源状况，制定节水措施。

④节能，进行施工节能策划，确定目标，制定节能措施。

⑤环境保护，制定环境管理计划及应急救援预案，采取有效措施，降低环境负荷。

(三)绿色施工实施管理

在绿色施工实施管理方面，项目部对施工全过程实施动态管理，加强对施工策划、准备、材料采购、现场施工、工程验收等各阶段的管理和监督。结合工程项目的特点，有针对性地开展对绿色施工作业的宣传，通过宣传营造绿色施工的氛围，定期对职工进行绿色施工知识培训，增强职工绿色施工意识，通过技术、经济、质控、环保等多方面措施保障绿色施工管理的顺利进行。

绿色施工“四节一环保”具体措施：

1. 节材措施

①项目进场初期，标段红线范围内地表有接近 15 万方建筑废弃渣土，为积极响应国家绿色施工号召，项目部绿色施工管理小组经过实地调查和技术论证，制订了《长安街西延 1# 标段地表渣土清理处置专项方案》，并依照方案制定了现场土方平衡图。

依据施工图地质勘探报告和土方平衡图，项目部绿色施工小组将施工现场按照换填要求划分区域，对现场地表渣土进行选择性清理外弃，对其中符合规范和设计要求，适宜回填的土方，存放在设计要求换填的区域附近。

上述措施，减少了建筑渣土外弃对施工时间和费用的影响，减少了换填土方购买的费用，满足就近原则，减少施工材料二次搬运产生的费用。

图 9-1　对施工现场进行围栏围护

②项目部现场办公及临时生活区采用周转式活动房，施工现场均采用可重复使用的硬质围挡，以便工程完工或场地内周转使用。

③施工过程中，对技术工人现场下料作业进行旁站和交底，做到精准定料、合理下料，不浪费，剩余钢筋头、料头合理利用。

④根据施工进度、材料周转时间、库存情况制定采购计划，合理确定采购数量、避免积压、浪费。

2. 节地与施工用地保护措施

①根据项目规模和现场条件，合理布设材料堆场的占地指标，临时办公用地租用周边厂房，减少临时设施的建设。

②在进行雨污水施工时，对深沟槽施工方案进行优化，使用经验丰富的机械操作员，减少土方开挖和回填量，最大限度地减少对土地的扰动，以保护周边地质环境。

③红线外临时占地使用荒地、废地。工程完工后，及时对红线外占地恢复原地形、地貌，使施工活动对周边环境的影响降至最低。

④合理利用和保护施工现场内原有绿色植被，对现阶段施工计划无涉及的区域，进行临时新建绿化。

3. 节水措施

①现场进出口施工红线附近临时设置洗车槽及集水沉淀池，用于收集洗车用水、地表水及雨水，经沉淀和简单过滤后循环利用，用于冲洗进出场施工车辆和现场洒水车、雾炮机洒水降尘。

②对项目部办公区、生活区生活用水及工程用水确定用水定额指标，分别计量管理。

③制定节水管理制度，安排保洁人员每日检查办公区和生活区管道情况，杜绝冒水、滴水、漏水现象。

4. 节能措施

①现场按照施工计划合理安排机械设备，合理规划施工顺序，减少待机，提高单位时间内机械利用率，采用新型节能机械设备，降低机械油料、电力损耗。

②合理安排施工工序，采用能耗少的工艺，降低施工扬尘、噪声，减少材料消耗，材料采购遵循就地取材（200km 内）原则。

③合理规划项目部办公区、生活区、施工区的配电线路，合理选择配电线缆，减少线损。

④采用高效节能的办公设备、施工设备、电器和照明设施，制定合理的用电定额指标，降低用电量。

⑤加强用电设施的管理与应用，照明满足基本照度规定，杜绝长明灯，办公区、生活区公共区域照明采用自动控制。

⑥临时设施结合工地实际情况，合理利用自然采光、通风、遮阳设施，临舍房屋采用热功能达标的墙板、屋面板，减少空调使用量。

5. 绿色施工环境保护措施

一标段全段南侧毗邻现况冯村沟，北侧为拆迁后的地块，周边无居民区，项目部绿色施工管理小组根据实际情况制定了施工环境保护应急预案，确定了标段内存在的环境污染因素包括大气（扬尘）污染、固体废弃物（建筑垃圾）污染、水（防止地下水污染、冲洗槽沉淀池）污染。预案中明确了应急反应组织机构、工作程序和应急处置办法，对环境保护过程中，项目工地出现扬尘、建筑垃圾、废水等污染源的事前预防，事中应急准备、响应，事后纠正、改进做了详细描述。

在环境污染防治中，项目部严格执行《北京市建设工程施工现场环境保护标准》和《北京市建设工程施工现场管理办法》中关于环境保护的各项规定。

（1）大气（扬尘）污染防治措施

①对施工现场进行封闭管理，采用 1.8m 的硬质围挡分隔在施工区域，对施工现场内无绿化植被防护的区域做到无施工就苫盖的原则，对于施工计划靠后作业的区域，采用草籽、麦种等措施实现临时绿化，增加绿化面积，防止出现风起尘扬。

②对现场内烟气排放严格执行国家相关标准，确保进场机械排放达标，定期检查尾气净化器，确认合格后方可进行施工作业。

③由于标段内存在大量废弃渣土，需进行场地清表及渣土清运，项目部提前规划好行车路线，对临时道路采取压路机进行临时硬化，加强进出场车辆管理，控制场内行车速度，采用符合要求的密闭式运输车辆，防止土方遗撒，督促进出场车辆做好防漏检查。

④现场设置多台固定雾炮机，辅以水车对现场进行洒水降尘，并在工地进出口设置车辆冲洗槽，对现场进出车辆进行清洗，避免对社会道路造成尘土污染，见图 9–2。

⑤加强对安全生产作业人员的宣传教育，把环保知识纳入“三级教育体系”，对新进场人员进行环保教育，提高作业人员的防尘意识。

图 9-2　对施工现场进出口加装洗车设备

（2）固体废弃物（建筑渣土）防治措施

①根据《绿色施工导则》，制定建筑垃圾减量化计划，对现场原有、新增的建筑垃圾进行筛选后分类收集，将可利用的符合设计要求的土、石方存放至不影响施工作业的区域，以便路床换填再利用。

②对于场地内现有的固体废弃物，项目部通过正规手续，对其中无法再利用的部分进行建筑垃圾消纳处理。

（3）水污染防治措施

标段存在的水质污染因素主要为雨水冲刷裸露地面、基坑作业雨水下渗和扬尘进入北侧河道增加水中悬浮物浓度，以及施工进出场入口车辆清洗槽、集水池。

①施工车辆进出场清洗槽设三级沉淀池，将洗车水、雨水等地表水通过三级沉淀池进入集水池，并通过沉淀过滤后的上清液循环利用，用于场地内洒水降尘、车辆清洗；沉淀池底淤泥定期清理，做掩埋处理。

②工地料场、仓库周边和临设道路周边设排水沟，定期清理保持通畅，工程污水和现场试验室养护用水需经处理后排入市政污水管网。

③施工现场使用流动卫生间，由专业厂商负责处理。

④办公区、生活区厨房设三级隔油池，定期清理，生活污水经简单处理后排放于污水管网中。

在施工过程中，绿色安全施工需要项目管理人员人人参与，遵循因地制宜的原则，结合项目特点，稳步开展，既可以满足国家提倡绿色施工节能减排的要求，又可以降低工程各项成本，提高经济效益。

二、土建二标

（一）水土保持措施

项目部进场后，立即开始对项目工程范围的现场情况进行考察，组织技术人员进行项目水土流失情况的预测，就该项目实施中可能造成的各种水土流失情况进行分析。

组织人员进行项目水土流失治理方案的编制。方案要有针对性及可操作性，在综合考虑环境、成本、工程实施等各个制约条件后确定。

1. 坡面防护

项目部在路基施工结束后，尽快进行路基边坡防护的施工，施工时保证施工质量，最大程度地保证路基边坡水土不流失。

2. 施工阶段流水控制

工程水土流失现象主要是由于地表径流造成的，所以要有效的控制水土流失就要从地表径流的流量、流水方向及流水速度等方面来控制。

（二）场地恢复措施

公司为做到文明施工、环境保护，最大限度地保护生态环境，针对施工场地的保持及恢复方面制定相关计划及措施。具体体现在三个方面：

①施工现场的节约占用。

②施工阶段对土地的保护。

③工程完工阶段的场地恢复。

工程完工或者区域内阶段完工时，必须马上对区域内不再使用的钢木加工场及其他用地进行恢复。

（三）沿线生态环境维护措施

图 9-3 洒水降尘

①对原有生态环境进行调查，结合施工中可能产生的影响，合理进行施工组织，尽量使用可不破坏原有生态的施工措施。严格落实其他环保措施，保护河流水质和空气环境。

②不得因施工需要，在未经业主和相关部门允许的情况下，砍伐林木、毁坏地表植被、挖掘土石、埋设管线。对合同规定的施工界限内外的植物、树木，必须尽力维持原状。

③除征地范围内的土地占用，不得侵占现有其他土地。

④对有害物质（如燃料、油料、旧材料、垃圾等）要运至当地环保部门指定的地点进行处理，以防泄露，造成对动物、植物的损害。

⑤防止土壤冲蚀，地表冲刷，对弃土严格按甲方指定的弃渣场堆放，并砌筑挡墙和护坡，坡内、墙后设过滤层，对弃渣中的污水进行自然过滤。弃渣顶面用合格土覆盖并设置自然流水坡和浆砌水沟，严防水土流失，污染环境。

⑥开挖作业严格控制开挖尺寸，少扰动土体，维护好自然地形地貌。

⑦施工沿线的弃渣和剩余失效的灰砂、混凝土等，选择合适低洼地堆放、填埋，避免流失污染环境。

⑧竣工恢复，具体内容包括：清除临时设施（清除杂物、临时工棚），各工地居住区的污水沟、粪便及垃圾做好消毒灭菌清除工作，并用净土填埋、压实。

三、土建三标

长安街西延三标工程建设过程中，项目部建立各多项环保措施、安全绿色施工技术措施及针对上述各项措施的各类制度，并设立了专职环保检查小组、专职环保施工队伍，负责对施工现场机械设备环保标准、噪声控制、各类预警天气下现场响应措施宣传、门前“包干净、包秩序、包美化”及“施工工地周边百分百围挡、物料堆放百分百覆盖、出入车辆百分百冲洗、施工现场路面百分百硬化、土方开挖百分百湿法作业、渣土车辆百分百密闭运输”的落实、整改、完善工作。

施工现场各类施工废弃物由专职环保施工队伍及时回收清运，办公区废电池、废灯管泡、废墨盒等办公垃圾由专职环保检查小组分类处理。

同时，在资源节约方面，项目部及施工队伍生活区安装太阳能进行洗澡、照明，采用节能灯具，并设立了雨水收集池，雨水收集后用于现场洒水、降尘，冲洗车辆等。

尤其该标段在生态环境维护措施深入引进施工生产方面，为通过实际行动彰显保护永定河治理工程“四湖一线”莲石湖的决心，降低莲石湖周边水土流失量且避免地表大面积扰动造成植被破坏、道路遗撒、扬尘等问题。该项目部总工多次带领项目技术人员通过现场勘察、土质取样、查阅文献及方案比选，在长安街西延建设工程各沿线标段道路路基施工过程中，率先引进了强夯法进行路基处理，从实际角度取得了满足工程施工及水土保持效益的成果，并且该方法由于施工机械化程度高、施工工期短、投入人员数量少，路基工程施工中、完工后不论在建设经济效益上、质量目标完成率上、尽快恢复建设场区生态功能上均有益处，值得推广。

并且长安街西延三标段内各施工现场区域，施工结束后，被破坏的原有植被场地均按原状恢复原植被，绿化原有场地，真正做到了退场时工完、料净、场清。

四、土建四标

（一）管理目标

①工程实施过程中将认真贯彻执行建设部、北京市关于施工现场文明施工管理的各项规定，使工程切实做到“健康施工，安全施工，环保施工”。

②鉴于该工程的特点，除做好现场布置、临建规划外，将重点控制扬尘及噪声污染。

（二）环境保护基本措施

①建立项目环境保护管理体系，明确体系中各岗位的职责和权限，建立并保持一

套工作程序，对所有参与体系工作的人员进行相应的培训。

②工程施工现场必须严格按照公司环保手册和现场管理规定进行管理，项目经理部成立 10 人左右的场容清洁队，每天负责场内外的清理、保洁，洒水降尘等工作。

③定期召开“施工现场文明施工和环境保护”工作例会，总结前一阶段的施工现场文明施工和环境保护管理情况，布置下一阶段的施工现场文明施工和环境保护管理工作。

④建立并执行施工现场环境保护管理检查制度。每周组织一次由各专业施工单位的文明施工和环境保护管理负责人参加的联合检查，对检查中发现的问题，开出“隐患问题通知单”，各专业施工单位在收到“隐患问题通知单”后，根据具体情况，定时间、定人、定措施予以解决，项目经理部有关部门监督落实问题的解决情况。

（三）控制扬尘及大气污染

①在施工过程中随时对场区和周边道路进行淋水降尘，降低粉尘污染。

②施工现场的各种垃圾分类堆放，每日进行清理外运。

③减少现场自拌混凝土的数量，少量水泥等易飞扬物、细颗粒散体材料，安排在库内存放并严密遮盖，运输时要防止遗洒、飞扬，卸运时采取码放措施，减少污染。

④混凝土运输车要加强防止遗撒的管理，要求所有运输车卸料溜槽处必须装设防止遗撒的活动挡板，混凝土卸完后必须清理干净方准离开现场。

⑤所有运输车辆必须经清洗和覆盖后方可出场，严防车辆携带泥砂出场造成对道路的污染。

⑥外运和内运土方车辆采取遮盖等措施，以免尘土飞扬。

图 9-4　100% 苫盖

（四）防止施工噪声污染

①所有工作面在施工前均必须先搭设围挡，将施工现场与周边社区隔离。

②材料、设备进入现场安排专人接车，禁止鸣按喇叭，卸车装车有专人指挥，所有物品轻拿轻放。

③拆迁渣土清运尽量安排在白天进行，并多安排人工配合，尽可能降低机械噪声。

（五）防止对水污染

①所有生产、生活污水一律经处理后排放至现况污水管线，严禁随意排放。

②施工现场设临时移动厕所，安排专人定时清理。

③加强对现场存放油品和化学品的管理，对存放油品和化学品的库房进行防渗漏处理，采取有效措施，在储存和使用中，防止油料跑、冒、滴、漏污染水体。

（六）限制光污染措施

探照灯尽量选择既能满足照明要求又不刺眼的新型灯具，减少夜间施工，个别须连续施工的部位，夜间照明只照射施工区而不影响周围村镇，探照灯需要加装灯罩。

（七）废弃物管理

①施工现场设立专门的废弃物临时贮存场地，对于有毒有害废弃物，按照环境保护 GB/T 24001 标准和公司环保体系文件要求，必须单独贮存、设置安全防范措施且有醒目标识。

②废弃物及时进行清运，运输过程中确保不散撒、不混放，送到政府批准的单位或场所进行处理、消纳，对可回收的废弃物做到再回收利用。

（八）材料设备的管理

①不同的进场材料设备进行分类合理堆放和储存，并挂牌标明标示，重要设备材料利用专门的围栏和库房储存，并设专人管理。

②对废料、旧料做到每日清理回收。

五、土建五标

（一）文明施工措施

1. 文明施工管理目标

实行绿色施工，争创北京市绿色施工文明安全工地。

2. 文明施工保证体系

为实现绿色文明施工，创建和谐有序的作业环境，塑造企业文明风范，项目部建立以项目经理为第一责任人的文明施工管理体系，按照国家、北京市政府规定，响应建设单位的要求，建立文明施工组织机构落实文明施工责任制。依据 GB/T24001 环境管理体系与 GB/T28001 职业健康安全管理体系的基本原理，对文明施工各管理要素实行“计划、实施、检查、优化”的动态循环管理，建设工程项目文明施工管理环境。

3. 环境保护职责

结合该工程的实际情况，成立以项目经理为组长的环境保护领导小组，对项目经理部及各施工队负责人进行分工，明确责任，制定严格的规章制度，确保施工现场的环境保护工作顺利进行。

图 9-5　洗车池

（二）文明施工措施和实施细则

1. 现场管理

①施工现场主要出入口设置简朴规整的大门，门旁设立明显的标牌，标明工程项目名称、建设单位、设计单位、施工单位、项目经理姓名、开竣工日期等。设两图五板（即设置标志牌和企业标识、施工平面图、安全生产制度板、文明施工制度板、消防保卫制度板、环境保护制度板、突发事件应急处置流程图）。

②建立文明施工责任区，划分区域，明确管理人，实行挂牌制，做到现场清洁整齐，食堂卫生符合卫生标准。

③施工现场场地平整，道路坚实畅通，设置相应的安全防护设施和安全标志，周边设排水设施；人行通道的路径避开作业区，设置防护，保证行人安全；基础、管道等施工完后及时回填完整，清除积土。

④合理安排工序，确保周边道路畅通，减少因施工给周边居民带来的不便。保持现场清洁，不出现不必要的障碍，各类设备和材料设专人管理，随时将废料、垃圾及不再需要的临时设施清运出场。

⑤施工现场的临时设施，包括生产、办公、生活用房、仓库、料场，以及照明、动力线路等，严格按施工组织设计确定的施工平面布置、搭设或埋设整齐。

2. 围挡管理

施工区范围内采用专用的封闭式硬质围挡（图 9–6），满足文明施工的要求。施工围挡选择干净、整齐、标志清楚、无损坏、耐用的产品。围挡下口用砖基础找平，做到上口整齐，下口封闭，美观、牢固、耐用。外露砖基础用水泥砂浆抹面，既防止施工用水外流，又防止围挡板潮湿、锈蚀，而且美观、整洁。围挡板用钢管或架管做骨架，要用卡环做节点连接材料以保证围挡的整体稳固性。围挡固定采用三脚架支撑，也可借用现场其他可固定围挡的设施。围挡搭设紧凑，保证封闭。

图 9–6　加装围挡

3. 现场废料管理

现场设置废料和垃圾的存放地，并设有标志。做到施工现场整洁美观、有序。垃圾和废料要用专门容器收集后，由专人放到垃圾存放地，及时清理现场内的垃圾和废弃物。

（三）环境保护管理措施

1. 施工现场环境保护技术交底制度

污染治理技术交底应依据施工组织设计中环境保护措施及补充治理措施进行。污染治理技术交底分工种、分岗位、分工序进行，不准一次性完成全部岗位的交底工作。交底项目必须齐全，包括岗位涉及的国家及北京市有关规定和标准，使该岗位操作人员掌握和了解有关环境保护规定。

2. 施工现场环境保护检查制度

项目经理部每月不少于两次检查，班组每日班前班后普查。检查以防止扬尘、水污染为重点，查责任制落实情况、查治理措施执行情况、查治理设施运行情况、查污染治理效果。对检查出的问题，实行“三定”原则，明确整改措施、整改日期及整改负责人，并按期进行复查，填写检查、整改记录表。

3. 施工现场环境保护教育制度

施工现场所涉及的污染治理岗位作业人员，未经教育、培训和考核，不得上岗。施工现场定期对不同岗位作业人员，进行针对性的环境保护知识教育和培训，考试不合格者不得上岗。

（四）水土保持、生态保护措施

①施工中必须遵循国家法律和有关方针政策，贯彻“技术可行、实施可能、经济合理”的基本原则，加强施工管理，重视与城镇建设总体规划、土地开发利用规划、农田水利、森林植被、水土保持、生态环境、特殊设施保护区和其他建设工程的总体协调与配合，节约资源，保护环境，充分发挥公路工程建设项目经济、社会和环境的综合效益。

②取土场取土必须经过有关部门批准后方可开挖，杜绝乱掏乱挖现象，不得毁坏耕地。

③取土场的开挖要结合农田改造及水利基本建设，取土场使用完毕，要按照当地政府的要求进行复耕或绿化。

④弃土场的确定要经过建设单位及监理的批准，弃土必须堆放整齐，周围修筑排水沟，不对周围设施产生破坏。

⑤开挖地段，选择对地形、地貌和植被影响最小的施工方法。边坡挖成后，及时做好防护工程，防止水土流失，减少植被破坏。

⑥在清理场地废料和土方工程地废方时，按图纸规定或监理工程师的指示在适当地点设置弃土场（堆）。弃土堆设置力求少占地，并结合该地造田。

⑦废方堆放远离河道，尽量不压植被，尽可能选择荒地。及时对弃方进行压实，种植草皮，灌木或树木，防止水土流失，美化环境。尽可能利用路基清表后的表层耕作土及弃方土整平造田。

⑧不在河道中乱掘采砂，施工中采取一切措施防止土、石渣、废弃物等淤积、堵塞河流、水道和排灌系统。

⑨在施工期间修建一些临时排水渠道，并与永久性排水设施相连，且不引起淤积和冲刷，始终保持工地的良好排水状态。

（五）施工后期场地恢复措施

①在征用临时用地时，与当地政府签订临时用地使用协议，协议中明确临时用地的使用期限、恢复期限及恢复标准。

②场地的恢复主要包括施工临时道路占地的恢复和项目部驻地占地的恢复。

③根据总体施工进度计划和临时用地协议，按时对施工占地进行恢复，恢复的标准按照用地协议执行，并参照当地政府的意见，做到利于当地生产建设、利于环境保护。

④对占用的荒地，采取绿化措施，拆除建筑物后，种植草皮和常绿灌木，防止土地荒芜化。

⑤施工临时用地恢复完成后，请当地政府有关人员现场确认，并进行必要的整改。

六、土建八标

该项目在绿色施工过程中，根据工作需要建立多个专项领导小组，目的是将工作针对化、统一化、规范化。同时加强绿色技术工程宣传工作，营造绿色施工氛围。组织管理人员进行绿色施工管理培训，加强项目全体员工的绿色施工意识。加强施工操作层的绿色施工意识，从点滴做起，做到集小聚多。

（一）绿色施工控制措施——环境保护措施

1. 资源保护

对场区中的林木进行树种分类，清点树木数量。采取围挡保护措施，防止树木受到破坏。

2. 扬尘控制

①现场覆盖率达到100%，拟定绿化面积共计2000m^2，硬化面积共计21000m^2。结合规划设计，做到施工道路与规划道路相结合。

②地上结构施工时采取全封闭密目防尘网。

③现场车辆出入口设置循环水冲车设施，派专人冲洗轮胎。

④现场建立喷水雾降尘设施与洒水清扫制度，并派专人每天定时对场地洒水、清扫负责。

⑤对易产生扬尘的堆放材料采取覆盖措施，对粉末状材料封闭存放。

3. 建筑垃圾控制

①垃圾按可回收、不可回收分类分拣、存放，选择有垃圾消纳资质的承包商外运至规定的垃圾处理场，及时清运。

②将剔除混凝土等固体垃圾破碎后，运至回收再生工厂生产再生砖，减少建筑垃圾的产生。

③现场对剩余混凝土用于场地硬化，临时预制混凝土块，作为临时设施材料。

4. 水污染控制

对于不同的污水采取相应的处理措施，厕所污水排入化粪池，定期清运；排水沟中雨水流入沉淀池，处理后用于冲洗路面及混凝土养护。

图9-7 现场防护采用可拆卸工具式护栏

图 9–8 采用分段悬挑脚手架，节约周转材料

5. 光污染控制

①夜间室外照明灯加设灯罩，透光方向集中在施工范围，把施工灯光对周围的影响降到最低。同时尽量减少施工灯光的使用，避免灯光外泄造成污染。

②焊接时背向工地外侧，并使用防火遮光板遮挡光源，焊接等作业避开夜间工作，避免弧光外泄。

6. 噪声控制

①选用国家、行业中节能、高效、环保的设备和机具，派专人定期维护保养。

②对于进出施工现场的车辆加强管理，出入做到低速，禁止鸣喇叭。

③拟在施工现场设立 4 个噪声监测点，一个流动噪声检测组，实施全方位噪声动态监测，及时对噪声源进行控制及调整。

（二）绿色施工控制措施——节材措施（图 9–8）

①结合项目前期节材及材料资源利用策划，主要结构材料采购采取就近原则，实行来料控制，限额领料，重复再利用。

②充分利用短、废料钢筋，增加钢筋的利用率。对现场使用过的短废料钢板加工成码板、吊耳，废钢管用于脚手架硬拉接。短木方采取机械拼

接，材料再利用，节省资源。

③在混凝土浇筑振捣前安排质量人员会同木工对模板支撑系统进行仔细检查，以避免或减少爆模造成的混凝土浪费，每次浇筑混凝土后的余料进行合理利用，利用混凝土搅拌车及泵管内的余料制作保护层垫块以及临时道路的修补。

④利用废旧模板用于现有混凝土结构的保护。

⑤该工程临边防护、脚手架采用定型产品可周转使用，上下马道、临时平台支架采用固定型支架和产品可周转循环使用。

（三）绿色施工控制措施——节地措施与施工用地保护

①根据项目功能特点，合理规划项目部、现场各区的功能划分。临时设施占地面积有效利用率大于90%。

②办公区和生活用房采用对周边地貌环境影响较小，适合于施工平面布置的三层轻钢活动板房，可多次重复利用，运输与拆卸简单方便。

③生活区每间宿舍面积为18m^2，平均入住人数8人，人均使用面积2.25m^2/人。

（四）绿色施工控制措施——信息化

①建立公司信息化平台，进行远程视频会议及监控系统，提供一个高效、快捷和协同的工作环境。

②施工现场采用数字视频监控系统。

③建立基于BIM平台的检测施工管理，包括设计深化、技术交底。

七、钢结构制造单位

钢结构制造施工环保：

①钢结构构件制造车间化。为了减少钢结构制造对周边环境的影响，钢结构主要构件制造均采用车间化生产，有效降低了钢结构制造的噪声、粉尘、光污染，满足项目施工环保相关要求。

②钢结构焊接除烟措施。为了减少焊接烟尘的排放量，特引入焊烟净化器对焊接

烟尘进行处理，提高了现场施工作业环境质量，有利于作业人员健康。

③钢结构涂装环保措施。根据《中华人民共和国环境保护法》要求，生产经营者应当防止、减少环境污染和生态破坏，对所造成的损害依法承担责任。为了确保项目涂装作业正常施工，达到国家环保施工要求，现场建设了专业打砂涂装厂房，并布设3道密封门，将打砂、涂装作业限制在厂房内进行；为了减少污染物的排放，在打砂区域布设了除尘系统，在涂装区域布设了除漆雾系统。

第十篇 成果篇

概　述

长安街西延道路工程项目积极探索使用新技术、新工艺、新设备、新材料，有力破解桥梁、道路施工技术难题，在全面提升项目品质及管理效率的同时，为全面打造精品工程提供了可靠的保障。

一、土建一标

项目部组建了由总工程师担任组长的“柱锤冲扩桩在道路工程地基加固中的应用”课题研究小组。

通过课题项目的研究，项目部掌握了柱锤冲扩桩的关键施工技术和质量控制要点，培养了一批能够熟练掌握柱锤桩施工技术的管理人员和作业人员，为企业的发展和承接类似的工程任务提供了技术保障。同时，在课题研究过程中，项目部认真总结，完成了《柱锤冲扩桩地基加固》企业工法一项，发表《浅谈碎石桩复合地基在道路地基加固中应用》论文一篇，研究成果具有一定的推广价值，取得了很好的经济效益和社会效益。

二、土建四标

1. 北京市市政基础设施结构长城杯工程金质奖（图 10-1）

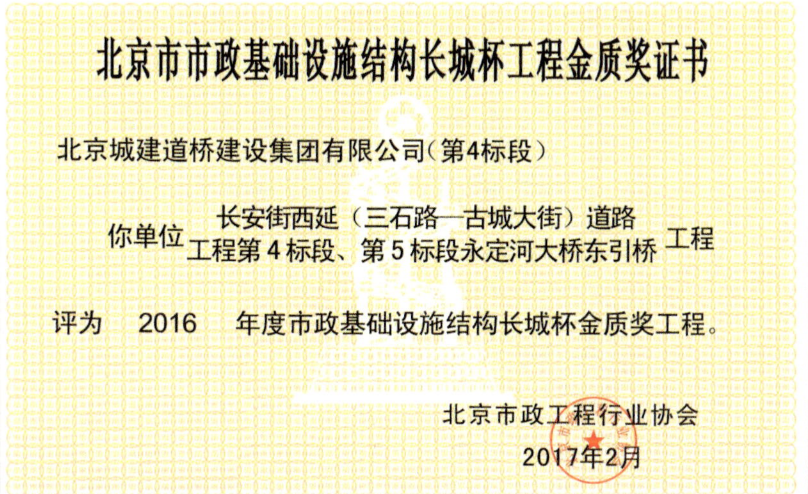

北京市市政基础设施结构长城杯工程金质奖证书

北京城建道桥建设集团有限公司（第4标段）

你单位 长安街西延（三石路—古城大街）道路工程第 4 标段、第 5 标段永定河大桥东引桥 工程

评为 2016 年度市政基础设施结构长城杯金质奖工程。

北京市政工程行业协会

2017年2月

图 10-1 证书

2. 2016 年度优秀模板设计与应用二等奖（图 10–2）

荣誉证书

北京城建道桥建设集团有限公司

“长安街西延道路工程第 4 标桥梁工程”项目荣获集团公司 2016 年度优秀模板设计与应用二等奖，特授此奖状。

北京城建集团有限责任公司
2017 年 6 月

图 10–2　证书

3.“钢筋定位器”专利实用证书（图 10–3）

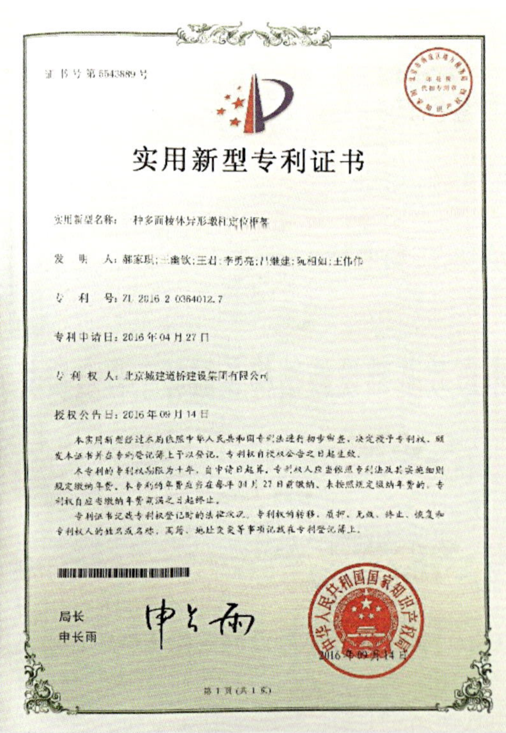

证书号第 5543889 号

实用新型专利证书

实用新型名称：一种多面棱体异形墩柱定位框架

发 明 人：郝家琪；王幽钦；王君；李勇亮；吕继建；巩相如；王伟伟

专 利 号：ZL 2016 2 0364012.7

专利申请日：2016 年 04 月 27 日

专 利 权 人：北京城建道桥建设集团有限公司

授权公告日：2016 年 09 月 14 日

本实用新型经过本局依照中华人民共和国专利法进行初步审查，决定授予专利权，颁发本证书并在专利登记簿上予以登记。专利权自授权公告之日起生效。

本专利的专利权期限为十年，自申请日起算。专利权人应当依照专利法及其实施细则规定缴纳年费。本专利的年费应当在每年 04 月 27 日前缴纳。未按照规定缴纳年费的，专利权自应当缴纳年费期满之日起终止。

专利证书记载专利权登记时的法律状况。专利权的转移、质押、无效、终止、恢复和专利权人的姓名或名称、国籍、地址变更等事项记载在专利登记簿上。

局长
申长雨

中华人民共和国国家知识产权局
2016 年 09 月 14 日

第 1 页（共 1 页）

图 10–3　证书

4. 北京市建委授予市级“绿色安全工地”称号

三、土建五标

① 2016 年，通过市政行业协会专业对永定河大桥东引桥的结构质量及相关内业资料的评审，公司荣获北京市市政基础设施长城杯金质奖（图 10-4）。

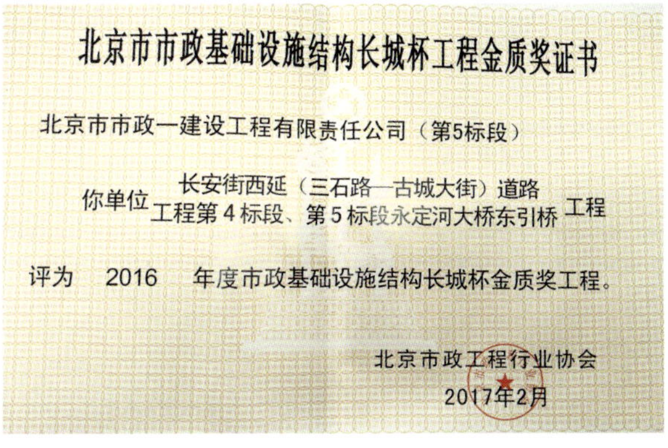
北京市市政基础设施结构长城杯工程金质奖证书

北京市市政一建设工程有限责任公司（第5标段）

你单位 长安街西延（三石路—古城大街）道路工程第 4 标段、第 5 标段永定河大桥东引桥 工程

评为 2016 年度市政基础设施结构长城杯金质奖工程。

北京市政工程行业协会

2017年2月

图 10-4 证书

②该工程墩柱为异型现浇混凝土结构，现浇混凝土墩柱是桥梁施工的下部结构，属于外露结构，其施工质量除必须保证设计强度等重要指标外，外观质量的优劣也会间接影响混凝土墩柱耐久性，所以在施工中需要杜绝出现色差、蜂窝麻面、裂纹等质量缺陷，确保工程结构达到内实外美。为此，项目部成立了《提高现浇混凝土墩柱施工质量》的 QC 小组，通过小组成员的不断持续改进，异型墩柱的混凝土质量及外观均满足要求，同时“质无忧”QC 小组荣获北京市政工程行业协会三等奖（图 10-5）。

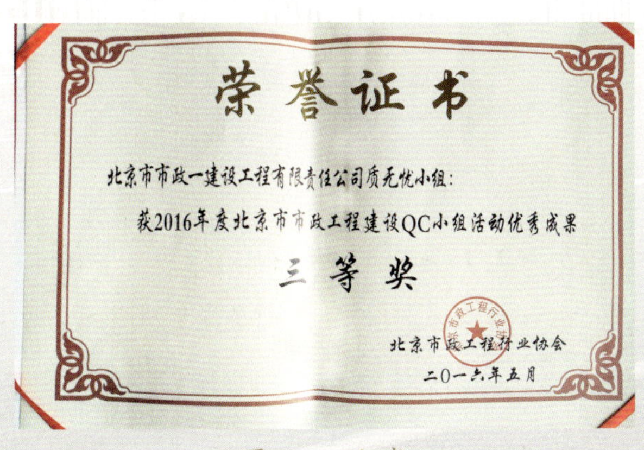
荣誉证书

北京市市政一建设工程有限责任公司质无忧小组：

获2016年度北京市市政工程建设QC小组活动优秀成果

三等奖

北京市政工程行业协会

二〇一六年五月

图 10-5 证书

四、土建八标

1. 质量安全奖（图 10-6）

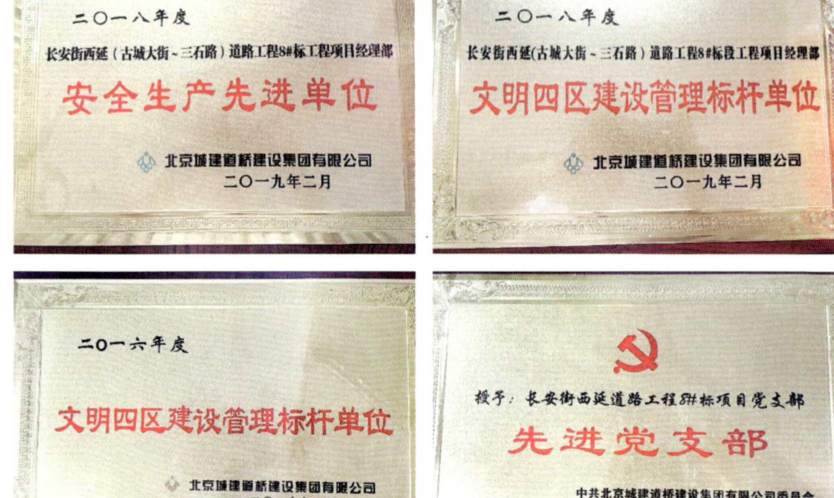

图 10-6　奖状

2. 龙图杯全国一等奖首名（图 10-7）

图 10-7　奖状

3. QC——北京市工程建设质量管理小组成果 I 类成果（图 10–8）

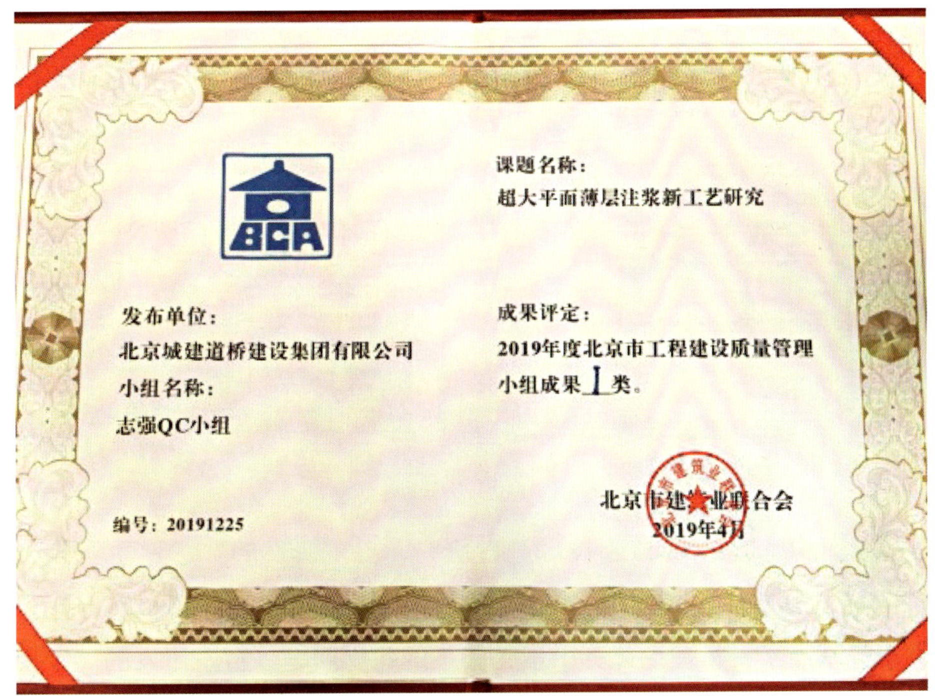

图 10–8　成果证书

4. 专利（表 10–1）

专利项目表　　表 10–1

	专利名称	属性	专利号	进度
1	用于超大面积承压板的后注浆条形分仓隔阻	实用新型专利	201720925517.0	证书已发
2	用于超大面积承压板的后注浆条形分隔及其分仓方法	发明专利	201710626885.X	已受理
3	一种建立 II 类水泥基灌浆材料本构关系的方法	发明专利	201810601079.1	已受理
4	一种预应力锚拉杆与钢节段间隙封堵结构	实用新型专利	201820472511.7	证书已发
5	一种长细钢拉杆群精确定位系统及其定位方法	发明专利	201811162305.7	已受理
6	一种水泥基浆液搅拌系统	实用新型专利	201821973674.X	已受理
7	一种大型支座有限空间逆向安装系统及施工方法	发明专利	201910053972.X	已受理
8	一种大型支座有限空间逆向安装系统	实用新型专利	201920095682.7	已受理

自主研发的“用于超大面积承压板的后注浆条形分隔及其分仓方法”发明专利获受理（专利申请号：201710626885.X）与“用于超大面积承压板的后注浆条形分仓隔阻”实用新型专利（专利号：ZL 2017 2 0925517.0）重点地解决了超大面积注浆工程中分仓结构与性能的问题，见图 10–9。

中华人民共和国国家知识产权局

100037
北京市西城区百万庄子区 38 楼 316 室
北京中建联合知识产权代理事务所（普通合伙） 李丹(88377188-801)，
王灵灵(010-68330021)

发文日：
2017年07月28日

申请号或专利号：201710626885.X　　发文序号：2017072800726300

专利申请受理通知书

根据专利法第 28 条及其实施细则第 38 条、第 39 条的规定，申请人提出的专利申请已由国家知识产权局受理。现将确定的申请号、申请日、申请人和发明创造名称通知如下：
申请号：201710626885.X
申请日：2017 年 07 月 28 日
申请人：北京城建道桥建设集团有限公司
发明创造名称：用于超大面积承压板的后注浆条形分仓隔阻及其分仓方法

经核实，国家知识产权局确认收到文件如下：
说明书摘要 每份页数:1 页 文件份数:1 份
发明专利请求书 每份页数:5 页 文件份数:1 份
说明书 每份页数:4 页 文件份数:1 份
权利要求书 每份页数:2 页 文件份数:1 份 权利要求项数： 10 项
实质审查请求书 每份页数:1 页 文件份数:1 份
说明书附图 每份页数:1 页 文件份数:1 份
专利代理委托书 每份页数:2 页 文件份数:1 份

审 查 员：自动受理　　审查部门：专利局初审及流程管理部

证书号第6667321号

实用新型专利证书

实用新型名称：用于超大面积承压板的后注浆条形分仓隔阻

发 明 人：杨国良;寇志强;何辉斌;董锐哲;肖杨平;刘长宇;刘鹏
张仕春;范红蕾;于洋;臧博

专 利 号：ZL 2017 2 0925517.0

专利申请日：2017 年 07 月 28 日

专 利 权 人：北京城建道桥建设集团有限公司

授权公告日：2018 年 02 月 09 日

本实用新型经过本局依照中华人民共和国专利法进行初步审查，决定授予专利权，颁发本证书并在专利登记簿上予以登记。专利权自授权公告之日起生效。

本专利的专利权期限为十年，自申请日起算。专利权人应当依照专利法及其实施细则规定缴纳年费。本专利的年费应当在每年 07 月 28 日前缴纳。未按照规定缴纳年费的，专利权自应当缴纳年费期满之日起终止。

专利证书记载专利权登记时的法律状况。专利权的转移、质押、无效、终止、恢复和专利权人的姓名或名称、国籍、地址变更等事项记载在专利登记簿上。

局长
申长雨

2018 年 02 月 09 日

第 1 页（共 1 页）

图 10-9　专利证书

对于整个注浆过程中的核心技术进行研究，自主研发的“一种建立Ⅱ类水泥基灌浆材料本构关系的方法”发明专利获受理（专利申请号：201810601079.1），重点解决了Ⅱ类水泥基灌浆材料理论计算中本构关系的建立问题；自主研发的“一种预应力锚拉杆与钢节段间隙封堵结构”实用新型专利获受理（专利申请号：201820472511.7）重点解决了锚拉杆与钢节段间隙封堵密实的问题，见图 10-10。

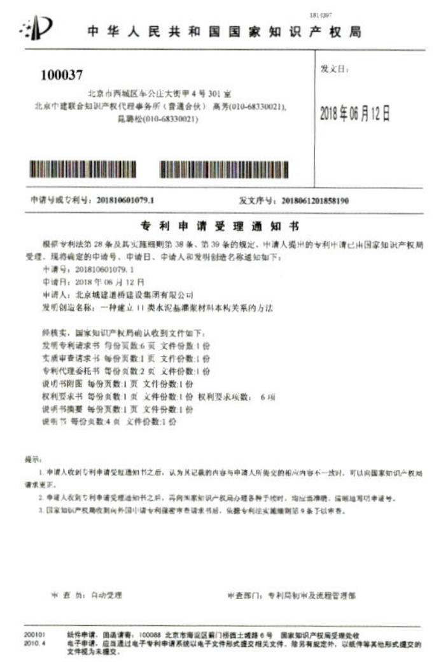

1814397

中华人民共和国国家知识产权局

100037
北京市西城区车公庄大街甲 4 号 301 室
北京中建联合知识产权代理事务所（普通合伙） 高芳(010-68330021)，
昆鹏松(010-68330021)

发文日：
2018年06月12日

申请号或专利号：201810601079.1　　发文序号：2018061201858190

专利申请受理通知书

根据专利法第 28 条及其实施细则第 38 条、第 39 条的规定，申请人提出的专利申请已由国家知识产权局受理。现将确定的申请号、申请日、申请人和发明创造名称通知如下：
申请号：201810601079.1
申请日：2018 年 06 月 12 日
申请人：北京城建道桥建设集团有限公司
发明创造名称：一种建立 II 类水泥基灌浆材料本构关系的方法

经核实，国家知识产权局确认收到文件如下：
发明专利请求书 每份页数:6 页 文件份数:1 份
实质审查请求书 每份页数:1 页 文件份数:1 份
专利代理委托书 每份页数:2 页 文件份数:1 份
说明书附图 每份页数:1 页 文件份数:1 份
权利要求书 每份页数:1 页 文件份数:1 份 权利要求项数： 6 项
说明书摘要 每份页数:1 页 文件份数:1 份
说明书 每份页数:4 页 文件份数:1 份

提示：
1. 申请人收到专利申请受理通知书之后，认为其记载的内容与申请人所提交的相应内容不一致时，可以向国家知识产权局请求更正。
2. 申请人收到专利申请受理通知书之后，再向国家知识产权局办理各种手续时，均应当准确、清晰地写明申请号。
3. 国家知识产权局收到向外国申请专利保密审查请求书后，依据专利法实施细则第 9 条予以审查。

审 查 员：自动受理　　审查部门：专利局初审及流程管理部

200101
2010.4
纸件申请，回函请寄：100088 北京市海淀区蓟门桥西土城路 6 号 国家知识产权局受理处收
电子申请，应当通过电子专利申请系统以电子文件形式提交相关文件。除另有规定外，以纸件等其他形式提交的文件视为未提交。

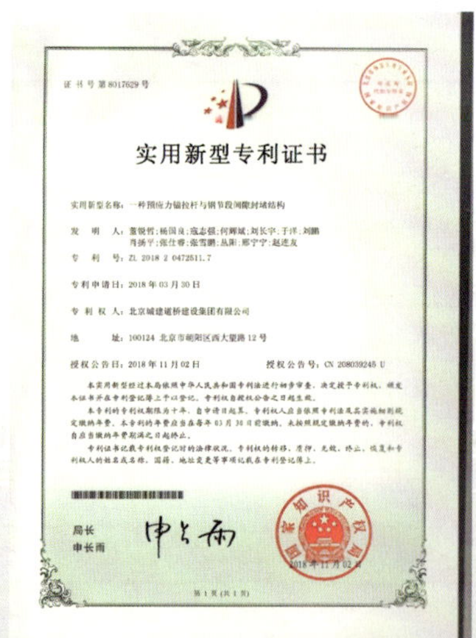

证书号第8017629号

实用新型专利证书

实用新型名称：一种预应力锚拉杆与钢节段间隙封堵结构

发 明 人：董锐哲;杨国良;寇志强;何辉斌;刘长宇;于洋;刘鹏
肖扬平;张仕春;张雪鹏;丛阳;邢宁宁;赵连友

专 利 号：ZL 2018 2 0472511.7

专利申请日：2018 年 03 月 30 日

专 利 权 人：北京城建道桥建设集团有限公司

地　　址：100124 北京市朝阳区西大望路 12 号

授权公告日：2018 年 11 月 02 日　　授权公告号：CN 208039245 U

本实用新型经过本局依照中华人民共和国专利法进行初步审查，决定授予专利权，颁发本证书并在专利登记簿上予以登记。专利权自授权公告之日起生效。

本专利的专利权期限为十年，自申请日起算。专利权人应当依照专利法及其实施细则规定缴纳年费。本专利的年费应当在每年 03 月 30 日前缴纳。未按照规定缴纳年费的，专利权自应当缴纳年费期满之日起终止。

专利证书记载专利权登记时的法律状况。专利权的转移、质押、无效、终止、恢复和专利权人的姓名或名称、国籍、地址变更等事项记载在专利登记簿上。

局长
申长雨

2018 年 11 月 02 日

第 1 页（共 1 页）

图 10-10　专利证书

自主研发的“一种长细钢拉杆群精确定位系统及其定位方法”实用新型专利获受理（专利申请号：201811162305.7）与“一种水泥基浆液搅拌系统”实用新型专利

（专利号：201821973674.X）重点地解决了超大面积注浆的问题，见图 10-11。

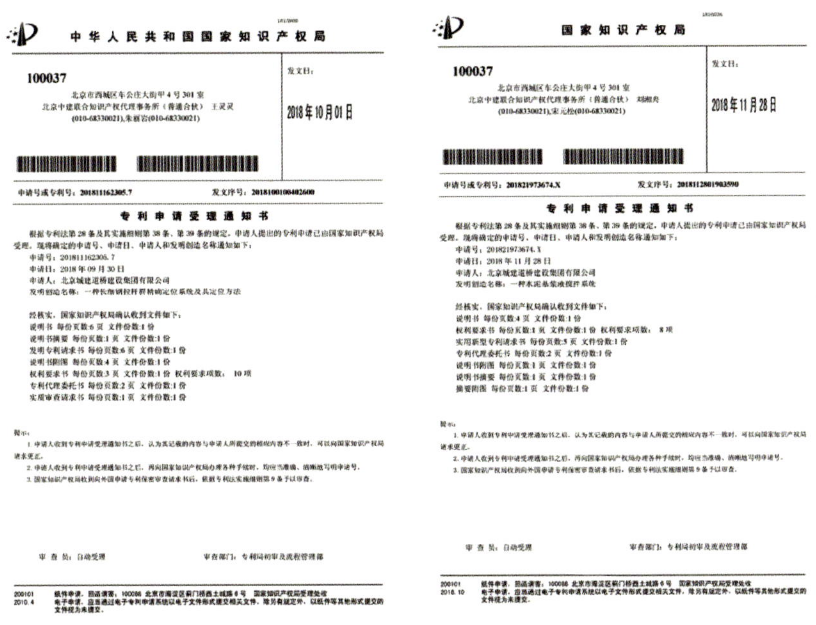

中华人民共和国国家知识产权局

100037
北京市西城区车公庄大街甲4号301室
北京中建联合知识产权代理事务所（普通合伙） 王灵灵
(010-68330021),朱丽岩(010-68330021)

发文日：
2018年10月01日

申请号或专利号：201811162305.7　　发文序号：2018100100402600

专利申请受理通知书

根据专利法第28条及其实施细则第38条、第39条的规定，申请人提出的专利申请已由国家知识产权局受理。现将确定的申请号、申请日、申请人和发明创造名称通知如下：
申请号：201811162305.7
申请日：2018年09月30日
申请人：北京城建道桥建设集团有限公司
发明创造名称：一种长细钢拉杆群精确定位系统及其定位方法

经核实，国家知识产权局确认收到文件如下：
说明书 每份页数:6页 文件份数:1份
说明书摘要 每份页数:1页 文件份数:1份
发明专利请求书 每份页数:6页 文件份数:1份
说明书附图 每份页数:4页 文件份数:1份
权利要求书 每份页数:3页 文件份数:1份 权利要求项数： 10项
专利代理委托书 每份页数:2页 文件份数:1份
实质审查请求书 每份页数:1页 文件份数:1份

提示：
1. 申请人收到专利申请受理通知书之后，认为其记载的内容与申请人所提交的相应内容不一致时，可以向国家知识产权局请求更正。
2. 申请人收到专利申请受理通知书之后，再向国家知识产权局办理各种手续时，均应当准确、清晰地写明申请号。
3. 国家知识产权局收到向外国申请专利保密审查请求书后，依据专利法实施细则第9条予以审查。

审 查 员：自动受理　　审查部门：专利局初审及流程管理部

200101　纸件申请，回函请寄：100088 北京市海淀区蓟门桥西土城路6号 国家知识产权局受理处收
2010.4　电子申请，应当通过电子专利申请系统以电子文件形式提交相关文件。除另有规定外，以纸件等其他形式提交的文件视为未提交。

国家知识产权局

100037
北京市西城区车公庄大街甲4号301室
北京中建联合知识产权代理事务所（普通合伙） 刘相向
(010-68330021),宋元松(010-68330021)

发文日：
2018年11月28日

申请号或专利号：201821973674.X　　发文序号：2018112801903590

专利申请受理通知书

根据专利法第28条及其实施细则第38条、第39条的规定，申请人提出的专利申请已由国家知识产权局受理。现将确定的申请号、申请日、申请人和发明创造名称通知如下：
申请号：201821973674.X
申请日：2018年11月28日
申请人：北京城建道桥建设集团有限公司
发明创造名称：一种水泥基浆液搅拌系统

经核实，国家知识产权局确认收到文件如下：
说明书 每份页数:4页 文件份数:1份
权利要求书 每份页数:1页 文件份数:1份 权利要求项数： 8项
实用新型专利请求书 每份页数:5页 文件份数:1份
专利代理委托书 每份页数:2页 文件份数:1份
说明书附图 每份页数:1页 文件份数:1份
说明书摘要 每份页数:1页 文件份数:1份
摘要附图 每份页数:1页 文件份数:1份

提示：
1. 申请人收到专利申请受理通知书之后，认为其记载的内容与申请人所提交的相应内容不一致时，可以向国家知识产权局请求更正。
2. 申请人收到专利申请受理通知书之后，再向国家知识产权局办理各种手续时，均应当准确、清晰地写明申请号。
3. 国家知识产权局收到向外国申请专利保密审查请求书后，依据专利法实施细则第9条予以审查。

审 查 员：自动受理　　审查部门：专利局初审及流程管理部

200101　纸件申请，回函请寄：100088 北京市海淀区蓟门桥西土城路6号 国家知识产权局受理处收
2016.10　电子申请，应当通过电子专利申请系统以电子文件形式提交相关文件。除另有规定外，以纸件等其他形式提交的文件视为未提交。

图 10-11　实用专利

自主研发的“一种大型支座有限空间逆向安装系统 ”实用新型专利获受理（专利申请号：201920095682.7）与“一种大型支座有限空间逆向安装系统及施工方法”发明专利（专利号：201910053972.X）解决了支座群组锚栓安装、高精度、矮塔首节段上下对位穿孔的难题，见图 10-12。

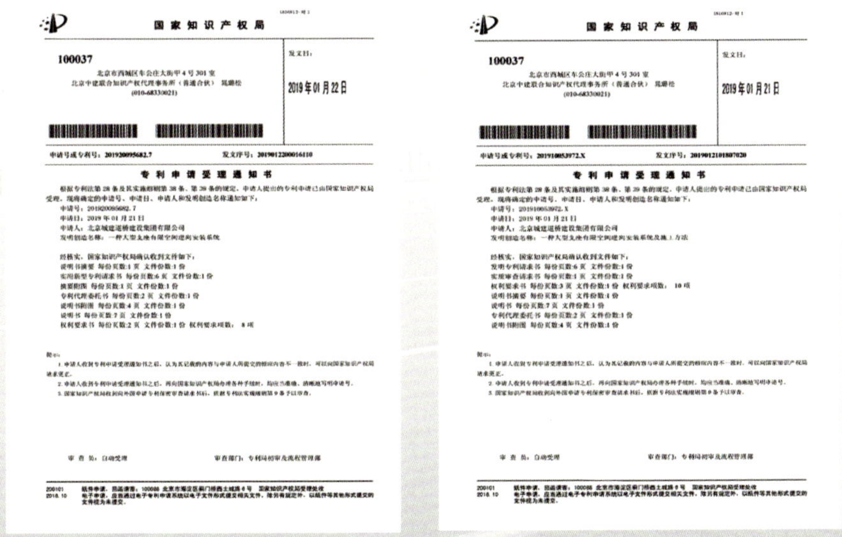

国家知识产权局

100037
北京市西城区车公庄大街甲4号301室
北京中建联合知识产权代理事务所（普通合伙） 吕璐松
(010-68330021)

发文日：
2019年01月22日

申请号或专利号：201920095682.7　　发文序号：2019012200016110

专利申请受理通知书

根据专利法第28条及其实施细则第38条、第39条的规定，申请人提出的专利申请已由国家知识产权局受理。现将确定的申请号、申请日、申请人和发明创造名称通知如下：
申请号：201920095682.7
申请日：2019年01月21日
申请人：北京城建道桥建设集团有限公司
发明创造名称：一种大型支座有限空间逆向安装系统

经核实，国家知识产权局确认收到文件如下：
说明书摘要 每份页数:1页 文件份数:1份
实用新型专利请求书 每份页数:6页 文件份数:1份
摘要附图 每份页数:1页 文件份数:1份
专利代理委托书 每份页数:2页 文件份数:1份
说明书附图 每份页数:4页 文件份数:1份
说明书 每份页数:7页 文件份数:1份
权利要求书 每份页数:2页 文件份数:1份 权利要求项数： 8项

提示：
1. 申请人收到专利申请受理通知书之后，认为其记载的内容与申请人所提交的相应内容不一致时，可以向国家知识产权局请求更正。
2. 申请人收到专利申请受理通知书之后，再向国家知识产权局办理各种手续时，均应当准确、清晰地写明申请号。
3. 国家知识产权局收到向外国申请专利保密审查请求书后，依据专利法实施细则第9条予以审查。

审 查 员：自动受理　　审查部门：专利局初审及流程管理部

200101　纸件申请，回函请寄：100088 北京市海淀区蓟门桥西土城路6号 国家知识产权局受理处收
2016.10　电子申请，应当通过电子专利申请系统以电子文件形式提交相关文件。除另有规定外，以纸件等其他形式提交的文件视为未提交。

国家知识产权局

100037
北京市西城区车公庄大街甲4号301室
北京中建联合知识产权代理事务所（普通合伙） 吕璐松
(010-68330021)

发文日：
2019年01月21日

申请号或专利号：201910053972.X　　发文序号：2019012101807020

专利申请受理通知书

根据专利法第28条及其实施细则第38条、第39条的规定，申请人提出的专利申请已由国家知识产权局受理。现将确定的申请号、申请日、申请人和发明创造名称通知如下：
申请号：201910053972.X
申请日：2019年01月21日
申请人：北京城建道桥建设集团有限公司
发明创造名称：一种大型支座有限空间逆向安装系统及施工方法

经核实，国家知识产权局确认收到文件如下：
发明专利请求书 每份页数:6页 文件份数:1份
实质审查请求书 每份页数:1页 文件份数:1份
权利要求书 每份页数:3页 文件份数:1份 权利要求项数： 10项
说明书摘要 每份页数:1页 文件份数:1份
说明书 每份页数:7页 文件份数:1份
专利代理委托书 每份页数:2页 文件份数:1份
说明书附图 每份页数:4页 文件份数:1份

提示：
1. 申请人收到专利申请受理通知书之后，认为其记载的内容与申请人所提交的相应内容不一致时，可以向国家知识产权局请求更正。
2. 申请人收到专利申请受理通知书之后，再向国家知识产权局办理各种手续时，均应当准确、清晰地写明申请号。
3. 国家知识产权局收到向外国申请专利保密审查请求书后，依据专利法实施细则第9条予以审查。

审 查 员：自动受理　　审查部门：专利局初审及流程管理部

200101　纸件申请，回函请寄：100088 北京市海淀区蓟门桥西土城路6号 国家知识产权局受理处收
2016.10　电子申请，应当通过电子专利申请系统以电子文件形式提交相关文件。除另有规定外，以纸件等其他形式提交的文件视为未提交。

图 10-12　实用专利

5. 科技成果鉴定

超大平面承压板薄层注浆关键技术研究与应用科技鉴定：国际领先（图 10-13）。

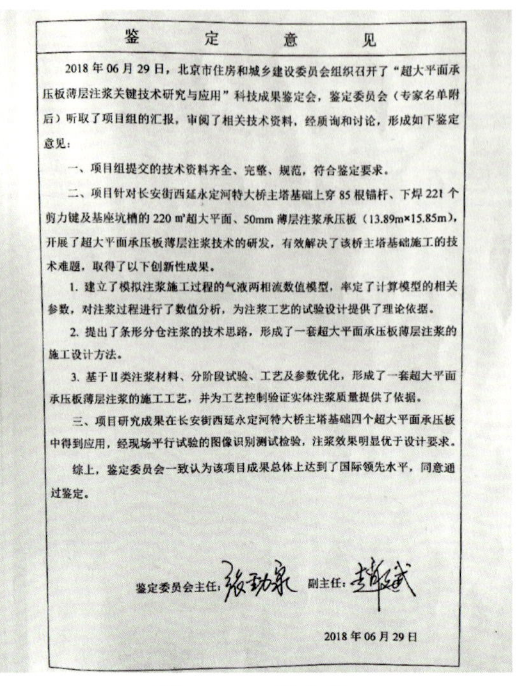

鉴 定 意 见

2018 年 06 月 29 日，北京市住房和城乡建设委员会组织召开了“超大平面承压板薄层注浆关键技术研究与应用”科技成果鉴定会，鉴定委员会（专家名单附后）听取了项目组的汇报，审阅了相关技术资料，经质询和讨论，形成如下鉴定意见：

一、项目组提交的技术资料齐全、完整、规范，符合鉴定要求。

二、项目针对长安街西延永定河特大桥主塔基础上穿 85 根锚杆、下焊 221 个剪力键及基座坑槽的 220 m²超大平面、50mm 薄层注浆承压板（13.89m×15.85m），开展了超大平面承压板薄层注浆技术的研发，有效解决了该桥主塔基础施工的技术难题，取得了以下创新性成果。

1. 建立了模拟注浆施工过程的气液两相流数值模型，率定了计算模型的相关参数，对注浆过程进行了数值分析，为注浆工艺的试验设计提供了理论依据。

2. 提出了条形分仓注浆的技术思路，形成了一套超大平面承压板薄层注浆的施工设计方法。

3. 基于 II 类注浆材料、分阶段试验、工艺及参数优化，形成了一套超大平面承压板薄层注浆的施工工艺，并为工艺控制验证实体注浆质量提供了依据。

三、项目研究成果在长安街西延永定河特大桥主塔基础四个超大平面承压板中得到应用，经现场平行试验的图像识别测试检验，注浆效果明显优于设计要求。

综上，鉴定委员会一致认为该项目成果总体上达到了国际领先水平，同意通过鉴定。

鉴定委员会主任：　　副主任：

2018 年 06 月 29 日

图 10-13　鉴定书

6. 企业标准（图 10-14）

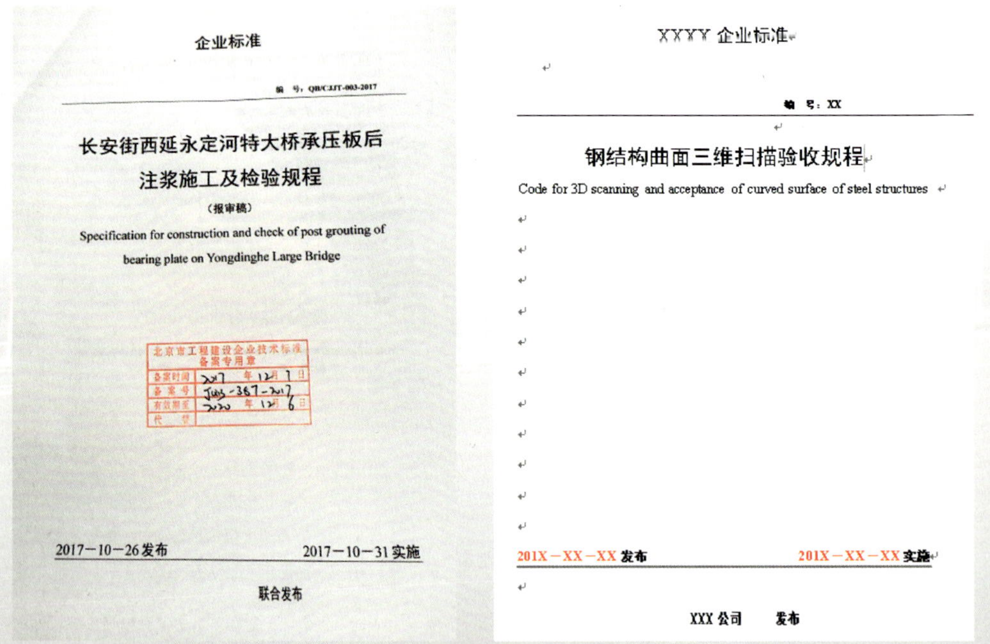

企业标准

编 号：QB/CJJT-003-2017

长安街西延永定河特大桥承压板后注浆施工及检验规程

（报审稿）

Specification for construction and check of post grouting of bearing plate on Yongdinghe Large Bridge

北京市工程建设企业技术标准备案专用章

备案时间　年　月　日

备案号

有效期至　年　月　日

代　管

2017—10—26 发布　　2017—10—31 实施

联合发布

XXXY 企业标准

编 号：XX

钢结构曲面三维扫描验收规程

Code for 3D scanning and acceptance of curved surface of steel structures

201X－XX－XX 发布　　201X－XX－XX 实施

XXX 公司　发布

图 10-14　企业标准

五、铁科院监理

①以该项目为依托的课题“大跨度钢桥正交异性钢桥面板设计参数和工程应用”获 2018 年度北京市科学技术奖三等奖（图 10–15）。

荣誉证书

北京市科学技术奖

为表彰在推动科学技术进步、对首都经济建设和社会发展作出贡献的集体和个人，特颁此证，以资鼓励。

获奖项目：大跨度钢桥正交异性钢桥面板设计参数和工程应用

获奖等级：叁等奖

获奖单位：中国铁道科学研究院集团有限公司、广东省公路建设有限公司、北京市市政工程设计研究总院有限公司

北京市人民政府

二〇一八年十一月

NO. 2018 城-3-001

图 10–15　证书

②总监王勋文获得 2019 年首都劳动奖章（图 10–16）。

授予：王勋文

首都劳动奖章

证书

北京市总工会　北京市人力资源和社会保障局

二〇一九年四月

图 10–16　奖章和证书

六、钢结构制造单位

1. 钢结构制造专利成果（表 10–2）

专利成果表 表 10–2

序号	专利类型	专利名称	专利权人
1	实用新型	一种空间扭曲板单元成型工装	中铁宝桥集团有限公司
2	实用新型	一种道路超限运输支架	
3	发明专利	一种钢桥梁加劲肋的连接方法	
4	发明专利	一种倾斜钢塔桥位施工平台装置	
5	发明专利	一种 BIM 技术在钢桥梁加工制造中的应用方法	
6	发明专利	一种大尺寸超厚板焊接变形控制方法	
7	发明专利	一种基于三维扫描的钢结构数字化检测方法	
8	发明专利	一种空间曲线钢塔节段制造工艺	
9	发明专利	一种空间曲线构件的基准线布设方法	

2. 完成的钢结构制造技术课题（表 10–3）

技术课题表 表 10–3

序号	课题单位	课题名称	完成时间
1	中国中铁股份公司	复杂扭曲异型钢塔制造与安装技术研究成果报告	2018.11
2	中铁宝桥集团有限公司	复杂扭曲异型钢塔制造与安装技术研究成果报告	2018.8
3	中铁宝桥集团有限公司	北京永定河大桥钢结构制造 BIM 技术应用研究	2018.11

3. 钢结构制造质量 QC 小组活动（表 10–4）

QC 小组活动表 表 10–4

小组名称	提高新首钢大桥钢塔曲线节段制造合格率
小组成员	王晓辉、刘志刚、曹江涛、雷云、杨亮、白兴海、张岚军、屈晓东
取得荣誉	江苏省优秀质量管理小组、中铁工业优秀 QC 小组活动成果一等奖

4. 钢结构制造发表的论文（表 10–5）

论　文　表　　　　表 10–5

序号	期刊名称	论 文 名 称	作者
1	建筑工程技术与设计	非一致曲率钢塔节段制造工艺探索	杨亮
2	产业科技创新	复杂曲线钢塔合龙段制造安装技术	王晓辉
3	中文科技期刊数据库（全文版）工程技术	浅析钢塔塔梁固结段制造技术	王晓辉 雷云

七、北京市市政工程设计研究总院有限公司

1. 项目获奖

北京市工程咨询协会 北京市 2014 年度优秀工程咨询成果一等奖。

中国土学学会 第八届全国 BIM 大赛设计组优秀奖。

2018 年度北京市科学技术奖三等奖《大跨度钢桥正交异性钢桥钢桥面板设计参数和工程应用》（中国铁道科学研究院集团有限公司、广东省公路建设有限公司、北京市市政工程设计研究总院有限公司）。

2. 申请专利（表 10–6）

申 请 专 利 表　　　　表 10–6

序号	专 利 名 称	类别	授　权　号	授权时间	授权国别或组织
1	一种桥面排水配套设施	发明专利	ZL 2016 1 1049435.0	2018.03.02	中国
2	一种适用于装配式混凝土结构的铰缝构造	实用新型	ZL 2017 2 0510618.1	2017.12.29	中国
3	一种板件静载和稳定试验的装置	实用新型	ZL 2017 2 0022209.7	2017.12.26	中国
4	一种桥面排水配套设施	实用新型	ZL 2016 2 1270655.1	2017.08.11	中国
5	一种伸缩缝处梁端渗漏水引出装置	实用新型	ZL 2016 2 1270654.7	2017.07.07	中国
6	桥梁快速安装用拉压抗震型支座锚固装置	实用新型	ZL 2015 2 0139193.9	2015.08.05	中国

3. 发表论文表（表 10–7）

发 表 论 文 表　　表 10–7

序号	论 文 题 目	所有作者（通讯作者请标注 *）	期 刊 名 称	年份、卷期及页码
1	BIM 技术在永定河特大桥项目中的参数化应用	李健刚、杨冰、许志宏	《土木建筑工程信息技术》	2018 年第 3 期
2	基于 CATIA 的复杂桥梁结构快速建模技术研究	宁晓旭、杨文忠、杨冰	《特种结构》	2017 年第 6 期
3	“骨架 + 模板”技术在工程设计中的应用	李健刚、张涛、李易	《特种结构》	2017 年第 6 期
4	“和力之门”的 BIM 探索	杨冰、李建刚	《桥梁》	2016 年第 5 期
5	简单线条带来的优雅——长安街西延永定河特大桥设计	杨冰、秦大航、张为	《桥梁》	2013 年第 5 期
6	BIM 技术“联姻”交通土建行业	杨冰	《BIM 视界》	2017 年第 3 期
7	CATIA 在桥梁 BIM 建模中的应用	何玉明、王磊	特种结构	2019 年第 3 期
8	新首钢大桥地震响应及减震措施研究	阴存欣、杨冰、秦大航等	中国土木工程学会桥梁及结构工程分会	第二十四届全国桥梁学术会议论文集

4. 科研项目（表 10–8）

科 研 项 目 表　　表 10–8

序号	项 目 名 称	经费（万元）	起止年月	项 目 来 源	计划名称	备注
1	城市基础设施三维形变监测的雷达成像模型与方法研究	256	2019.01–2023.12	国家自然科学基金委员会	国家自然科学基金国际（地区）合作与交流项目	
2	不对称钢箱、横梁、桥面系连接体系局部构造及疲劳性能的研究	82.6	2014.06–2018.06	北京市市政工程设计研究总院有限公司		
3	新型高低塔斜拉刚构桥梁空间索面拉索振动及减振措施研究	66	2016.01–2018.06	北京市市政工程设计研究总院有限公司		
4	永定河特大桥异形钢塔精度管控系统方法研究，桥梁工程	42.3	2016.07–2019.12	北京市市政工程设计研究总院有限公司		
5	永定河特大桥主桥扭曲钢塔及高大变截面钢箱梁局部稳定及极限承载力研究	91.85	2014.01–2016.12	北京市市政工程设计研究总院有限公司		
6	三维数字模型辅助设计系统应用研究	28.2	2014/9–2016/1	北京市市政工程设计研究总院有限公司		
7	高地震烈度区新型大跨斜拉桥地震响应及减震措施研究	20	2014.06–2016.12	北京市市政工程设计研究总院有限公司		
8	永定河特大桥振动台试验研究	199.8	2017.05–2018.05	北京市公联公路联络线有限责任公司		
9	永定河特大桥钢桥面铺装方案比对试验的研究	200	2018.10–2019.10	北京市公联公路联络线有限责任公司		
10						

5. 学术报告（表 10-9）

学术报告表 表 10-9

序号	报告名称	会议名称	主办方	时间	地点	报告类别
1	《钢桥项目BIM应用实践技术探索》	2017（第六届）国际桥梁与隧道技术大会	中国工程院土木、水利与建筑工程学部、上海市土木工程学会、同济大学土木工程学院	2017.05.25-27	上海	桥梁 BIM 技术
2	《钢桥项目BIM技术应用实践探索》	第四届 BIM 技术在设计、施工及房地产企业协同工作中的应用国际技术交流会	中国图学学会土木工程图学分会 中国建筑业协会建筑技术分会 中国 BIM 发展联盟	2016.10.26-28	北京	桥梁 BIM 技术
3	《永定河特大桥BIM技术应用实践探索》	上海交通大学 BIM 研究中心成立三周年暨 2018 中国路桥隧 BIM 技术应用峰会	上海市土木工程学会 上海市土木工程学会计算机专业委员会 上海市交通大学交通研究中心 上海交通大学 BIM 研究中心	2018.09.19-20	上海	桥梁 BIM 技术
4	《永定河大桥达索系统PLM解决方案应用探索》	大中华区 3 D 体验高峰论坛	DASSAULT SYSTEMES	2017.06.08	上海	桥梁 BIM 技术
5	《长安大桥BIM技术应用实践探索》	2018 年达索系统台湾用户大会	DASSAULT SYSTEMES	2018.05.16	台北	桥梁 BIM 技术
6	《长安大桥设计研究与BIM技术》	中国建筑金属结构协会钢结构桥梁分会成立大会暨第二届钢桥发展与新技术高端论坛	中国建筑金属结构协会钢结构桥梁分会	2019 年 9 月	北京	
7	《破局BIM，引领交通土建行业产业升级》	“BIM 技术融合发展与应用问题研讨会暨太洪长江大桥、红岩村嘉陵江大桥施工现场参观活动”	《桥梁》杂志社、《桥梁 BIM 视界》	2019 年 11 月	重庆	
8	《新首钢大桥数字设计、数字制造技术应用研究》	2019 桥梁发展科技创新大会、桥梁创新成果展暨 2019《桥梁》杂志编委会、理事会	《桥梁》杂志社	2019 年 12 月	成都	

第十一篇　行业交流篇

概　述

花若盛开，蝴蝶自来。优质的工程项目，吸引来众多业内同行前来观摩交流。

清华大学土木系、北京工业大学、北京建筑大学的师生和北京公路学会桥梁隧道专业委员会、国家速滑馆项目组、北京市政一建设工程有限责任项目组、北京城建设计发展集团、北京市市政设计研究总院、北京城建华威公路工程有限公司项目组等多家单位和多位专家，先后到该建设项目参观交流。

高层次的同行交流，也是推动行业向着高标准高质量前行的不竭动力。

图 11-1　清华大学土木系到项目参观学习

图 11-2　北京工业大学到项目参观学习

图 11-3 北京建筑大学到项目参观学习

图 11-4 北京公路学会桥梁隧道专业委员会到项目观摩

图 11–5　国家速滑馆项目领导到项目参观

图 11–6　北京市政一建设工程有限责任公司到项目参观

图 11-7　北京城建设计发展集团到项目参观学习

图 11-8　北京市市政设计研究总院到项目参观

图 11-9　北京城建华威公路工程有限公司到项目参观

第十二篇 人物篇

概 述

这是最令人动容充满温情的一个篇章。

组织架构图中的每一个名字，都是扎扎实实镶嵌在长安街西延项目丰碑中的英雄。工程洒下了他们的汗水、丈量了他们的脚步、镌刻了他们的智慧。但对于他们自己而言，每一句朴实无华的感言，都是发自肺腑，没有豪言壮语，只有脚踏实地默默地工作。

从感言中，我们能深深体会到他们内心充满对参与这项建设工程的骄傲和自豪。对于工程中所遇到的困难和艰辛，所有人都是迎难而上，一个接一个攻克难关，直到圆满完成工程任务。

就像设计单位项目负责人杨冰工程师所言:“在国家继往开来走向新时代的伟大背景下，牢记让人民生活更美好的使命，市政设计总院项目团队默默探索、勤奋耕耘了九年。和所有参建单位一起，用我们宝贵的青春，全部的知识、智慧、汗水、心血，完成了这样一个一开始被一些专家评价为各方面难度太大而不可能完成的工程项目。非常期待时间和社会，对我们工程作品的检验和评价”。

一、土建一标

（一）参建人员

项目经理：陈立柱

项目总工程师：王新民

项目生产经理：杨旭、苗喜文

项目经营副经理：李坤静

项目副总工程师：张源、于建国

项目拆迁负责人：陈泽

项目合约、成本负责人：李亚平

项目现场安全、内业资料负责人：王朋涛

项目测量负责人：甄艾庆

项目试验负责人：王伟

项目资料、质检负责人：王立宾

项目物资、材料、设备负责人：唐成刚

项目技术主管：曾泽文、黄春全

项目临电安全负责人：谢志武

项目办公室主任：薛文娇

（二）建设者感言

图 12-1 陈立柱

项目经理陈立柱：

项目管理是一项综合性很强的工作，在长安街西延项目建设中我深刻体会到：一个优秀的工程离不开一个优秀的管理团队，施工过程中我们遇到过难题，但项目部人员齐心协力，不怕苦，不怕累，把困难一一克服，我相信只要大家一起努力，我们一定会把工作做得更好！

项目总工程师王新民：

建筑施工是一项非常艰苦的工作，必须有乐观的人生态度和严谨的工作精神，测量和试验绝对来不得半点马虎，施工过程中需要小心推敲、认真求证、不断进取、推陈出新，总的来说对技术人员的考验还是比较大的，接下来的施工中我会坚持爱岗敬业，力求工程技术这块精益求精。

图 12-2　王新民

二、土建二标

（一）参建人员

项目经理：宁伟

项目总工程师：李博森

项目生产经理：裴九超

项目副经理：刘佳杰、许庆松

项目拆迁负责人：赫爱兵

项目合约、成本负责人：刘军、王艳红

项目现场安全、内业资料负责人：王胜、袁伟强

项目测量负责人：张中华

项目试验负责人：刘新源、艾世忠

项目资料负责人：黄玉坤

项目质检负责人：张星

项目物资、材料、设备负责人：项清剑

项目技术主管：李博森

项目临电安全负责人：安红卫

项目办公室主任：郭庆杰

（二）建设者感言

项目经理宁伟：

和合共进、不断超越，是我们市政路桥人对长安街西延道路工程的施工精神，从小到一颗柏油石粒至大到四通八达的公路，无一不体现出市政路桥人对施工质量的严谨把关。我们有分布明确的各项施工计划，有详细且严格的施工程序，有事事都落实规章制度的施工安排，有完整的技术应对措施方案，有高效勤奋的施工团队。每一个项目我们都力争优等工程，竭尽全力去展现我们精良创新的建设能力。

图 12-3　宁伟

项目总工程师李博森：

参加长安街西延道路工程建设的这几年，项目部的安全、质控、施工部门都奉献出了他们夜以继日的努力，攻克了一个又一个难题，坚守着每一个重要的岗位。在大家不懈的努力下，终于按时保质地完成了工程计划。今后无论谁走在长安街西延这条路上，我们都能自豪地说，这条长长的公路上，有着我们付出的汗水。

图 12-4　李博森

三、土建三标

（一）参建人员

项目经理：陈守辉

项目总工程师：张超

项目生产经理：安柏合

项目副经理：陈园林

项目拆迁负责人：李秀青

项目合约、成本负责人：董磊、杨一、葛丽丽

项目现场安全、内业资料负责人：田有才、胡志达、陈丽娟

项目测量负责人：王成涛、易浩

项目试验负责人：刘开明、王福福、肖云方

项目资料负责人：李海燕、田路

项目质检负责人：王钊、于晓辉

项目物资、材料、设备负责人：李思伟、苏思霖、翟军

项目技术主管：李文杰

项目临电安全负责人：陈克灵

项目办公室主任：艾霞

（二）建设者感言

项目经理陈守辉：

国家的每一个发展、社会的每一个进步，都改变着我们的生活，震撼着我们的心灵。能参与长安街的工程建设，进一步完善北京“两轴－两带－多中心”的空间结构，为国家制定的带动长安街西延长线上周边地区的发展出一份力，我及所有参与施工的人员都感到无比的光荣和自豪，因为从工程进场到工程竣工每一个时间段，全程都有我们。感谢长安街西延长线的建设项目，也感谢我们的团队和领导！

图 12-5　陈守辉

项目总工程师张超：

百年大计，质量第一。我们一直以对建设单位负责，对子孙万代负责的高

图 12-6　张超

度主人翁精神和责任感进行长安街西延桥梁工程的建设。施工生产中，我们严格落实各项施工程序，完善各项技术措施，按责任制度办事，努力创建优质工程、一流工程。

四、土建四标

（一）参建人员

集团董事长：姚自然

集团总经理：涂海毅

项目经理：王德升

项目书记：潘建新

项目总工程师：郝家琪

项目总经济师：曾飞

项目总会计师：马小芸

项目生产经理：张宇峰

项目技术副经理：王幽钦

项目行政副经理：王世杰

项目技术、质检负责人：王伟伟、王绍旭、李勇亮、徐京生、李双建

项目测量负责人：王君、吕继建、阮相儒

项目试验负责人：刘亚欧、王飞

项目资料负责人：王茹月

项目现场施工负责人：蔡纯理、韦亚东、崔志强

项目现场安全负责人：李洋、李新

项目材料、设备负责人：张世军、丁明信、秦华帅

项目材料会计：吴君梅

项目合约、成本负责人：刘然、罗鹏

（二）建设者感言

项目经理王德升：

图 12-7　王德升

北京市长安街西延道路工程，是北京“两轴－两带－多中心”城市空间结构中的一轴，是北京市发展西部经济，解决西部民众出行的北京市重点工程和民生工程。能参与建设是我们集团公司和团队的荣幸。由北京城建道桥建设集团承建的是新首钢大桥东引桥（四标段），全长322m，桥梁跨度47m，是目前北京市最大跨度的桥梁。

桥梁工程由比利时建筑师设计，外观设计新颖且独特，是目前世界“独一无二”的桥梁设计。特别是桥梁墩柱采用的是异性四棱体，且整体布置角度多变，形成所谓“石头森林”的效果。这种形状的异形柱设计，既没有经验借鉴，也没有参考资料，外观的新颖与独特给施工带来巨大困难。项目部组织技术人员多次讨论、研究，并在现场反复实验，找到了最合理的钢筋加工方式，且自主研发了“钢筋定位器”，最终克服了钢筋加工及安装的难点。

工程技术难点被攻克，常规技术优化改进，工程效率不断提高，工程节点目标一个一个实现，是管理创新的成果，凝结着我们参施人员的智慧与汗水，我们为此感到骄傲，在大桥实现功能性通车之际，我们用实际行动向市民交上一份质量上乘的合格答卷。

五、土建五标

（一）参建人员

项目经理：刘保东

项目总工程师：刘羽

项目生产经理：刘羽、郭永海

项目拆迁负责人：范志山

项目合约、成本负责人：刘浩、赵凡、蔡晨瑶

项目现场安全、内业资料负责人：方建会、闫立龙

项目测量负责人：忠长军、丁润凯、张松旭

项目试验负责人：孙鹏超、孙连旺

项目资料负责人：孙珊珊、李桂霞、高红薇、黄晶

项目质检负责人：李大军

项目物资、材料、设备负责人：王莲、郭瑞宝

项目技术主管：李桂霞、孙珊珊

项目临电安全负责人：石甫民

项目办公室主任：王德军、张倩

（二）建设者感言

项目经理刘保东：

图 12-8　刘保东

长安街西延工程5标段经过历时6年紧张有序的施工建设，终于迎来了长安街西延工程的建成。作为5标的第一责任人，针对长安街西延工程感受颇多，最深刻的感受就是长安街西延工程中的跨永定河大桥，它采用了许多工序采用了全新的设计理念、施工工艺及新材料，新颖的栏杆、漂亮的棱型墩柱及栏杆扶手上设置的夜景照明，都表明永定河大桥将是一座具有标志性的景观大桥。这些都将写入历史，在长安街上留下浓墨重彩的一笔。作为一名有30年工龄的建设者，我很自豪，这份荣誉也是我今后工作的动力。

项目总工程师刘羽：

在施工过程中有过很多不可预见的问题，比如拿到桥梁图纸后，发现桥梁墩柱是棱型的，多年的施工经验告诉我，保证墩柱的质量没有问题，但墩柱的混凝土外观质量很让人头大，最普通的圆形墩柱容易出现现蜂窝麻面的问题，更不用说是棱型的。为此我

项目部针对如何提高棱型墩柱混凝土的质量成立了 QC 小组，通过小组的攻关克难，成功解决了棱型墩柱混凝土外观容易出现蜂窝麻面的问题，故长安街西延东引桥荣获北京市基础设施结构金奖。同时验证了一句话，付出多少，就会有多少收获。

图 12-9　刘羽

每当我去长安街西延施工现场，见到宽阔、平坦的沥青路面和颜色统一的混凝土外观，成就感油然而生，再见了长安街西延工程，我将带着满满的自豪，迎接新的工程。

六、土建六标

（一）参建人员

见图 12-10。

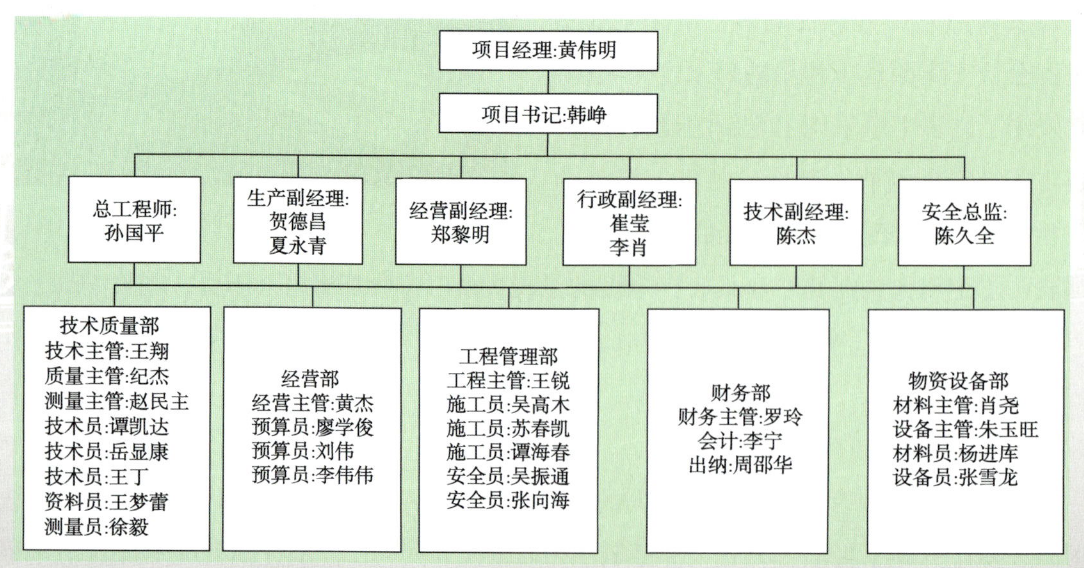

图 12-10　参建人员

（二）建设者感言

公司分管领导蒋永成：

图 12-11　蒋永成

经过几年的风雨历程，终于见证了长安街西延通车的辉煌时刻，这是所有参见单位共同努力的结果。作为北京城建五建设集团参建者的一员，很荣幸有机会能为北京城市道路建设奉献微薄之力，也会鞭策我们今后一如既往地努力工作，发挥城建铁军的硬朗作风，砥砺前行，再铸辉煌，为北京市基础设施的建设，为祖国的繁荣昌盛贡献最大的力量！

项目经理黄伟明：

图 12-12　黄伟明

2015 年 6 月，随着首钢东门的拆除，长安街西延道路工程最后一个正式开工的标段——6 标正式拉开了建设的序幕，经过三年紧张有序的建设，2018 年 5 月 13 日完成了标段内面层沥青混凝土的摊铺，率先实现了通车，把长安街向西延伸了 1318m。工程建设这三年虽然我们遇到了很多困难，特别是十万平方米小区的民扰问题，但是在公联公司及指挥部的帮助下，在北京城建五建设集团的大力支持下，我带领项目部全体成员，主动出击，成功地解决了各种问题，顺利地完成了工程任务。

参与长安街西延工程的建设是每个工程建设者的福气，作为长安街西延 6 标项目经理，我很幸运全程见证了 6 标的建设过程。虽然施工过程艰苦而漫长，期间也付出了很多，但是各种困难没有成为工程的绊脚石。不需要豪言壮语，我相信长安街西延已经记住了每一位参加建设的建设者，我也为参加建设长安街西延感到骄傲和自豪。

项目书记韩峥：

在 2015 年 6 月至 2018 年 6 月期间，有幸在长安街西延道路工程 6# 标项目经理部担任项目书记，见证了长安街西延道路从无到有，从狭窄到宽阔的巨变，回顾这风雨兼程的三年，让我充分感受到了北京城市道路的发展巨变，同时也充分体验到了包括业主、监理及项目所有员工所付出的艰辛和汗水。大家冒严寒、战酷暑、不畏艰难、勇往直前的精神久久铭记在我的心里，尤其是项目部的党员们，更是迎难而上，处处带头垂范，身先士卒。我们西延党支部坚决贯彻落实城建五公司党委部署的工作，项目自开工以来，没有发生过群体事件、恶意讨薪事件，职工思想积极稳定，支部的战斗堡垒作用充分发挥，为项目最后顺利竣工保驾护航，奠定了坚实的基础。值此之际，向所有奋斗在一线的工作人员致敬！

图 12-13　韩峥

总工程师孙国平：

能作为6标项目总工程师参与长安街西延道路工程的施工感到无比的荣耀和自豪。在工程建设施工中，我本着“百年大计，质量第一”的宗旨，严格按照设计图纸和国家规范施工，严把质量关，为北京市的建设奉献精美工程。

图 12-14　孙国平

七、土建七标

（一）参建人员

项目经理：洪志宝

项目总工程师：傅晓东

项目书记：孙延昭

项目生产经理：李建涛

项目副经理：李斌、彭兴旺

项目安全副经理：朱正宽

项目外协副经理：张越东

项目总经济师：熊盾

经营管理部：饶小波

物资设备部：李旭辉

工程部：孙新海、黄琨、孙泰岩

技术质量部：皇甫海军、谢尧、金建俊

安全部：段新峰

试验室：张梅

测量组：郭慧

综合办公室：李月丹

财务管理部：康晶晶

（二）建设者感言

项目经理洪志宝：

作为一个参加了工作二十多年的建筑者，长安街项目不是我参加过的最大的项目，但却是最与众不同的一个。

图 12-15 洪志宝

长安街项目是通过国际建设方案征集确立的建筑造型后，再由北京市政工程设计研究院进行结构设计，属于典型的“先有外形，再有内涵”的工程项目，建成后它将成为北京市西部地区的地标性建筑，具有重要的社会影响力。

与我参建过的其他项目相比，长安街项目算是真正意义上的小而精，虽然它的工程量不大，主轴仅有 104 根桩基、10 个承台、6 根墩柱、4 座基座和 1 座人行吊桥，但它蕴含的技术含量却远远超出人们的想象。单就墩柱来说，为保证桥梁的整体美观，达到观赏的效果，墩柱设计为多边形，这大大增加了施工的难度，仅模板的设计就需多方协商、讨论，耗费大量的时间和精力才得以完成。

长安街项目顶着太多的光环，光环越多，责任也就越重，压力也越大，但是我们不惧怕困难和压力，因为我们有优秀的团队，有学习和创新的精神，有跌倒了再爬起来的勇气。能够参与长安街项目的建设，我感到无比光荣和自豪。我将在后续的工作中继续努力，尽职尽责做好工作，为项目的顺利完工做出自己应有的贡献。同时希望中交一公局集团有限公司品牌声名远扬，为国家的建设奉献更多的力量。

八、土建八标

（一）参建人员

项目经理：寇志强

项目书记：戴博

项目总工程师：何辉斌

项目总经济师：范红菊

项目总会计：陈璐

生产副经理：赵连友、于洋、刘广生

技术副经理：刘长宇、肖杨平

行政副经理：李飞

安全总监：李根深

技术主管：张仕睿、刘鹏

质量主管：张雪鹏、丛阳

经营主管：吴素娜

材料主管：蔡玉柱

资料主管：邢宁宁

测量主管：钱美华

安全主管：肖庆港

行政主管：王珍

测量员：张雪彬、衡坤鹏、姜耀

预算员：张越

（二）建设者感言

项目经理寇志强：

新首钢大桥主桥于2015年8月中标，我作为项目经理也是从这个时候就开始了项目的前期准备工作，到现在已经是整整四年的时间了，最让我感慨的还是这个桥的技术难度。我们这个团队从无到有、齐心合力、攻坚克难，有面红耳赤的激烈讨论，也有持续到深夜的侃侃而谈，一步一步攻克了各项技术难题，包括超大面积承压板后注浆、超高斜塔支架、异形节段吊装、钢斜塔的线型控制等，这其中少不了各参建方及专业单位的技术支持，整个团队也在建设过程中配合得更加默契，为大桥按期完工提供了有力的保障。

图12-16　寇志强

新首钢大桥作为长安街西延线的标志工程，横跨石景山、门头沟两区，穿越“四湖一线”景观带，它既是一座景观桥，又是连接两区的“生命线”，作为一名工程建设者，能参与到这一伟大的工程，见证这座桥的拔地而起，我感到无比自豪。

项目总工程师何辉斌：

被誉为“和力之门”的长安街西延新首钢大桥主桥，为钢构组合斜拉桥，空间弯扭钢塔、变截面弧线钢梁线条优美，是力与美的完美结合，也是城市大型景观桥梁的典范。

在该桥梁建造过程中，我们针对空间弯扭钢塔线形控制难度大、异型超重节段高空精确安装困难，钢塔与混凝土基座的锚固形式复杂、超宽分离式纵梁加梁格组合钢梁安装焊接尺寸和变形不易控制，以及非对称连续刚构斜拉组合桥梁调索难度大等难题，应用了流体数值模拟、数值分析、三维建模及数学模型等当代发展的理论和分析方法，解决了这些难题。

图12-17　何辉斌

项目实施过程中，我们完成了图纸深化15000张，焊接主体焊缝9000延米，安装节段 4.3 万吨，迎接了一个又一个挑战，实现了一个又一个工期节点。目前大桥竣工通车，我作为参建者之一感觉机遇难得、挑战难得，十分欣慰。

项目生产副经理于洋：

长安街西延新首钢大桥主题意向为“和力之门”。作为长安街上跨越永定河的桥梁，新首钢大桥同长安街周边诸多标志性建筑一样，是现代建筑科技的结晶，是历史人文风貌和时代特性的综合体现，它体现北京的活力、长安街的底蕴、永定河的胸怀，建成后将成为北京的城市新地标。作为这个项目中的一员，我感到兴奋，能担任生产经理一职我感到荣幸，在兴奋与荣幸中更加感受到了身上担子的沉重。

图 12-18　于洋

新首钢大桥在 3 年多的时间里完成了从无到有的壮举，创造了国内多项优秀成果，这与我们项目团队攻坚克难、勇于创新的精神是密不可分的。在施工过程中，我们始终把科学管理、优化方案放在工程的首位，经常不断地研究和探讨适合工程管理且可操作性强的施工方案来不断满足工程需要。在每次制定施工方案时，项目部都会根据大桥的特点、难点进行多次论证，并运用科学的态度，加大组织方案的科技含量并应用 BIM 技术进行施工组织的推演，进行现场实际情况的模拟。在整个施工过程中有太多太多的片段浮现在脑海里，高塔第一节段的吊装、高矮塔的合龙、主梁的吊装与合龙历历在目，看着长安街上的这个庞然大物我觉得我们的付出是值得的，我们辛苦的付出是有回报的，与之前的兴奋、荣幸相比我现在感到的是自豪。

九、钢结构制造单位

（一）参建人员

项目总负责人：成宇海、李军平

项目（副）书记：吴小兵、戴琪将

项目（副）经理：曹江涛、田刚毅

项目（副）总工：王晓辉、刘志刚

生产主管：阚有才、时峰

技术主管：雷云、白兴海、李艳停

质量主管：张岚军、屈晓东、李彤

安全主管：张蓝天、李星

图 12-19 王晓辉

（二）建设者感言

钢结构现场项目总工王晓辉：

以创新技术为引领，以高端设备为保障，以追求卓越为精神，搭建首都“和力之门”。

钢结构现场项目经理曹江涛：

和力之门，携手共赢。

图 12-20 曹江涛

十、设计单位

（一）参建人员

北京市市政工程设计研究总院有限公司

项目总负责人：钟建、许志宏

项目负责人：杨冰

桥梁专业审定人：秦大航

道路专业审定人：倪伟

桥梁专业审核人：惠斌

道路、交通工程专业审核人：张慧敏

桥梁专业负责人：张为、杨文忠、李健刚、赵维贺、宁晓旭、罗飞、王磊、梁志超、阴存欣

建筑、园林负责人：戈建、庄永文、郭杰

排水专业负责人：陈祥瑞

电气专业负责人：强百祥、梁毅、李白玉

夜景照明负责人：张澜、赵宁、王梦月

养护用房负责人：杨乐

（二）建设者感言

设计单位项目负责人杨冰：

图 12-21　杨冰（中）

作为一名普通桥梁工程师，很荣幸有机会参加这样意义重大的工程项目。在国家继往开来走向新时代的伟大背景下，牢记让人民生活更美好的使命，市政设计总院项目团队默默探索、勤奋耕耘了九年，和所有参建单位一起，用我们宝贵的青春，全部的知识、智慧、汗水、心血，完成了这样一个一开始被专家评价为各方面难度太大而不可能完成的工程项目，非常期待时间和社会对我们工程作品的检验和评价。

有人把世界上所有的事情归纳为两类："天的事情"和"人的事情"，而"学术"是指系统专门的学问。研究天的学术是"科学"，研究和执行属于人的事情的学术，是"艺术"。艺术又可以分为纯艺术和应用艺术两类。我们的道桥工程是服务于人的，是建造类的应用艺术。所有的应用艺术都有一个目标，能达到设定目标的就是好，没有达到目标的就是不好。大桥逐步实现我们当初设定的目标，变成现实以后，看到大家的惊艳、欢呼、赞美，内心由衷感叹，团队这么多年的坚守、追求、付出，都是值得的，以梦为马，不负韶华。

十一、监理单位

（一）参建人员

监理 3 标单位名称：铁科院（北京）工程咨询有限公司

总监：王勋文

总监代表：王永刚、郭小丁、覃应华

合约及计量工程师：张荣花

安全工程师：曹磊　夏志兵

试验检测工程师：宋广钦、李梦仑

环境工程师：田康

桥梁工程师：冯波、喻湘

道路工程师：丁盛

地质工程师：康哲良

电气工程师：黄维

测量工程师：曹永柏、张立峰

资料管理员：张超

第一驻地办：马林林、郝洪亮、陈璋

第二驻地办：焦建冲、尹邦阳、潘沧宇

第一钢结构监造组：张光志、陈仲英

第二钢结构监造组：林怀柱、杨邵勤

第三钢结构监造组：项树山

斜拉索监造组：田康、焦建冲

支座监造组：由利华

（二）建设者感言

图 12-22　王勋文

监理 3 标总监王勋文：

新首钢大桥是长安街西延线的标志性

工程，作为该项目的总监理工程师，我感到无比荣幸，同时也深深体会到极大的责任和辛苦。自 2015 年至 2019 年，我一直坚持在该项目的总监岗位上尽职尽责，履行合同的承诺，为大桥的建设付出自己的努力。对于该大桥的工作，我用“异”“难”“和”三个字来概况。

异——我初次接触到新首钢大桥的时间大约在 2013 年，从单位一位同事口中得知在长安街西延线上将要建一座造型奇异的桥。当看到大桥的效果图时，我觉得惊艳不已。面对颠覆性的设计——“双塔斜拉刚构体系”，尤其是高低桥塔的倾斜加扭曲，更使我感觉到它是一座“几何级”奇异的结构。不仅桥塔的设计造型别致，而且梁的结构设计也很奇特，既像斜拉桥，又像刚构桥，整体受力体系相当复杂，没有成熟的工程可以模仿，也没有相应的检查和验收标准，很多东西都要创新。

难——由于上面提到的“异”，造成项目实施的困难。首先是设计困难，部分设计是超越了现行规范的，设计图还必须采用 BIM 技术。在制造和施工过程中，出现的困难就更多，如高塔底板超大面积的压浆、矮塔处的大吨位支座、扭曲钢塔的制造安装、桥梁线型控制以及大桥主塔和主梁的合龙等。

和——针对以上的困难，正如大桥的寓意“和力之门”一样，我们监理坚持“严格监理，热情服务”的宗旨，和大桥各参建单位通力合作，合署办公，共同攻下一个又一个的困难，整个建设过程相处十分融洽，很好地配合完成了大桥的建设任务。

十二、施工监控

（一）参建人员

单位名称：中国铁道科学研究院集团有限公司

项目负责人：张勇

技术负责人：王石磊

计算分析：袁磊、胡强

测控组长：巴力

测控人员：刘海涛、申桂柳、冯海龙

（二）建设者感言

技术负责人王石磊：

图 12-23　王石磊

长安街西延跨永定河特大桥是具有复杂空间造型美学感染力的大跨度钢塔斜拉桥，该桥建设受到了国内外广泛关注，相较于普通大跨度桥梁，该桥建造过程结构自身安全性、美学对几何外观的敏感性均对传统的斜拉桥施工控制技术提出了新的挑战，本人作为施工监控技术负责人率领团队奋战在大桥建造各关键环节，充分发挥单位专业优势和团队智力，相继突破了空间弯扭钢塔分节段架设几何精度控制、空间弯扭钢塔高空精确合龙、钢塔复杂边界刚度识别、主梁密集支撑复杂布局拉索张拉控制等技术难题，为大桥全过程高精度安全建造提供了强力支撑。每当回首与各参建单位数载寒暑同肩并进的岁月，仍旧心潮涌动，如今大桥傲然屹立在神州第一街，愿这一伟大工程穿越烟云，永远点缀京华。

第十三篇　党建文化篇

概 述

在“不忘初心 牢记使命”主题教育活动中，长安街西延工程圆满竣工。这项建设工程涉及多家参建单位，但却有共同的组织领导，共同的理想信念，共同的目标梦想。因而保证了高质量高标准地完成工程建设任务。

这一篇章中展现的大量图片资料，直观清晰地展现了参建单位丰富多彩的党建文化内容。组织建设贯穿项目管理的网络中，横向渗透到质量、安全、进度等系统工作中，纵向延伸到物资采购、劳务招标、设备租赁、效能监察等重点环节。确保权力运行到哪里，哪里都有党组织的领导和跟进。共产党员敢于担当、力争先进的精神，渗透在每一张图纸中、每一根钢材上、每一颗螺丝钉中……

通过党建文化建设的开展，激励各岗位的党员尽职尽责、尽心尽力，本着建设工程为人民的信念，打造精品工程。

一、参建单位党建文化

根据项目施工生产的实际，各参建单位把组织建设的着力点对准施工一线，使组织建设贯穿项目管理的网络中，横向渗透到质量、安全、进度等系统工作中，纵向延伸到物资采购、劳务招标、设备租赁、效能监察等重点环节。确保权力运行到哪里，哪里都有党组织的领导和跟进。

各项目部党支部坚持“以人为本”，为员工提供和谐、温馨、舒适的生活和工作环境。项目部建立了党员活动室，党旗、入党誓词、党员的权利和义务、支部书记职责等全部上墙。桌椅、书刊、报架等一应俱全。为党员提供了一个便利、丰富的学习、活动环境。加强党员日常学习教育，与提高工作效率、夯实文化基础、提升生活情趣等密切结合起来，使党员教育紧密联系日常工作或生活实际，使学习教育内容更加丰富。

1. 土建一标

图 13-1 土建一标到白洋淀雁翎队纪念馆开展党组织活动，重温入党誓词

2. 土建二标

图 13-2　土建二标积极开展党员建设活动

3. 土建三标

图 13-3　土建三标进行青年突击队授旗仪式

4. 土建四标

图 13-4　土建四标组织发展党员流程培训会

5. 土建五标

图 13-5　土建五标积极开展党组织活动

6. 土建六标

图 13-6　土建六标积极开展党组织活动，感受军旅文化

7. 土建七标

图 13-7　土建七标宣贯“双代会”会议精神

8. 土建八标

图 13-8　土建八标开展主题党日活动

9. 3# 标监理

图 13-9　铁建所监理党支部 2019 年主题党日活动

二、参建单位文化建设

1. 土建一标

图 13-10 土建一标到固安林子里革命烈士陵园开展教育活动

2. 土建二标

图 13-11 土建二标开展春节送祝福活动

3. 土建三标

图 13-12 土建三标举办“感母恩 颂亲情”——母亲节朗诵比赛系列活动

4. 土建四标

图 13-13 土建四标通过组织集体活动，增强团队活力与凝聚力

5. 土建五标

图 13-14　土建五标积极开展集体活动

6. 土建六标

图 13-15　土建六标开展丰富多彩的体育活动

7. 土建七标

图 13-16　土建七标组织开展“蓝马甲”志愿者活动

8. 土建八标

图 13-17　土建八标青年突击队授旗仪式

大 事 记

2012年2月20日，取得北京市发展和改革委员会关于抓紧开展长安街西延（三石路—古城大街）道路工程前期工作的函。

2013年3月18日，取得北京市发展和改革委员会关于长安街西延（三石路—古城大街）道路工程项目建议书（代可研）的批复（京发改〔2013〕502号）。

2013年4月18日，公联公司发布长安街西延工程施工、监理招标公告。

2013年4月23日，公联公司出具《关于长安街西延（三石路—古城大街）道路工程委托门头沟区政府实施拆迁的函》（京公联函〔2013〕21号）、《关于长安街西延（三石路—古城大街）道路工程委托石景山区政府实施拆迁的函》（京公联函〔2013〕24号），委托两区政府实施拆迁。

2013年5月3日，公联公司2013年第8次总经理办公会审议通过了长安街西延工程项目建设组织管理方案：

①成立长安街西延道路工程建设领导小组，永定河大桥技术设计研究工作小组及永定河大桥建设组织管理研究工作小组，工作小组在领导小组指导下开展工作。

②成立临时独立的长安街西延道路工程建设指挥部。

③成立永定河大桥专家顾问组。

2013年7月6日，长安街西延永定河大桥专家顾问组第一次会议在美泉宫饭店莫斯科厅举行。

2013年10月16日，长安街西延道路工程1#~6#标段施工、监理单位招标公示完毕，确定中标人。

2013年10月24日，在公联公司第三会议室，公联公司副总经理李振国主持召开长安街西延（三石路—古城大街）道路工程中标会议，会上公联公司总经理马晓霞向中标的工程施工、监理单位发放了中标通知书。

2013年11月18日，门头沟区区长王洪钟同志带队检查了长安街西延道路工程（门头沟区段）施工现场，并在长安街西延道路工程建设指挥部与北京市公联公司总经理马晓霞及相关领导进行座谈，听取了市公联公司关于长安街西延道路工程建设情况的汇报，对相关工作进行了部署。

2013 年 11 月 24 日，长安街西延工程正式开工建设。

2013 年 12 月 2 日，长安街西延道路工程监督交底会议在指挥部召开，会议由北京市建设工程安全质量监督总站重点工程监督执法三室王双虎主任主持。

2015 年 6 月 4 日，取得北京市规划委员会北京市发展和改革委员会关于长安街西延（三石路—古城大街）道路工程初步设计的批复（市规函〔2015〕868 号）。

2015 年 8 月 5 日，长安街西延道路工程 7#、8# 标段施工、监理单位招标公示完毕，确定中标人。

2015 年 11 月 24 日，取得北京市规划委员会长安街西延（三石路—古城大街）市政道路工程建设用地规划许可证（2015 规地市政字 0045 号）。

2016 年 1 月 28 日，取得北京市规划委员会长安街西延（三石路—古城大街）市政道路工程建设工程规划许可证（2016 规建市政字 0013 号）。

2016 年 3 月 30 日，取得长安街西延道路工程跨永定河大桥施工行政许可（市水务局，京水行许字〔2016〕第 84 号）。

2016 年 6 月 13 日，长安街西延新首钢大桥主桥汛期施工的请示获得王安顺市长批复（北京市人民政府办文第 21247 号）。

2016 年 6 月 16 日，长安街西延新首钢大桥主桥开始桩基施工。

2018 年 5 月 18 日，长安街西延（古城南街—首钢东门段）道路全面建成通车。

2019 年 1 月 11 日，长安街西延新首钢大桥高塔合龙。

2019 年 1 月 18 日，长安街西延新首钢大桥矮塔合龙。

2019 年 8 月 1 日，长安街西延新首钢大桥主桥合龙。

2019 年 9 月 29 日，长安街西延正式通车。